信息技术简史

吕廷杰　王元杰　迟永生　张解放　编著

电子工业出版社
Publishing House of Electronics Industry
北京·BEIJING

图书在版编目（CIP）数据

信息技术简史 / 吕廷杰等编著. —北京：电子工业出版社，2018.1
ISBN 978-7-121-33392-7

Ⅰ. ①信… Ⅱ. ①吕… Ⅲ. ①信息技术—技术史—世界 Ⅳ. ①G202-091

中国版本图书馆 CIP 数据核字（2017）第 328859 号

策划编辑：缪晓红

责任编辑：董亚峰 　　　特约编辑：丁福志
印　　刷：北京建宏印刷有限公司
装　　订：北京建宏印刷有限公司
出版发行：电子工业出版社
　　　　　北京市海淀区万寿路 173 信箱　邮编：100036
开　　本：720×1000　1/16　印张：21　字数：370 千字
版　　次：2018 年 1 月第 1 版
印　　次：2025 年 3 月第 18 次印刷
定　　价：79.00 元

凡所购买电子工业出版社图书有缺损问题，请向购买书店调换。若书店售缺，请与本
社发行部联系，联系及邮购电话：（010）88254888，88258888。

质量投诉请发邮件至 zlts@phei.com.cn，盗版侵权举报请发邮件至 dbqq@phei.com.cn。

本书咨询联系方式：（010）88254694。

编 委 会

（排名不分先后）

总主编

吕廷杰

主编

王元杰　　　　迟永生　　　　张解放

副主编

李永太	孙新莉	初铁男
梁　友	支春龙	王光全
裴小燕	张立彬	白海龙
赵升旗	郝　军	汪彦龙

编委

杨宏博	赫　罡	张　贺
陈　强	谢　鹰	王　洁
赵　扬	于　力	杨　波
唐晓强	张秀春	王东洋
张明栋	黄　敏	肖　瑞
智茂荣	张龙江	张　宁
曲延庆	尹逊伟	

序

邬贺铨

中国工程院院士

中国互联网协会理事长

第四届世界互联网大会以"发展数字经济、促进开放共享——携手共建网络空间命运共同体"为主题，吹响了数字经济新时代号角。对于数字经济，《二十国集团数字经济发展与合作倡议》给出了如下定义：数字经济是指以使用数字化的知识和信息作为关键生产要素、以现代信息网络作为重要载体、以信息通信技术的有效使用作为效率提升和经济结构优化的重要推动力的一系列经济活动。

如今，云计算、大数据、物联网、人工智能、区块链、第五代移动通信（5G）等新一代网络信息技术加速推广与应用，不断催生新模式、新业态、新产业。可以说，作为随着信息技术革命发展而产生的新型经济业态，数字经济正日益成为中国经济发展的新引擎。对于生逢这一大趋势的我们每个人，会感受到信息技术正在改变我们的生活，对信息技术的未来既充满期待又难以预见，希望了解信息技术的原理、因何而生、从何而来、有何影响、向何处去。

《信息技术简史》由中国信息经济学会副理事长、北京邮电大学教授、博士生导师吕廷杰先生担任总编，书中将迄今为止的主要信息技术展现在读者眼前，在普及知识的同时，还穿插了许多奇闻逸事，谈古论今，把深奥的技术领域的发展史讲得妙趣横生，令人耳目一新，受益匪浅。

很多人读过斯蒂芬·霍金的《时间简史》、比尔·布莱森的《万物简史》，写得都很精彩，从中感受到写简史并不简单，厚积薄发，才容得下历史的胸怀，登高望远，才有可能一览众山小。写《信息技术简史》不仅需要勇气还更考验作者的功底，它的科学严谨性要经受专业人士挑剔的眼光，它的通俗趣味性要能吸引普通读者爱不释手。作者兼顾不同背景的受众做了很好的平衡，同时坚持了科技类著作的特色，侧重知识点和知识量，传递正确的观点，启发进一步思考，以史为鉴激励创新。

《信息技术简史》有这样一句话："未来似乎还很遥远，然而未来已来。以摩尔定律的速度、以梅特卡夫定律的价值、以库兹维尔定律的规模，排山倒海，势不可挡。还是毛主席说得好：一万年太久，只争朝夕！"以摩尔定律为代表的信息技术发展速度是很多领域的技术难以相比的，在新一代信息技术变革的新时代，唯有更加努力地学习并善于借信息技术之势创新，才能跟上时代的步伐。期待本书能够激发更多读者投身到信息技术的研发创新和应用推广中，在信息技术新的发展征程中写出精彩的中国故事和做出更多的中国贡献。

2018 年 1 月

前言

吕廷杰

中国信息经济学会副理事长

北京邮电大学教授、博士生导师

人是自然的存在物，社会是人们相互交往的产物，作为人类文明的重要组成部分，通信一直是人们进行社会交往的重要手段。我们的祖先在没有发明文字和使用交通工具之前，就已经能够互相通信了。从击鼓传音、烽火台、消息树，到鸿雁传书、邮驿制度，再到灯塔乃至信号旗等。与此同时，人们通过岩刻、竹签、结绳、算盘等计算工具或方法进行收获与分配的计算。前辈们对计算技术的探索与通信技术一样，历史悠久，可谓生生不息。

正是有了我们的前辈勇于探索信息技术的付出，人类的信息技术才会逐步发展，在此，向各位前辈致敬。人类文明上下五千年，在这个长河中，相比之下，17 世纪之后，信息技术发展更快。有些技术，当时人们认为不可能，若干年之后就成为了现实。就拿电磁波来说，在 1864 年，英国物理学家麦克斯韦预言了电磁波的存在，23 年之后，德国物理学家赫兹通过实验发现了电磁波的存在，证实了麦克斯韦的猜想，不过当时赫兹认为电磁波没什么用。直到 1893 年，美籍塞尔维亚裔科学家特斯拉首次公开展示无线电通信，人们才了解到电磁波的用处，之后才有了电台、电视，乃至今天的手机等应用。

与电磁波相似的还有引力波，关于引力波，1916 年爱因斯坦在广义相对论理论的基础上预言了引力波的存在，恒星爆炸、黑洞碰撞、大型天体相撞都会产生引力波。不过当时爱因斯坦本人都坚信永远也不可能探测到引力波，还多次投稿阐明这个观点。直到百年后，2015年，美国科学家通过强大的激光干涉仪探测到了引力波，证实了百年前爱因斯坦的预测。两年后，也就是 2017 年 10 月，三位美国科学家因此获得了诺贝尔物理学奖。对于引力波有什么用，我们目前基本是一无所知的，不过多年以后，引力波或许会进入人类的日常生活，这是很有可能的。

最近几年，物联网进入了我们的生活，现在全世界移动用户已经达到了 50 亿，全球有 2000 万个集装箱，3 亿个 LED 路灯，18 亿只水表，每年 1 亿辆新自行车出厂。这些都将是物联网用户。万物互联的关键末端设备是传感器，现在的传感器发展到了什么程度呢？根据 DeepTech（深科技）报道，2017 年 11 月，美国食品及药品监督管理局（FDA）批准了其首款抗精神病数字药物 Abilify MyCite，由药物 Abilify 和内嵌感应器组成，其中感应器由食物中常见的元素如铜、镁和硅组成，只有砂砾大小，在胃酸的作用下，感应器会像水果电池一样产生信号。之后，信号会被胸腔上约创可贴大小的穿戴式接收器检测到，相关数据和信息会通过蓝牙发送到手机 APP 上，最终汇总到数据库，以便医生和家人及时了解。

与物联网一起引人关注的还有人工智能、区块链等新一代信息技术，在《信息技术简史》这本书中都会有所介绍。

近年来，许多科幻小说与电影都在宣扬：人类如果想获得长生不老，就需要脱离以碳为主要元素的载体，转为以硅为主要元素的载体，即硅基人。我们人类的进化超过了八百万年，在未来，人类将走向何方？有人认为将半人半机器，身上嵌入各种芯片，实现人类本身不能实现的功能，有人认为人将会实现永生，长生不老。但只要有了人就需要通信手段，因此，通信永恒。

未来似乎还很遥远，然而未来已来。以摩尔定律的速度、以梅特卡夫定律的价值、以库兹维尔定律的规模，排山倒海，势不可挡。还是毛主席说得好：一万年太久，只争朝夕！

2017 年 12 月于北京

目录

第 1 章

——CHAPTER1——

信息发展史

宇宙诞生自大爆炸，至今已经 138 亿年了，地球和太阳系形成也已经 46 亿年了，最早的生命约在 36 亿年前出现，人类的始祖大约在 800 万年前诞生。相比之下，人类历史只是宇宙进化过程中的简短片刻。人类是一个群居体，从生命诞生以来，人类的生活就离不开信息的交流，从语言、文字，到造纸术、印刷术，到电报、电话，一直到区块链、人工智能等，人类的信息技术在不断变革。

当前，以信息技术为代表的新一轮科技革命方兴未艾，互联网日益成为创新驱动发展的先导力量。信息技术与生物技术、新能源技术、新材料技术等交叉融合，正在引发以绿色、智能、泛在为特征的群体性技术突破。信息、资本、技术、人才在全球范围内加速流动，互联网推动产业变革，促进工业经济向信息经济转型，国际分工新体系正在形成。

1.1 语言

生命的起源一直是一个争议性的话题，18 世纪以前，神创论占据着统治地位，例如，在中国，女娲造人；《圣经》上，上帝耶和华造人；《古兰经》上，真主造人；在希腊，普罗米修斯造人；等等。1859 年，英国生物学家查尔斯·达尔文（Charles Darwin，图 1.1）的名著《物种起源》出版，创立了进化论，后来被大多数学术界人士所接受，很多人相信人类是生物进化的产物。

图 1.1 达尔文

后经人类学家研究发现，138 亿年前宇宙诞生；46 亿年前地球形成；36 亿年前地球上诞生了最早的生命菌类和藻类；之后经历五次生物大灭绝，其中包括恐龙的灭绝；3300 万年前出现了猿；800 万年前，有些类似黑猩猩的猿类物种成功地进化成南方古猿；250 万年前，南方古猿的其中一支进化成早期猿人（也称能人）；180 万年前，晚期猿人（也称直立人）在非洲出现，后来向世界各地扩张，德国海德堡人、印度尼西亚爪哇猿人、云南元谋人、北京猿人都属于晚期猿人，晚期猿人是人与猿之间的分水岭；30 万年前早期智人（又称古人）的体质形态已和现代人接近，但仍带有一些原始特点，陕西大荔人、广东马坝人、山西丁村人、山西许家窑人、德国尼安德特人都属于早期智人；5 万年前，晚期智人（又称新人）的体型非常接近现代人，法国克罗马农人、北京周口店山顶洞人、内蒙古河套人、广西柳江人、广西麒麟山人、山西峙峪人都属于晚期智人，晚期智人已开始分化出四大人种，即白种人（又称欧罗巴人种）、黄种人（又称蒙古人种）、棕种人、黑种人。3000多年前，古埃及的壁画上出现了最早的人种分类，以不同的颜色区别人类，将人类分为四种，即南方尼格罗人涂以黑色、埃及人涂以赤色、亚洲人涂以黄色、西方人及北方人涂以白色。

人类语言的起源也是一个有高度争议性的话题，1866 年，在巴黎语言学会上，相关学者达成共识：没有必要在学术会议上讨论这个话题，因为这"纯属浪费时间"。1872 年，伦敦语文学会禁止此类研究。

关于语言的起源有神授说、人创说，以及劳动创造说。

神授说认为语言是上帝或神赐予人类的学说。印度婆罗门教《吠陀》记载，语言是神赐予人类的一种特殊能力。基督教《圣经》说，耶和华用五天时间创造了天地万物，第六天，用尘土创造了亚当（《古兰经》译作亚丹或阿丹）。亚当创造了语言，世上原本只有一种语言，即亚当语。巴比伦地区的人们决心建造一座能通往天堂的高塔，为了破坏人类这胆大妄为的举动，上帝一夜之间让语言变得五花八门，人们再也听不懂对方在说什么，误解、分歧使大家终日吵吵闹闹，这一高塔便半途而废。

人创说认为语言是人自己创造的，而不是上帝或神赐予的。人创说包括手势说、感叹说、摹声说、劳动说、契约说、突变说、渐变说、本能说等几种假设。1871 年，查尔斯·达尔文（Charles Darwin）在《人类的起源与性的选择》中指出，"鸟类发声在好几个方面为人类语言的发展提供了最近的类比"。达尔文认为语言可能起源于鸟鸣，这"可能产生了各种复杂情绪的言语表达"。

劳动创造说认为语言起源于劳动。1876 年，恩格斯（图 1.2）在《自然辩证法》的论文《劳

图 1.2　1879 年的恩格斯

动在从猿到人转变过程中的作用》中提出，语言是从劳动中并和劳动一起产生出来的。劳动是语言产生的唯一源泉，没有劳动就没有语言。由于劳动，人类才能获得各种各样的食物，增加了大脑的营养，促进了大脑皮层的形成，为人类意识的产生准备了物质条件。

对于人类语言产生于何时，说法不一。有学者认为，180 万年前的直立人时代，原始的人类语言就诞生了；美国伯克利加州大学的语言学家约翰娜·尼科尔斯（Johanna Nichols）运用统计学的方法推算出，人类语言产生于 10 万年以前。

由原始人向现代人进化的过程中，语言发挥了重要的作用，而同时人类的进化，如脑容量的增加、发音器官的改善，也成为现代语言出现的有利条件，推动了原始语言向现代语言的演变。

语言是人类最伟大的发明，地球上的人类语言五花八门，种类繁多。《语言学及语言交际工具问题手册》中指出，全世界有 5651 种语言，在这之外，已经有很多种语言文字在世界上消失了，大部分语言学家确认已知的语言实际上只有 4200 种左右，有 1400 多种语言还没有被人们承认是独立的语言，或者是正在衰亡的语言。

1.2 文字

人类的语言经过多年进化后，才出现了记录它的文字，文字出现的时间最多不超过 6000 年。科学界一般将文字的出现作为界定文明的重要标志，通常把文字出现前的历史称为史前史，文字出现后的历史称为人类文明史。国际上认可度较高的世界四大古代文明古国分别是古巴比伦（位于西亚）、古埃及（位于北非）、古印度（包括今印度、巴基斯坦等国，位于南亚）和中国。

文字的出现和使用，使人类对信息的保存和传播取得了重大突破，较大地超越了时间和地域的局限，得以广泛流传和长期保存。有了文字，就需要有一个很好的载体，早期人们把文字写在岩壁、甲骨、竹简、丝帛等载体上。甲骨文、象形文字（圣书体）、楔形文字、玛雅文字具有同等的地位，号称世界四大古文字。

公元前 5000 多年，古埃及人发明了最初的象形文字（图 1.3）。经过几百年的发展，象形文字演变成了一种比较完备的文字——圣书体，通常刻在庙墙、陵墓、石棺、调色板、雕像、洞穴峭壁等石质材料上，有时也写在陶片、木料和纸草上。后来，从圣书体中先后演化出两种简化体文字——僧侣体和世俗体。由于亚述人、波斯人、古希腊人、古罗马人等外来者的入侵和统治，公元 4 世纪左右，圣书体文字濒临失传。公元 391 年，古罗马皇帝狄奥多西一世下令关闭所有非基督教神殿，圣书体彻底失传，在此后的两三百年里，僧侣体和世俗体也相继失传。1799 年，拿破仑·波拿巴远征埃及，其部下在尼罗河三角洲上的港口城镇罗塞塔的郊外挖防御工事时发现了一块托勒密王朝时代的玄武岩石碑，这块石碑成了破译古埃及文字的突破口，上面镌刻着用埃及圣书体、世俗体文字，以及古希腊文写成的同一内容的铭文。1822年，在经过了艰苦卓绝的研究之后，法国学者让-弗朗索瓦·商博良（Jean-François Champollion）成功破译了石碑上的文字。

图 1.3　古埃及象形文字

公元前 3200 年，楔形文字由生活在两河流域地区（幼发拉底河、底格里斯河）的苏美尔人发明，通常用小尖棒在潮湿的泥版上压出字迹，笔画的形状很像楔子，因此称为楔形文字（图 1.4）。除了泥板之外，楔形文字的书写材料还有石料、木板、锑、铜、青铜、青金石、黄金、白银等。楔形文字曾经被巴比伦、亚述、赫梯和波斯等民族借用，后来逐渐退出历史舞台。1835年，英国人亨利·罗林森（Henry Rawlinson）在贝希斯顿村的悬崖峭壁上发现了用楔形文字、新埃兰文和古波斯文刻成的铭文，这就是著名的贝希斯顿铭文，他将铭文制成了拓本，带回欧洲，译解了其中的古波斯文，又将古波斯文与楔形文字对照，读通了楔形文字，从此解开了楔形文字之谜。

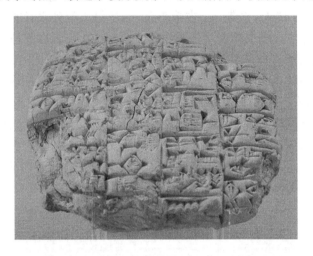

图 1.4 苏美尔楔形文字

贝希斯顿铭文记录的是一个故事：公元前 522 年 3 月，波斯皇帝冈比西斯率大军远征埃及，有一名僧侣高墨达，冒充被冈比西斯处死的皇弟巴尔狄亚，在波斯各地和米底发动了半年之久的叛乱。冈比西斯在从埃及返回波斯的途中突然病死，这时，贵族大流士获得了皇位，并平定了叛乱。之后，大流士让人将他平定叛乱的经过刻在米底首府爱克巴坦那（今伊朗哈马丹）郊外贝希斯顿村附近的一块大岩石上。

玛雅文明是南美洲唯一拥有文字系统的古代文明。玛雅文字，起源于中美洲（太平洋对面），即现在的墨西哥、伯利兹和危地马拉，以尤卡坦半岛为中心。大概在公元前后，玛雅人创造了本土文字——玛雅文。玛雅人把文字写在树皮做成的纸上，然后把树皮纸折叠成一种类似手风琴风箱的玛雅书简。在 16 世纪，西班牙人入侵中美洲（当时是阿兹特克人时代），导致了玛雅文字的覆灭。一位西班牙天主教尤卡坦管辖区的主教朗达（Diegode Landa）以"打击异教徒"为名把他所能收集到的所有玛雅书简尽数焚毁，并把所有认识玛雅文字的人全部杀死，然后他把接触过的自认为是字母的 29 个玛雅符号按照他听来的读音记录下来，形成了著名的玛雅字母表（图 1.5）。目前全世界仅存 4 本玛雅书籍，根据收藏的地点或发现者的名字，分别命名为《德累斯顿手抄本》《马德里手抄本》《格马里耶手抄本》和《巴黎手抄本》，其中 3 本残缺不全。大部分玛雅文字的解读工作是依靠在尤卡坦半岛出土的刻有文字的墓碑来完成的。

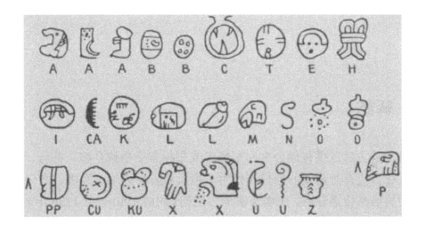

图 1.5　玛雅字母表

甲骨文（图 1.6）为中国殷商流传之书迹，距今已有 3000 余年，镌刻、书写于龟甲与兽骨上。清末官员、金石学家王懿荣是甲骨文的最早发现者，国际上把他发现"龙骨"刻辞的 1899 年作为甲骨文研究的起始年。1899 年，王懿荣得痢疾，在一次用药时，发现中药"龙骨"上刻有很多纹道。通过认真钻研，他以为"龙骨"上刻的是商代的文字，便将其作为珍贵文物收藏起来，并收购了大量的"龙骨"。1900 年 7 月，八国联军兵临北京城下，慈禧太后带领皇室仓皇出逃，却任命王懿荣为京师团练大臣，抗击

图 1.6　甲骨文

八国联军。八国联军攻入北京后，王懿荣投井自杀。王懿荣殉难后，他所收藏的甲骨大部分转归好友刘鹗（《老残游记》作者），刘鹗于 1903 年 11 月拓

印《铁云藏龟》一书，将甲骨文资料第一次公开出版。甲骨文的发现，不仅标志着中国有了将近 4000 年有文字可考的历史，而且为研究商朝历史提供了极其宝贵的资料。

竹简起源于商代，是战国至魏晋时代的主要书写材料，也是中国历史上使用时间最长的书籍形式，还是造纸术发明之前以及纸普及之前主要的书写工具。

1.3 驿站

驿站是古时专供传递公文和军情者或来往官吏中途住宿、补给、换马的处所，在古代有着重要的地位和作用，担负着各种政治、经济、文化、军事等方面的信息传递任务。在埃及第十二王朝（约前 1991—前 1786 年）时期，已有关于驿站的记载。公元前 10 世纪，亚述帝国以本部为中心建筑石砌驿道，遗迹至今犹存。

中国古代驿站的历史可以追溯到商代。甲骨文中记载着殷商盘庚年代（前 1400 年左右）边戍向天子报告军情的记述，其中有"来鼓"二字。"来鼓"，类似今天的侦察及通信兵，主要依靠步行、骑马方式，传送在龟壳和兽骨上用甲骨文记录的信息。

"长安回望绣成堆，山顶千门次第开。一骑红尘妃子笑，无人知是荔枝来。"唐代杜牧这首诗歌说的是唐玄宗为了爱吃鲜荔枝的杨贵妃，动用驿站运输系统，花费人力财力，从南方运送荔枝到长安。

蒙古帝国创建者成吉思汗建成了空前庞大的驿站网络，还建立了执行通信任务的"箭骑兵"。每个士兵都有"从马"多匹，还携带奶制品和牛羊肉干，能在一日内马不停蹄地将情报送达数百千米外的战区指挥官，也能在几日内使几千千米外的最高领袖了解到前线的战况。元朝忽必烈制定了《站赤条例》，即驿站管理条令，元朝全国 1 119 处驿站，共约有驿马 45 000 匹。在东北的晗儿宾（今哈尔滨）地区则有狗站 15 处，供应驿狗 3000 只。南方一些水运发达地区，有水驿 420 多处，备驿船 5920 多艘。这些交通设施，构成了元朝庞大的驿站网。

到了明朝末期，为节省财政支出，崇祯帝在毛羽健等大臣的建议下废除驿站，导致大量驿站工作人员失业，成为流民，其中就有驿卒李自成——大明帝国的掘墓人。清顺治帝入关后，基本上是沿袭明代驿站设置，不过到了清代末期，由于文报局、邮政局的出现，继而废除了驿站。

1.4 长城

中国古代从周朝起，就开始建设烽火台报警网络，有敌入侵时，可以燃烧稻草等可燃物，这样可以用烟火通报敌情，以让下一个岗提高警惕。西汉司马迁的《史记·周本纪》记载："幽王为烽燧大鼓，有寇至则举烽火"。后来用城墙把它们联系起来，便成了"烽燧万里相望"的世界奇迹——万里长城。

公元前 3 世纪，秦始皇统一中国，派遣蒙恬率领 30 万大军北逐匈奴后，把原来分段修筑的长城连接起来，始有万里长城之称。明长城东起辽宁虎山，西至甘肃嘉峪关，总长度为 8851.8km，今天我们看到的长城多是明长城。

还有一些国家也建设了古代的长城。公元 122 年，为抵御北方民族的入侵，罗马皇帝哈德良下令修建了约 120km 的长城。公元前 5 世纪，雅典人在巴尔干半岛上筑有两条长城。高丽为抵御契丹族的侵扰，于公元 11 世纪起修建长城。印度长城是国外至今保存最完好的长城。

以长城为主体的整套防御工程和组织，主要包括四个基础设施网络：

（1）屯兵设施，包括城墙及城堡；

（2）预警网络，由烽火台组成，用燃烧烟火报警，传递军事信息；

（3）驿站网络，包括驿路城、递运所及驿站；用于传送公文、情报，接待人员，运输物资；

（4）后勤保障设施网络，包括军需屯田，军械制造、制盐及商贸场所等。

1.5 灯塔

灯塔是建于航道关键部位附近的一种塔状发光航标，用以引导船舶航行或指示危险区。现代灯塔的发光能源主要采用电力，在电力未出现以前，常以火作为发光源。

图 1.7　古币上的法罗斯灯塔

公元前 280 年左右，古代埃及托勒密二世委派希腊建筑师、尼多斯的索斯特拉图斯在亚历山大港外的法罗斯岛上建成了世界上第一座灯塔，塔高 120～137m（图 1.7），塔顶有可供燃烧柴火的火盆。它既可为船舶导航，也可在敌船接近时发出预警信号，还可成为展示复兴的埃及君主显赫名声的巨大标志。法罗斯灯塔被誉为古代世界七大奇观之一，后来毁于一场大地震。

1588 年 5 月末，西班牙"无敌舰队"从里斯本出航，远征英国。这时该舰队共有舰船 134 艘，船员和水手 8000 多人，摇桨奴隶 2000 多人，船上满载 2.1 万名步兵。英军共有 100 多艘战舰，载有作战人员 9000 多人。1588 年 7 月，当西班牙无敌舰队在英国南部的利泽德角附近海域被英军侦察舰船发现后，通过遍布英国沿海的灯塔预警网络，这一情报很快就被送达在普利茅斯的英国海军副统帅 Francis Drake、在伦敦的英国海统帅 Charles Howard 以及伊丽莎白女王。Drake 奉命率领英国舰队迅速出航并抢占了尾随敌舰队且顺风的有利位置。此后，无敌舰队几乎全军覆没。最后，只有 65 艘船返回了西班牙。

中国第一座灯塔建于 1387 年。福建泉州市崇武渔民夜晚驾船回家常常遇险无助，于是按各家渔船的数量分摊相应的建塔费用而集资兴建了高 33m 的崇武灯塔，这是中国第一座灯塔。

1.6　造纸术

　　造纸术发明之前的竹简、丝帛、甲骨，承载笨重且价格昂贵，制约了文化的传播。造纸术和印刷术的发明，改善了信息的存储载体和存储方式，增加了信息的存储量，扩大了信息的交流渠道，使书籍、报刊成为重要的信息储存和传播的媒体。

　　汉代，中国人发明了纸。最初的纸是用麻皮纤维或麻类织物制造成的，那时造纸术尚处于初期阶段，所造出的纸张质地粗糙，不适宜书写，一般只用于包装。公元 105 年，东汉宦官蔡伦改进了造纸术，用树皮、麻头及敝布、渔网等原料，经过挫、捣、抄、烘等工艺制造的纸，是现代纸的渊源。这种纸，原料容易找到，又很便宜，质量也提高了，逐渐得到了普遍使用。

　　蔡伦造纸术被列为中国古代四大发明之一，后来向东传到朝鲜和日本，又沿着丝绸之路经过中亚、西欧向整个世界传播，为世界文明的传承和发展作出了不可磨灭的贡献。公元 751 年，唐朝大将高仙芝率军与大食（阿拉伯帝国）将军沙利会战，唐军战败，唐军中的部分造纸工匠被俘虏。公元 794 年，在中国造纸工匠的指导下，阿拉伯帝国在都城巴格达建立了新的造纸工场。之后，源自中国的造纸术随着阿拉伯大军传到叙利亚、埃及、摩洛哥、西班牙和意大利等地。

　　蔡伦造纸术之后，造纸工艺几乎一直止步不前，如手工捞纸、自然晾晒，不仅费时费力，而且产量很低。13 世纪，人们开始使用水磨作坊，大大减少了将造纸原料（通常为麻布或其他破布）制成纸浆所需的人力。1797 年，法国人尼古拉斯·路易斯·罗伯特成功地发明了用机器造纸的方法，并获得了法国专利。在中国，具有规模的机器造纸比较落后，直到 1882 年，经李鸿章批准，才始建中国第一家机器造纸厂——上海机器造纸局。

1.7　印刷术

　　汉朝发明纸以后，书写材料比起过去用的甲骨、竹简、丝帛要轻便、经济多了，但是，信息的传播靠手抄的书籍，费时、费事，又容易抄错、抄漏，远远不能适应社会的需要。

东汉末年熹平年间（172—178 年），出现了拓印石碑的方法，把一张坚韧的薄纸事先浸湿，再敷在石碑上面，用刷子轻轻敲打，使纸入字口，待纸张干燥后用刷子蘸墨，轻轻地、均匀地拍刷，使墨均匀地涂布纸上，然后把纸揭下来，一张黑底白字的拓片就复制完成了。

隋唐时期，出现了雕版印刷术，在一定厚度的平滑的木板上，粘贴上抄写工整的书稿，薄而近乎透明的稿纸正面和木板相贴，字就成了反体，笔画清晰可辨。雕刻工人用刻刀把版面没有字迹的部分削去，就成了字体凸出的阳文，和字体凹入的碑石阴文截然不同。印刷的时候，在凸起的字体上涂上墨汁，然后把纸覆在它的上面，轻轻拂拭纸背，字迹就留在纸上了。

到了宋朝，雕版印刷事业发展到全盛时期，但是也存在明显缺点，刻版费时、费工、费料，大批书版存放不便，有错字也不容易更正。

据北宋科学家、政治家沈括著作《梦溪笔谈》所述，宋仁宗庆历年间（1041—1048 年），毕昇在雕版印刷的基础上，经过反复试验，制成了胶泥活字，实行排版印刷，只要事先准备好足够的单个活字，就可随时拼版，大大加快了制版时间。活字版印完后，可以拆版，活字可重复使用，且活字比雕版占有的空间小，容易存储和保管。

毕昇活字印刷术是中国古代四大发明之一，从 13 世纪到 19 世纪，毕昇活字印刷术传遍全世界，为中国文化经济的发展开辟了广阔的道路，为推动世界文明的发展作出了重大贡献。

元代时，沿丝绸之路的旅行者将中国活字印刷术带到欧洲，公元 1440—1448 年，德国金银匠、印刷商谷腾堡（Johannes Gutenberg）改良了活字印刷术，发明了由铅、锑、锡三种金属按科学、合理的比例熔合铸成的铅活字，并采用机械方式印刷，这标志着人类规模印刷时代的开始。从 16 世纪开始，印刷机的速度大幅度提高，可以印出成千上万册书籍。1812 年，德国人柯尼斯在机械师弗里德里希·鲍尔的帮助下发明了高速印刷机；两年后，用高速印刷机印刷的《泰晤士报》首次发行，这一年，柯尼斯又发明了双面印刷机，这标志着印刷机械化的到来。

1.8 信鸽

信鸽是从"始祖鸟"进化演变而来的，具有本能的爱巢欲，归巢性强，同时又有野外觅食的能力，久而久之被人类所认识。人类饲养鸽子最初是为了传信、祭祀或赏玩，古埃及的渔民，每次出海捕鱼时多带有鸽子，以便传递求救信号和渔汛消息。根据达尔文的《物种起源》，在公元前 2000 多年，埃及的第五王朝就驯养信鸽；到了公元前 1000 多年，埃及人已开始举行公开的信鸽竞赛。信鸽最大飞行时速可达 80 千米，飞行距离可达 1000 千米。

信鸽用于军事通信，在历史上很早就有记载。公元前 43 年，罗马的安东尼将军严密包围了穆廷城，守军长官白鲁特利用信鸽将告急信送达城外驻罗马的领事官格茨乌斯，搬来救兵，打退了安东尼的军队。1260 年 9 月 3 日，艾因·贾鲁特战役，由埃及马木留克王朝的大约 12 000 名马木留克骑兵和其他穆斯林军队战胜了蒙古军的 2 万多骑兵。在此战中，埃及军队利用信鸽通信的特长，通信速度比蒙古军"箭骑兵"更快。

1405—1435 年，郑和七下西洋，所率领的船队是一支特混舰队，最多时由 200 余艘不同用途、不同船型的远洋海船组成，将士 2.7 万余名，是 15 世纪世界上最大的船队；白天通过各色旗语进行联络，夜间通信则采用灯笼，还以吹号、敲鼓、放炮互通信息，还利用信鸽建立起了与本国之间传递信息的系统。

1815 年 6 月 18 日，在比利时的滑铁卢，拿破仑率领法军与英国、普鲁士联军展开激战，双方投入的兵力有 14 万多人。6 月 19 日清晨，英国罗斯柴尔德家族的内森·罗斯柴尔德通过信鸽情报系统提前得知了英军胜利的情报，于是大量买进英国公债。后来，英国军队在滑铁卢取得胜利的消息才传到伦敦，此时的罗斯柴尔德家族因持有大量的英国国债，已经成了英国政府最大的债权人。

1.9　有线电

利用电来传递消息的通信方式称为电通信。人类对电的认识是从静电开始的，2500 多年前，古希腊人发现用毛皮摩擦过的琥珀能吸引像绒毛、麦秆等一些轻巧的东西，当时人们无法解释这种现象，只好说：琥珀中存在一种特殊神力，并把这种特殊神力称为"电"。西晋张华（232—300 年）在其著作《博物志》中最早记述了梳子与丝绸摩擦起电引起的放电及发声现象："今人梳头，脱著衣时，有随梳、解结有光者，亦有咤声。"

18世纪中叶，美国发明家本杰明·富兰克林（Benjamin Franklin）做了多次实验，进一步揭示了电的性质，并提出了电流这一术语，此外，他还发明了避雷针。1800年，意大利教授亚历山德罗·伏特发明了世界上第一个发电器——伏特电池（伏打电堆），也是电池组、干电池的前身，开创了电学发展的新时代，为纪念他，电压单位取名伏特，符号为V。

1820年4月，丹麦物理学家、化学家奥斯特发现任何通有电流的导线，都可以在其周围产生磁场的现象，即电流的磁效应。同年，法国物理学家安德烈·玛丽·安培又进一步做了大量实验，研究了磁场方向与电流方向之间的关系，并总结出安培定律（右手螺旋定则）：用右手握住通电直导线，让大拇指指向电流的方向，那么四指指向就是磁感线的环绕方向；用右手握住通电螺线管，让四指指向电流的方向，那么大拇指所指的那一端是通电螺线管的N极。为了纪念他在电磁学上的杰出贡献，电流的单位"安培"以他的姓氏命名，符号为A。

1831年，英国科学家法拉第（Michael Faraday）发现，当一块磁铁穿过一个闭合线路时，线路内就会有电流产生，这个效应称为电磁感应；随后他制出了世界上最早的发电机——法拉第圆盘发电机。有了电，人类开始使用电，并进入电气化时代。

1. 电报

电报传送的是符号，发送一份电报，需要先将报文译成电码，再用电报机发送出去；在收报一方，要经过相反的过程，即将收到的电码译成报文，然后，送到收报人的手里。电报是一种最早的、可靠的即时远距离通信方式。

19世纪初，已经有人开始研制电报，不过实用电磁电报的发明，主要归功于美国科学家塞缪乐·莫尔斯（Samuel Morse，图1.8）、英国科学家威廉·库克（WilliamCooke）、查尔斯·惠斯通（CharlesWheastone）。1834年，莫尔斯成功地用电流的"通断"和"长短"来代替了人类的文字进行传送，这就是鼎鼎大名的莫尔斯电码。1837年，莫尔斯制造出了一台电报机（电磁式电报机）。1844年5月24日，莫尔斯在国会大

图1.8 莫尔斯

厦联邦最高法院会议厅用莫尔斯电码发出了人类历史上的第一份电报，莫尔斯在华盛顿通过电报把"上帝创造了何等的奇迹"的信息发送给了他在巴尔的摩的同伴阿尔弗雷德·威尔，威尔随即将同样的信息反馈给他——电报获得成功，从而实现了长途电报通信。

1837 年，惠斯通及库克发明五针电报机。这是历史上第一款具备一定实用价值的电报机，通过闭合由电池与双向开关构成的回路，利用线圈的电磁效应来控制磁针的偏转方向。1839 年，这种电报在铁路通信中获得了应用。

1846 年，德国人维尔纳·西门子和机械师约翰·哈尔斯克对当时的惠斯登电报机进行改进。1847 年 10 月，依靠西门子堂兄的投资，西门子和哈尔斯克在柏林创建了西门子&哈尔斯克电报机制造公司（西门子公司的前身），1866 年，西门子发明了自励直流发电机，1872 年向中国出口了第一台指针式电报机，1879 年交付并安装中国有史以来第一台发电机，用于上海港照明发电。

1872—1876 年，美国科学家托马斯·阿尔瓦·爱迪生（Thomas Alva Edison）对电报机做了多项改进，发明了四通路电报机，实现了电报传送自动化。此外，1880 年，爱迪生改进了电灯，成功造出了"碳化竹丝灯"，这种电灯沿用了好多年，直到 1906 年，美国人库里奇发明了钨丝灯泡。进入 21 世纪后，节能灯逐渐取代了钨丝灯泡。

当电报在西方国家传播发展时，中国一些有识之士已深刻感受到电报在国计民生中的重要作用。他们一边用各种形式广泛宣传，一边发出要求国家自办电报的呼声。1873 年，华侨商人王承荣从法国回国后，与福州的王斌研制出中国第一台电报机，并呈请政府自办电报，被愚昧的清廷视为破铜烂铁，拒不采纳，最终也未传于世。

1874 年，日本入侵台湾岛，等消息传递到紫禁城，已经过了一个月。这件事对洋务派刺激很大。为防备日本对台湾的侵犯，1875 年，福建巡抚丁日昌在福建船政学堂附设了电报学堂，培训电报技术人员，这是中国第一所电报学堂。1877 年，他又在台湾设立电报局，并在直隶总督兼北洋大臣李鸿章（图 1.9）的支持下建立了自旗后（今高雄）至府城（今台南）全线长 95 华里的电报线，这是中国第一条自建的电报线，是中国人自办有线电报的开端。1879 年，沙皇俄国强占中国伊犁，并派军舰窜入中国领海。清朝政府为了沟通军情，派李鸿章在其所辖范围内修建大沽（炮台）、北塘（炮台）至天津，以及从天津兵工厂至李鸿章衙门的电报线路，这是中国大陆自主建设的第一条军用电报线路。1881 年 12 月 24 日，津沪电报线路全线竣工，全长 3075

华里，四天后正式开放营业，收发公私电报，全线在紫竹林、大沽口、清江浦、济宁、镇江、苏州、上海七处设立了电报分局。这是中国自主建设的第一条长途公众电报线路。

图 1.9　李鸿章

　　电报的发明，开创了人类利用电来传递信息的历史，从此，信息传递的速度大大加快了。现在，随着电话、传真等的普及应用，电报已很少被人使用了。

2. 传真

　　传真是利用扫描和光电变换技术，从发端将文字、图像、照片等静态图像通过有线或无线信道传送到收端，并在收端以记录的形式重现原静止的图像的通信方式。传真在 19 世纪 40 年代诞生，但发展缓慢，直到 20 世纪 20 年代才逐渐成熟起来，60 年代后得到了迅速发展。

　　1843 年，美国物理学家亚历山大·贝恩（Alexander Bain）根据钟摆原理发明了传真。1850 年，英国的发明家弗·贝克卡尔（Frederick Bakewell）采用"滚筒和丝杆"装置代替时钟和钟摆的结构，将钟摆式传真机的结构进行了改进。1865 年，伊朗人阿巴卡捷根据贝恩和贝克卡尔传真机原理和结构，制造出实用的传真机，并在法国巴黎、里昂和马赛等城市进行了传真通信的实验。1907 年 11 月 8 日，法国发明家爱德华·贝兰（Edward Belin）制成了相片传真机，1913 年，他制成了世界上第一部用于新闻采访的手提式传真机。1925 年，美国电报电话公司的贝尔研究所研制出高质量的相片传真机。1968

年，美国率先在公用电话网上开放传真业务，世界各国也随之相继利用电话网开放传真通信业务。

十几年来，传真机已经成为使用最为广泛的通信工具之一。目前市场上常见的传真机是热敏纸传真机和喷墨、激光一体机。

3．电话

电话的发明，从根本上改变了人类的通信方式，距离不再是人们互相交谈的障碍，从此揭开了通信史上崭新的一页。

1860 年，意大利人安东尼奥·梅乌奇（Antonio Meucci）首次向公众展示了他的电话发明，并在纽约的意大利语报纸上发表了关于这项发明的介绍。美国国会于 2002 年 6 月 15 日在 269 号决议上确认梅乌奇为电话的发明人。

1875 年，苏格兰青年亚历山大·贝尔（A.G.Bell，图 1.10）发明了电话机，并于 1878 年在相距 300 公里的波士顿和纽约之间进行了首次长途电话实验，并获得了成功，后来他成立了著名的贝尔电话公司。

图 1.10　贝尔

电话传入中国是在 1881 年，英籍电气技师皮晓浦在上海十六铺沿街架起一对露天电话，付 36 文制钱可通话一次，这是中国的第一部电话。1882 年 2 月，丹麦大北电报公司在上海外滩扬于天路办起中国第一个电话局，用户有 25 家。1889 年，安徽主管安庆电报业务的彭名保设计制造成中国第一部电话机，取名为"传声器"，通话距离最远可达 300 华里（150km）。

最初的电话并没有拨号盘，所有的通话都是通过接线员进行的，由接线员将通话人接上正确的线路，拨号盘始于 20 世纪初，当时马萨诸塞州流行麻疹，一位内科医生因担心一旦接线员病倒造成全城电话瘫痪而提起的。

4. 电视

电视发明创造具有争议，主要涉及三个人：美国中学生菲罗·法恩斯沃斯、苏格兰发明家约翰·洛吉·贝尔德（John Logie Baird，图1.11）、俄裔美国工程师弗拉基米尔·K·兹沃尔金（Vladimir Eworykin）。其中贝尔德发明的电视是机械式电视，法恩斯沃斯、兹沃尔金发明的电视是电子式电视。

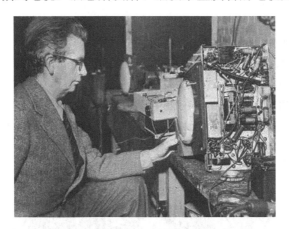

图1.11　贝尔德

1922年，16岁的法恩斯沃斯设计出第一幅电视传真原理图；1927年9月，成功利用电子技术，把画着一条线的玻璃板图像从摄像机传送到接收器上；1929年，传输了首个直播人类影像：他妻子Pem闭眼的一幅3.5英寸（约8.89cm）动态影像。

1924年，贝尔德获得专利"通过有线或无线电波通信方式，传送图像、肖像和场景的系统"；1925年，他制造出第一个机械式电视系统，成功地使年轻勤杂人员威廉·台英顿（Willian Taynton）的脸出现在电视机上；1929年，英国广播公司允许贝尔德公司开展公共电视广播业务。

1923年，兹沃尔金发明电子扫描式显像管，实现了电子扫描方式的电视发送和传输；1938年，他制造出第一台符合实用要求的电视摄像机。

1935年，在兹沃尔金和法恩斯沃斯两人关于电子式电视机的专利之争中，法官判决法恩斯沃斯获得了胜利。

1937年，机械电视机就被淘汰了，电子式电视成为电视的主流系统。经过人们的不断探索和改进，1945年，在三基色工作原理的基础上美国无线电公司制成了世界上第一台全电子管彩色电视机。直到1946年，美国人罗斯·威玛发明了高灵敏度摄像管，同年日本人八本教授解决了家用电视机接收天线的问题，此后一些国家相继建立了超短波转播站，电视迅速普及开来。

在中国，1958 年 1 月，天津无线电厂试制出中国第一台黑白电视机——北京牌 820 型 14 英寸电子管黑白电视机，并于 3 月 17 日实地接收信号试验成功。1958 年 9 月 2 日，中国第一座电视台——北京电视台正式开播。1970 年 12 月 26 日，中国第一台彩色电视机在天津诞生。

今天，电视已经成为人们生活不可缺少的一部分，电视技术更是得到了长足发展，背投、液晶、等离子、LED、3D 电视、4K 电视、互联网电视等，不断给人们带来新的感官体验。

1）4K 电视

人类对美好事物的无限追求可谓天性，表现在电视广播方面，就是一路从黑白到彩色、从模拟到数字、从标清到高清走来，现如今又有 4K 甚至 8K 超高清在前面招手，这都有赖于电视技术的不断进步与发展，正是技术在推动着电视向沉浸式视听体验演进。而很多时候把电视新技术带入公众视野的都是国际性体育盛会，如 4K 技术，2012 年伦敦奥运会、2014 年巴西世界杯、2016 年法国欧洲杯和里约奥运会都对一些比赛进行了 4K 转播，让人们领略了 4K 超高清电视带来的沉浸感之美妙。

4K 电视是支持显示 4K 分辨率的超高清电视。4K 分辨率多数情况下特指 4096×2160 分辨率，其中 4096 表示水平方向的像素数，2160 表示垂直方向的像素数。根据使用范围不同，4K 分辨率也有各种各样的衍生分辨率，例如 Full Aperture 4K 的 4096×3112、Academy 4K 的 3656×2664，以及 UHDTV 标准的 3840×2160 等，都属于 4K 分辨率的范畴。

国际电信联盟针对广播电视有专门的一组建议书。2012 年 8 月 23 日，国际电信联盟（International Telecommunication Union，ITU）发布了超高清电视（Ultra HDTV）的国际标准：ITU-R Recommendation BT.2020。UHD，即 Ultra High Definition，超高清；UHDTV，即 Ultra High Definition Television，超高清电视，是 HDTV 的下一代技术。该国际标准对超高清电视的分辨率、色彩空间、帧率、色彩编码等进行了规范。

分辨率，单个像素的宽高比为 1:1，按照从左往右、从上至下的顺序进行像素寻址。

①超高清 4K：水平清晰度 3840，垂直清晰度 2160，宽高比 16:9，总约 830 万像素。

②超高清 8K：水平清晰度 7680，垂直清晰度 4320，宽高比 16:9，总约

3320 万像素。

2）互联网电视

传统广播电视节目主要通过有线网、卫星电视、无线电视三种途径进行传输，数据传输采用单向广播方式，用户只能看直播。后来，随着互联网的发展，互联网视频网站积累了大量内容，逐渐成为人们获取信息、娱乐身心的重要渠道。随着互联网网速不断提升，手机平板的性能不断提高，人们通过互联网欣赏视频越来越便利，随便一个手机、平板都能连接电视看视频了，各种视频网站通过购买电视台的资源，已经可以播放同电视一样的节目了，甚至推出了直播业务。从这时候起，大量的电视用户从广电网转向互联网。

2005 年，随着中国第一张 IPTV（图 1.12）牌照的正式颁发，IPTV 业务在中国正式破冰。IPTV（Internet Protocol Television），也称互联网协议电视，是指基于 IP 协议的电视广播服务。该业务将电视机或个人计算机作为显示终端，通过宽带网络向用户提供数字广播电视、视频服务、信息服务、互动社区、互动休闲娱乐、电子商务等宽带业务。

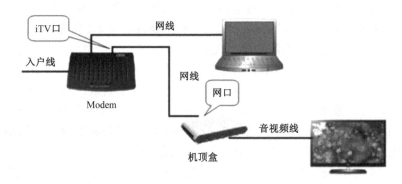

图 1.12　IPTV

从 2013 年开始，OTT 成为了最炙手可热的词汇。在通信领域，OTT（Over The Top）指的是借助运营商的网络服务，提供包括短信、语音甚至视频类的服务。而在电视领域，OTT TV 则是通过运营商的网络，向用户提供电视节目。国际上，OTT TV 通过公共互联网面向用户的各类网络收视终端（电视、计算机、Pad、智能手机等）传输 IP 视频和互联网应用等融合服务。

据国内调查机构统计，截至 2015 年年底，有线数字双向交互开通的约 4000 万户、IPTV 超过 5000 万户、互联网电视超过 1 亿台、OTT 盒子超过

6000 万台，而且这一庞大的市场还在不断成长。

2016 年中国电信 IPTV 用户数为 6723 万，中国联通 IPTV 用户数为 2204 万。截至 2017 年 8 月，我国 IPTV 用户数达到了 1.09 亿。此外，中国电信和中国联通还发布了《宽带服务白皮书》和《4K 智能机顶盒白皮书》，统一了 IPTV 4K 智能机顶盒标准。

1.10　无线电

电通信一般可分为两大类：一是有线电通信；二是应用更广泛的无线电通信。有线电通信是靠电流在导线内传输信号的，19 世纪发明的无线电通信技术使通信摆脱了依赖导线的方式，是信息技术上的一次飞跃，也是人类科技史上的一个重要成就。

1. 电磁波

无线电通信的传递媒介是电磁波（Electromagnetic Wave），它是由互相垂直的电场与磁场交互作用而产生的一种能量，在前进的时候就像水波一样会依照一定的频率不停地振动。电磁波每秒钟振动的次数称为频率，单位为赫兹（Hz），假设某一个电磁波每秒振动 2 次，则频率为 2Hz，每秒振动 4 次，则频率为 4Hz。例如，无线局域网络（WiFi）与蓝牙（Bluetooth）的通信频率为 2.4GHz，意思就是它使用的电磁波每秒振动 24 亿次。

1864 年，英国物理学家詹姆斯·克拉克·麦克斯韦（James Clerk Maxwell）建立了一套电磁理论，预言了电磁波的存在，说明了电磁波与光具有相同的性质，两者都是以光速传播的。

1887 年，德国青年物理学家海因里斯·赫兹（H.R.Hertz）用实验证明了麦克斯韦的电磁理论，发现了电磁波的存在。这个实验轰动了整个科学界，成为近代科学技术史上一个重要的里程碑，导致了无线电的诞生和电子技术的发展。

自赫兹证实电磁波的存在之后，时至今日，科学家们不仅证明了光波是电磁波，而且证明了红外线、紫外线、X 射线、γ 射线等均是不同频率范围内的电磁波。电磁波是一个大家族，把它们按波长（或频率）顺序排列就构成了电磁频谱（电磁波谱）。在军事上，电磁频谱既是传递信息的一种载体，又是侦察敌情的重要手段，因此成为交战双方争夺的制高点之一。2009 年，美国战略司令部将电磁频谱明确定位为一个新的"作战域"，与"陆地域、海域、空域"一样均为客观存在且对战争的影响都经历着一番逐步深化的过程。美军曾预言，如果发生第三次世界大战，则获胜者必将是最善于控制、驾驭和运用电磁频谱的一方。

目前，用来进行无线通信的电磁波包括：

频率为 1～100GHz 的电磁波。通常应用于卫星通信、卫星定位、雷达与微波通信等，而频率 30～300GHz（相当于波长 1～10mm）的电磁波称为毫米波（Millimeter Wave），目前有公司计划应用在 5G 的通信系统中。

频率为 1～100MHz 的电磁波。通常应用于无线电视、移动通信、调幅广播（AM）、业余无线电、调频广播（FM）等。

频率为 1～100kHz 的电磁波。通常应用于航空无线电、海底电缆、电话与电报等。

2．无线电技术

作为电磁波的发现者，赫兹表示电磁波除了验证麦克斯韦的方程是正确的以外，并没有其他用处，"若要利用电磁波进行不用导线的通信，得有一面和欧洲大陆面积差不多的巨型反射镜才行"。之后，一些年轻的发明家，陆续投入到利用电磁波进行无线通信的探索之中。

1893 年，美籍塞尔维亚裔科学家尼古拉·特斯拉（Nikola Tesla）首次公开展示了无线电通信，他所制作的仪器包含电子管发明之前无线电系统的所有基本要素。

1895 年 5 月 7 日，俄国物理学家亚历山大·波波夫在圣彼得堡俄国物理化学会的物理分会上宣读了论文"金属屑同电振荡的关系"，并且表演了他发明的无线电接收机。为了纪念波波夫在无线电方面的卓越贡献，1945 年 5 月 7 日，苏联政府将 5 月 7 日规定为苏联无线电节，俄罗斯人一致将波波夫尊称为无线电发明人。

1895 年，意大利工程师古列尔莫·马可尼（Guglielmo Marcon）发明了无线电报，并于 1896 年在英国获得了无线电技术的专利。1901 年 12 月，马可尼将无线电信息成功地穿越大西洋，从英格兰传到加拿大的纽芬兰省。1909 年 11 月，马可尼因为发明无线电的功绩而荣获了诺贝尔物理学奖。

1904 年，美国专利局将特斯拉 1897 年在美国获得的无线电技术专利撤销，转而授予马可尼发明无线电的专利，据说这一举动可能是受到汤玛斯·爱迪生、安德鲁·卡耐基等马可尼在美国的经济后盾人物的影响。1943年 6 月 21 日，在特斯拉去世后不久，美国最高法院宣布，尼古拉·特斯拉提出的基本无线电专利早于其他竞争者，无线电专利发明人是尼古拉·特斯拉。不过有些人认为作出这一决定是出于经济原因，因为 1915 年 8 月，马可尼的公司控告美国政府在一战期间侵犯了自己的专利，如果这样判决，则当时正处于第二次世界大战中的美国政府就可以避免付给马可尼公司专利使用费。

无线电发明之时，清朝的无线电技术发展落后，但其开始应用的时间几乎与世界同步。1899 年，清政府购买了几部马可尼猝灭火花式无线电报机，安装在广州两广总督署和马口、威远等要塞，以及南洋舰队各舰艇上，供远程军事指挥之用。这是无线电报业务在中国的首次使用。

1906 年，美国物理学家费森登成功地研究出无线电广播。1912 年，美国人德福雷斯（Lee De Forest）在美国联邦电报公司主持研制第一个全球无线电通信系统。1920 年，美国无线电专家康拉德在匹兹堡建立了世界上第一家商业无线电广播电台，从此广播事业在世界各地蓬勃发展，收音机成为人们了解时事新闻的方便途径。1926 年，第一个由中国人自己经营的广播电台（哈尔滨无线电广播电台）由中国广播之父、东三省联省无线电电台副台长刘瀚创办；1927 年，上海新新公司开办了中国第一座商业无线电广播电台。

第一次世界大战（1914 年 8 月—1918 年 11 月）期间，1916 年，法国生产的 R 型真空三极管很快被广泛用于协约国军队的通信设备中；1917 年，德国生产的 RJW 型真空三极管也很快用于同盟国军队的通信设备中。交战双方军队都相继使用了新型中、长波无线电台，并用于陆、海、空军的作战指挥。在第二次世界大战（1939 年 9 月 1 日—1945 年 9 月 2 日）中，坦克普遍装备无线电台和车内通话器，并在坦克部队中组建通信分队。许多新式电子通信装备大量运用于战场，如短波、超短波电台，无线电接力机、传真机、多路载波机、机载通信等。

其中，雷达是利用电磁波探测目标的电子设备。雷达在战争中发挥了重大作用，并与导弹、原子弹并列而被称为第二次世界大战中的三大新武器。由于作战需要，雷达技术发展极为迅速，雷达的战术使用也由单一的对空警戒扩展为引导、截击、火控、轰炸瞄准、导航、探测潜艇及水面舰艇等多方面。

在第二次世界大战中，英国防空网络采用了先进的低空搜索雷达和远程警戒雷达，及指挥、控制和通信系统，当时也称为"道丁系统"（Dowding System），该系统以对空雷达网提供的空情为主，以遍布英国各地的近距离对空观察哨网络提供的空情为辅。该系统的雷达操作人员发现目标、测报目标飞机的高度、航向、航线、飞机数量和类型等准确情报，由通信人员用电话或电报向指挥所报送情报，再由标图人员标图，整理出全部空中目标情报，供指挥员分析、判断和决策。雷达操作员可直接通过电话向指挥控制中心报告重要空情，电话线用水泥板保护并深埋地下，以防敌机轰炸。该系统还实现了地—空、空—空及对空观察哨的双向无线电通信。当时，英国的雷达网络（图 1.13）主要包括远程警戒雷达和低空搜索雷达，共由 80 部雷达组成。当时英国防空网络还包括近 2000 门高射炮，约 1500 个拦阻气球，还有大量探照灯。

图 1.13　第二次世界大战中的英国雷达网的地下指挥控制

1.11　人造卫星

1687 年，英国物理学家艾萨克·牛顿（Isaac Newton）发表了著作《自然哲学的数学原理》，书中提出了三大运动定律和万有引力定律，把地面上物体运动的规律和天体运动的规律统一了起来，对以后物理学和天文学的发展具有深远的影响。

　　根据牛顿的发现，地球对周围的物体有引力的作用，因而抛出的物体要落回地面。抛出的初速度越大，物体就会飞得越远。如果没有空气阻力，当速度足够大时，物体就永远不会落到地面上，天体在万有引力定律提供向心力的情况下做圆周运动，它将围绕地球旋转，成为一颗绕地球运动的人造地球卫星，简称人造卫星。

　　1957 年 10 月 4 日，苏联发射了世界第一颗人造卫星"斯普特尼克 1 号"，其总设计师为谢尔盖·科罗廖夫。这一事件具有划时代的意义，它宣告人类已经进入空间时代。之后，美国、法国、日本也相继发射了人造卫星。1970 年 4 月 24 日，中国发射了自己的第一颗人造卫星"东方红一号"。

　　卫星通信在现代战争中的作用越来越重要，各军事大国都在大力发展军事卫星通信，推动以军事为核心的太空科技发展。1983 年，美国里根政府推出"星球大战"计划，提出建立多层导弹拦截系统，全面发展太空武器。在 1991 年的海湾战争中，美英等多国部队共动用军事卫星 33 颗。1999 年，科索沃战争共动用军事卫星 50 多颗。2001 年，阿富汗战争先后动用军事卫星 50 余颗。2012 年，俄罗斯改编组建空天防御部队，2014 年成立空天军，加快发展太空攻防能力。

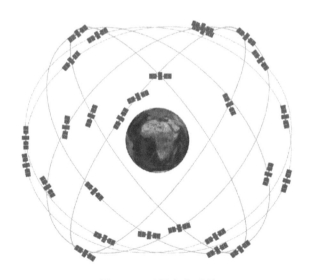

图 1.14　卫星定位系统

　　按照用途划分，人造卫星又可分为通信卫星、导航卫星、测地卫星、气象卫星、导弹预警卫星和海事卫星等。

1. 通信卫星

通信卫星是世界上应用最早、应用最广的卫星之一，许多国家都发射了通信卫星。通信卫星通过转发无线电信号，实现卫星通信地球站之间或地球站与航天器之间的无线电通信。1991年海湾战争，多国部队前线总指挥传送给五角大楼的战况有90%是经卫星通信网传输的。多国部队共动用了14颗通信卫星，包括：用于战略通信的"国防通信卫星"Ⅱ型2颗，"国防通信卫星"Ⅲ型4颗；用于战术通信的舰队通信卫星3颗，"辛康"Ⅳ型通信卫星4颗；主要用于英军通信的"天网"Ⅳ通信卫星1颗。

2. 导航卫星

全球卫星导航系统（Global Navigation Satellite System，GNSS），也称为全球导航卫星系统，是能在地球表面或近地空间的任何地点为用户提供全天候的三维坐标和速度及时间信息的空基无线电导航定位系统。

全球最早大规模应用的卫星导航系统是GPS系统。美国之后，苏联、欧盟、中国先后加入国际导航卫星竞赛。

1）美国GPS（Global Positioning System，全球定位系统）

1958年，美国军方开始研制导航卫星系统，通常简称GPS，1964年投入使用。1991年海湾战争时，美国GPS由16颗卫星组网，对取得战争的全面胜利起了重要作用，例如，为海军和空军从防空区外发射对地攻击导弹提供中段制导，使其能更准确地捕获目标；提高飞机导航、对敌雷达等定位及测定被击落飞行员位置的准确性；为地面部队提供更精确的地面导航。GPS对于在毫无地貌特征的沙漠里进行地面作战非常有用，它帮助美军第7军成功穿越沙漠发动袭击；可以更精确地标记陆地和海洋雷区及更有效排雷。

1994年，GPS卫星系统基本组网完毕，可提供全球范围内的卫星定位和导航服务能力。GPS由24颗卫星组成，其中21颗工作卫星、3颗备用卫星，分布在6条交点互隔60°的轨道面上，精度约为10m，军民两用。

目前，GPS实际已经使用了32颗卫星，美国正在试验第三代卫星系统，可将定位系统的精准度提升至1m以内。

2）俄罗斯GLONASS（格洛纳斯）

GLONASS系统的标准配置包括24颗卫星，精度在10m左右，军民两用。

格洛纳斯系统 1985 年开始正式建设；2007 年开始运营，当时只开放俄罗斯境内卫星定位及导航服务；到 2009 年，其服务范围已经拓展到全球；2011 年 1 月 1 日在全球正式运行；目前，这一导航系统的在轨运行卫星已超过 30 颗。

3）中国 BDS（BeiDou Navigation Satellite System，"北斗"卫星导航系统）

"北斗"系统是中国自行研制的全球卫星导航系统，可在全球范围内全天候、全天时为各类用户提供高精度、高可靠定位、导航、授时服务，并具短报文通信能力。

"北斗"系统由空间段、地面段和用户段三部分组成，空间段包括静止轨道卫星和非静止轨道卫星，地面段包括主控站、注入站和监测站等若干个地面站，用户段包括"北斗"用户终端以及与其他卫星导航系统兼容的终端。其中，空间段的静止轨道卫星具有 RDSS 短报文通信功能。

与其他卫星导航系统相比，"北斗"最具特色的优势是它的短报文通信功能。GPS 可以确定自己的位置，但不能把自己的信息传达出去，而"北斗"系统通过独有的短信功能，可以向有关方面传达信息。例如，在飞机飞行过程中，通过这一功能，飞机不仅知道自己的位置，还能不依赖其他通信系统独立地向地面中心报告自己的位置、速度和时间等数值。"北斗"短报文按每 1～60s 发射 1 次通信信息、每次发送 120 个汉字的发射频度计算，最大可获得的信息速率为 1.92Kb/s。由于"北斗"系统具有这个功能特点，目前，已在多个领域得到广泛应用，并发挥着重要的作用，主要包括导弹、军用飞机、直升飞机、船舶和汽车等。2017 年 4 月 18 日，民航局正式下发《民用航空低空空域监视技术应用指导意见（试行）》，明确指出，其总体目标是，到 2020 年，构建以"北斗"定位信息为核心，兼容各种监视技术的低空空域监视技术服务保障体系，大部分低空空域运行的通用航空器与无人驾驶航空器实现"北斗"卫星导航系统定位，实现全国低空空域监视数据统一管理，为低空飞行服务保障体系提供航空器监视信息。《意见》明确指出将"北斗"短报文（RDSS）功能应用于通航飞机的监视技术。

"北斗"系统发展战略分三步走。

1992 年开始的"北斗一号"是一组进行卫星导航相关研究实验的测试卫

星，第一步是 2000 年建成"北斗"卫星导航试验系统。第二步建成由 14 颗组网卫星和 32 个地面站天地协同组网运行的"北斗二号"卫星导航系统。2004 年立项的"北斗二号"，其任务是承担中国国内和亚太地区的导航、授时等服务，由 14 颗卫星组网的星座历经 8 年于 2012 年年末初步"竣工"，向亚太地区提供服务，定位精度优于 10m。第三步是到 2020 年前后将建成由 5 颗地球静止轨道卫星和 30 颗非地球静止轨道卫星组成的"北斗"全球卫星导航系统，即"北斗三号"，为全球用户提供服务。

2016 年年末到 2017 年年初，"北斗"系统"三步走"战略正式完成"第二步"与"第三步"的接棒。"北斗三号"首批卫星的发射计划已被官方公布，初定时间在 2017 年下半年，2018 年前后完成 18 颗卫星发射。目前的北斗导航系统拥有两项重大改进，首先是道路规划时间大幅缩短，从之前的 30s 降至 3s；其次是定位精度的提升，现阶段已经可以判断车辆是在主路行驶还是在辅路行驶。"北斗"系统在提供 1～2m 级别精准定位的同时，也在定位精度上超越美国 GPS，成为精度仅次于欧洲 GALILEO 系统的定位导航系统。

近几年，随着中国卫星导航产业的快速发展，以及"北斗"系统的渗透率不断提升，"北斗"全产业链均得到了全面发展，并已初具规模。根据规划，到 2020 年，"北斗"产值将达到 2400 亿元。在下游应用方面，如军用市场和行业市场，"北斗"已显现出特有的优势；而在大众消费市场，"北斗"也逐渐渗透到手机终端及车载终端。

4）欧洲 GALILEO（伽利略）

GALILEO 系统由 30 颗卫星组成，包含 24 颗工作卫星和 6 颗备份卫星，主要为民用，免费的定位服务误差为 1～2m，付费服务的误差小于 1m。

2005 年，首颗试验卫星成功发射；2008 年开通定位服务；截至 2016 年底，GALILEO 系统已有 18 颗卫星在轨；剩余 12 颗卫星计划在 2020 年前全部发射完成。

3．测地卫星

测地卫星是专门用于大地测量的人造地球卫星。海湾战争中，许多科威特、伊拉克和沙特阿拉伯的地图是不精确的。测地卫星及时提供了该地区最新的、非常精确的地图，还能显示海岸线附近的浅水区。

4．气象卫星

气象卫星是从太空对地球及其大气层进行气象观测的人造地球卫星。海湾战争中，多国部队利用国防气象卫星和民用气象卫星预报伊拉克地区快速变化的天气形势，还用于确定风向并预防化学战剂可能的扩散并预报沙尘暴和其他天气现象，还利用国际海事卫星极大地改善了军舰航行中的天气预报质量。

5．导弹预警卫星

导弹预警卫星是用于监视和发现敌方战略弹道导弹并发出警报的侦察卫星。在海湾战争中，美军至少将两颗预警卫星转到战区上空，用于监视伊拉克"飞毛腿"战术导弹的发射并预报落点，给前线提供 90s 的预警时间；还用于引导"爱国者"导弹进行拦击并轰炸其发射架。

6．海事卫星

海事卫星是用于海上和陆地间无线电联络的通信卫星，是集全球海上常规通信、遇险与安全通信、特殊与战备通信于一体的实用性高科技产物。

1.12　互联网

如果说蒸汽机是 18 世纪最伟大的发明，发电机是 19 世纪最伟大的发明，那么互联网当之无愧是 20 世纪最伟大的发明。前两者都只是解决人类生产生活中的动力问题，而互联网的诞生则是在人类政治、经济、文化、社会等各个领域都掀起了一次革命。

互联网的使用，不仅让信息实现了远距离、实时、多媒体、双向交互的传输，在这个技术的基础上，产生了很多全新的商业模式和业务模式，而且大大改变了世界政治的格局和人们的思维方式。

自 1969 年第一个真正的网络 ARPANET 创立以来，到 2017 年，世界互联网已经经过了 48 年，中国互联网也经过 23 年的发展历程。互联网就像收音机和印刷机的发明那样深刻地改变着我们的世界，中国已成为举世瞩目的网络大国，探索出了一条具有中国特色的互联网发展之路，为世界互联网发展做出了贡献、创造了中国经验。

1.12.1　国际互联网

国际互联网（Internet，简称"互联网"）是由一台台计算机连接起来的能够远距离传输数据信息的计算机网络。

互联网的发展大致经历了五个阶段：20 世纪 60 年代，互联网起源；70 年代，TCP/IP 协议出现，互联网随之发展起来；80 年代，NSFnet 出现，并成为当今互联网的基础；90 年代，互联网进入高速发展时期，并开始向全世界普及；2007 年开始，移动互联网时代。

1.　第一阶段

第二次世界大战中，飞机和大炮是占主要地位的战略武器，美国陆军军械部迫切需要开发一种高速的计算工具，以提供准确而及时的弹道火力表。1943 年，美国宾夕法尼亚大学的莫克利（John Mauchly）和他的学生埃克特（J. Presper Eckert）为首的研发小组，在美国军方的大力支持下，开始研制世界上第一台电子多用途计算机埃尼阿克（ENIAC，图 1.15）。不久，正在参加美国第一颗原子弹研制工作的数学家冯·诺依曼（John Von Neumann，美籍匈牙利人）带着原子弹研制过程中遇到的大量计算问题，加入了研制小组，解决了计算机的许多关键性问题。1946 年 2 月 14 日，ENIAC 研制成功，它由 1.8 万个电子管组成，体重超过 30t，占地有两三间教室般大，运算速度为5000 次/s 加法运算。

图 1.15　ENIAC

第二次世界大战结束，苏、美两国各自发展了自己的势力范围，成为世界的两极，并在军备上展开竞争。这两个庞大的国家进行着无声的对垒。这就是著名的"冷战"。1946 年 3 月 5 日，英国首相温斯顿·丘吉尔（Winston Leonard Spencer Churchill）在美国富尔顿发表反苏联、反共产主义的铁幕演说，运用"铁幕"一词之意攻击苏联和东欧社会主义国家把自己"用铁幕笼罩起来"，铁幕演说正式拉开了冷战序幕。之后，1947 年 3 月 12 日，美国总统杜鲁门（Harry S. Truman）在国会两院联席会议上宣读了被称为"杜鲁门主义"的国情咨文，发表了敌视社会主义国家的讲话，标志着冷战开始。

1962 年，苏联向古巴运送导弹，企图在古巴建立导弹发射场，被美国 U－2 侦察机发现。美国总统肯尼迪（John Fitzgerald Kennedy）下令对古巴实行军事封锁，并进行战争威胁，苏联被迫撤走导弹，危机才告平息。古巴核导弹危机导致美国和苏联之间的冷战状态随之升温，核毁灭的威胁成为人们日常生活的话题。

同年，苏联信息技术之父格卢什科夫提出：要建设一个全国性的计算机网络和自动化系统，简称 OGAS。这个系统以电话线路为依托，像神经系统一样连接欧亚大陆的所有工厂、企业。在莫斯科，将有一台中央主机，它连接着 200 个设在大、中城市的二级中心，这些二级中心各自又连接几万个计算机终端。然而由于各种各样的利益纠葛和阻力，格卢什科夫只是推进建成了几百个地方性的计算机中心，这些中心的通信制式各不相同，彼此之间也缺乏互联、互通的意愿。

美国国防部（DoD）认为，如果仅有一个集中的军事指挥中心，万一这个中心被苏联的核武器摧毁，全国的军事指挥将处于瘫痪状态，其后果将不堪设想，因此有必要设计一个分散的指挥系统——它由一个个分散的指挥点组成，当部分指挥点被摧毁后，其他点仍能正常工作，而这些分散的点又能通过某种形式的通信网取得联系。

1969 年，美国国防部高级研究计划署（ARPA）的领导利克利德提出"巨型网络"的概念，设想"每个人可以通过一个全球范围内相互连接的设施，在任何地点都可以快速获取各种数据和信息"。紧接着，在利克利德的资助下，1969 年 9 月，一群科学家们（图 1.16）建立了美国军方阿帕网（ARPANET），这就是互联网的最早起源。

图 1.16　阿帕网的设计师们

2. 第二阶段

在阿帕网产生运作之初，只有四台主机联网运行，甚至连局域网（LAN）的技术也还没有出现，大部分计算机相互之间不兼容，例如，在一台计算机上完成的工作，很难在另一台计算机上使用；让硬件和软件都不一样的计算机联网，也有很多困难。当时美国陆军用的计算机是 DEC 系列产品，海军用的计算机是 Honeywell 中标机器，空军用的是 IBM 公司中标的计算机，每一个军种的计算机在各自的系统里都运行良好，但有一个大弊病：不能共享资源。

当时科学家们提出这样一个理念："所有计算机生来都是平等的。"为了让这些"生来平等"的计算机实现"资源共享"就得在这些系统的标准之上建立一种大家都必须遵守的标准，这样才能让不同的计算机按照一定的规则进行"谈判"，并且在谈判之后"握手"。这里说到的标准、规则就是现在所说的通信"协议"。

在确定互联网各个计算机之间"谈判规则"过程中，最重要的人物当数温顿·瑟夫（Vinton G.Cerf，图 1.17）。正是他的努力，才使各种不同的计算机能按照协议上网，互联。温顿·瑟夫也因此获得了与蒂姆·伯纳斯·李（Tim Berners-Lee）、罗伯特·卡恩（Robert Elliot Kahn，常称鲍勃·卡恩，Bob Kahn，图 1.19）一样的美称"互联网之父"。

图 1.17　罗伯特·卡恩和温顿·瑟夫

　　1970 年 12 月制定出的最初的通信协议是由罗伯特·卡恩开发、温顿·瑟夫参与的"网络控制协议"（NCP），但要真正建立一个共同的标准并不容易。

　　1972 年，第一届国际计算机通信会议在美国首都华盛顿召开，会议决定在不同的计算机网络之间达成共通的通信协议，成立互联网工作组（The Internet Engineering Task Force，IETF），负责建立这种标准规范。

　　早期协议，如 Telnet（用于虚拟终端仿真）和文件传输协议（FTP），是最早开发的，以指定通过阿帕网共享信息所需的基本实用程序。随着阿帕网在规模和作用范围上的日益扩大，出现了其他协议。

　　1973 年的世界正处在冷战的高峰期，美国仅有的三个互相联系的计算机网络都用于国防或学术研究，并不对公众开放。温顿·瑟夫与罗伯特·卡恩提出将三个网合并，尝试设计一个"网关"计算机互联具有不同协议的网络，让计算机和计算机之间的沟通敞开和透明。1974 年，他们提出名为 TCP 的分组网互通协议，随后发表的著名论文将 TCP 分为 TCP/IP，开始布设可以架构在现有和新的技术上的互联网，让大家使用它实现自由分享。

　　1974 年，传输控制协议（TCP）作为规范草案引入，它描述了如何在网络上建立可靠的、主机对主机的数据传输服务。这意味着处于散兵游勇状态的计算机网络开始通过协议进行通信，也表示互联网不但有了名头，并且在"团结就是力量"的真理指引下，具备了令世人注目的话语权。

　　1975 年，美国国防部高级研究计划署将阿帕网转交给国防部通信署，由于接入阿帕网受到了限制，导致了其他类似通信网的发展，如美国能源部的

MFENET、美国国家航空航天局建设的 SPAN 网络、3COM 公司建设的 UNET、受到美国国家科学基金会（National Science Foundation，NSF）资助的计算机科学网（Computer Science Network，CSNET）等。也正是在这一年，19岁的比尔·盖茨（Bill Gates，图 1.18）从美国哈佛大学退学，和他的高中校友保罗·艾伦（Paul Allen）创办了微软公司（Microsoft）。第二年，美国计算机工程师史蒂夫·乔布斯（Steve Jobs）、斯蒂夫·沃兹尼亚克和罗·韦恩（Ron Wayne）等人创立了苹果计算机公司（Apple Computer Inc.）。

图 1.18　比尔·盖茨

1981 年，Internet 协议（IP）以草案形式引入，它描述了如何在互联的网络之间实现寻址的标准以及如何进行数据包路由。

1983 年 1 月 1 日，阿帕网开始对所有的网络通信和基本通信都要求标准由过去的 NCP 改变为 TCP 和 IP 协议。

3. 第三阶段

1983 年，阿帕网分裂为两部分：用于军事和国防部门的军事网（MILNET）和用于民间的阿帕网版本。同时，局域网和广域网的产生和蓬勃发展对互联网的进一步发展起了重要作用。其中最引人注目的是美国国家科学基金会基于 IP 协议建立的名为 NSFNET 的广域网。NSF 在全美国建立了按地区划分的计算机广域网，并将这些地区网络和超级计算机中心互联。阿帕网则为主干网的互联网只对少数的专家以及政府要员开放，而以 NFSNET 为主干网的互联网则向社会开放。

1984 年，美国国防部将 TCP/IP 作为所有计算机网络的标准。同年，联

邦德国著名的卡尔斯鲁大学（Karlsruhe University）的维纳·措恩教授
（Werner Zorn）领导科研小组建立了西德与美国的 CSNET 第一个连接、并发
送了德国的第一封电子邮件。维纳·措恩被称为"德国互联网之父"。

1989 年，NSFNET 改名为"Internet"，向公众开放，从此世界上第一个
互联网产生，并迅速连接到世界各地，当时联网的计算机有 30 万台左右。

1989 年，蒂姆·伯纳斯·李（Tim Berners-Lee）发明了首个网页浏览
器——万维网（World Wide Web，WWW），1991 年 5 月，WWW 在互联网上
首次露面，立即引起轰动，获得了极大的成功，并被广泛推广应用。TCP/IP
网络大发展时代的序幕由此拉开。

1990 年 6 月，NSFNET 彻底取代了阿帕网而成为互联网的主干网，阿帕
网正式退役。到 1991 年，NSFNET 的子网已经扩展到 3000 多个，由此奠定
了今天异常繁荣的互联网的基础。

4．第四阶段

1994 年，美国的互联网由商业机构全面接管，这使互联网从单纯的科研
网络演变成一个世界性的商业网络，从而加速了互联网的普及和发展，世界
各国纷纷连入互联网，各种商业应用也一步步地加入互联网，互联网几乎成
为现代信息社会的代名词。

1995 年，NSF 网络宣布停止操作，由美国指定 3 家私营企业来经营互联
网，互联网的商业化彻底完成。同年，微软 Internet Explorer 浏览器（IE1）
诞生；美国最大网络电子商务公司亚马逊公司（Amazon，简称亚马逊）成
立，创始人为杰夫·贝佐斯（Jeff Bezos）。

1996 年，四名以色列籍犹太年轻人发明了一款即时通信软件 ICQ，取意
为"我在找你（I Seek You）"，简称 ICQ。同年，HOTMAIL 公司开始在国际
互联网上提供免费网上电子邮件服务；美国克林顿政府提出"下一代 Internet
计划（NGI）"。

随后的 20 年，一大批太阳、月亮和星星一样的企业横空出世，一大批业
界精英粉墨登场，一大批新技术、新思路、新理念、新思维风起云涌、叱咤
风云……

1998 年，美国斯坦福大学两名研究生拉里·佩奇和谢尔盖·布林在学生
宿舍内共同开发了谷歌在线搜索引擎，并于当年 9 月成立 Google 公司，于
1999 年下半年正式启用谷歌网站"Google"。Google 是第一个被公认为全球

最大的搜索引擎。

2001 年，微软公司发布供个人计算机使用的 Windows XP 操作系统。

2004 年 2 月 4 日，美国哈佛大学的二年级学生马克·扎克伯格（图 1.19）创立了社交网络服务网站 Facebook，它是世界排名领先的社交网络服务网站。

图 1.19　马克·扎克伯格

2006 年，美国软件设计师杰克·多西（Jack Dorsey，图 1.20）创办了推特（Twitter），一个供朋友或家人随时分享自己目前状态的站点，这是一个世界上发展最快的交流媒体，用户可通过发送一段不超过 140 字符的文字，向他们的追随者播报各种消息。

图 1.20　杰克·多西

5. 第五阶段

2007 年，当人们觉得用计算机以外的任何方式上网都显得麻烦和昂贵的时候，苹果公司 CEO 史蒂夫·乔布斯（图 1.21）带着 iPhone 横空出世。当然，iPhone 并不是第一个含有发送电子邮件功能的电话，甚至不是第一个让用户上网的电话，但它第一个提供了一个平台，让无线上网服务能与计算机上网冲浪相媲美。

图 1.21　乔布斯

2008 年 6 月 10 日是互联网发展史上具有特殊意义的纪念日子。史蒂夫·乔布斯向全球发布了新一代智能手机 iPhone3G，从此开创了移动互联网蓬勃发展的新时代，移动互联网以摧枯拉朽之势迅速席卷全球。iPhone 以及 2010 年诞生的 iPad，彻底颠覆了移动互联网生态。

进入 21 世纪以来，互联网深刻改变着人们的生产和生活方式，互联网的终端正在迅速扩展开来，除了最常用的计算机、电视之外，利用手机、无线上网卡、PDA 等移动终端接入互联网的情况也越来越普遍，未来很多家用电器也都会接入到互联网上，移动终端几乎成为人们身体功能的延伸，人类真正进入完全意义的网络时代。全球互联网自 20 世纪 90 年代进入商用以来迅速拓展，目前已经成为当今世界推动经济发展和社会进步的重要信息基础设施。经过短短十几年的发展，截至 2016 年年底，全球共有 34 亿互联网用户，全球移动网民数量达到 30.7 亿，中国、美国、印度位居前三。

1.12.2　中国互联网

自 1969 年第一个真正的网络 ARPANET 创立以来，已经经过了 45 年。中国互联网的发展已走过了 23 年，23 年对于人生来说可能是转眼一瞬，但是对于中国互联网而言却是天翻地覆。这种巨大的变化（或者说变革）体现在方方面面。目前，中国网民规模达到全球第一，宽带用户规模全球居首，已建成全球最大的 4G 网络，互联网经济在 GDP 中的占比不断攀升，网络零售交易规模全球第一，互联网企业市值规模迅速扩大，全球互联网十强公司中，中国占了 4 家（阿里巴巴、腾讯、百度、京东），中国已成为名副其实的互联网大国。

总的来说，中国互联网的发展历程可以分为三个阶段：研究试验阶段、起步阶段、快速增长阶段。

1. 第一阶段（1986—1993 年）—— 研究试验阶段

在此期间，中国一些科研部门和高等院校开始研究互联网技术，并开展了科研课题和科技合作工作。这个阶段的网络应用仅限于小范围内的电子邮件服务，而且仅为少数高等院校、研究机构提供电子邮件服务。

中国最早使用互联网的历史可以追溯到 1986 年王运丰教授领导的北京市计算机应用技术研究所实施的一个名为中国学术网（Chinese Academic Network，CANET）的国际联网项目的启动，其合作伙伴是德国卡尔斯鲁厄大学（University of Karlsruhe）。1987 年 3 月，王运丰教授被德国总统授予"联邦大十字勋章"，以表彰其为中德友谊做出的贡献。1987 年 9 月，在德国卡尔斯鲁厄大学维纳·措恩（Werner Zorn）教授带领的科研小组的帮助下，CANET 在北京计算机应用技术研究所内正式建成中国第一个国际互联网电子邮件节点。1987 年 9 月 14 日，王运丰等人发出了中国第一封电子邮件"Across the Great Wall we can reach every corner in the world（越过长城，走向世界）"（图 1.22），揭开了中国人使用互联网的序幕。这封电子邮件的标题和内容均由英、德双语写成，通过意大利公用分组网 ITAPAC 设在北京侧的 PAD 机，经由意大利 ITAPAC 和德国 DATEX－P 分组网，实现了和德国卡尔斯鲁厄大学的连接，通信速率最初为 300b/s，但因为内部协议问题，于 9 月 20 日才成功发送到德国。

1988 年初，中国第一个 X.25 分组交换网 CNPAC（中国公用分组交换数据网）建成，覆盖北京、上海、广州、沈阳、西安、武汉、成都、南京、深圳等城市。年底，清华大学校园网采用胡道元教授从加拿大 UBC 大学（University of British Columbia）引进的采用 X400 协议的电子邮件软件包，通过 X.25 网与加拿大 UBC 大学相连，开通了电子邮件应用。

```
(Message # 50: 1532 bytes, KEEP, Forwarded)
Received: from unika1 by iraul1.germany.csnet id aa21216; 20 Sep 87 17:36 MET
Received: from Peking by unika1; Sun, 20 Sep 87 16:55 (MET dst)
Date:    Mon, 14 Sep 87 21:07 China Time
From:    Mail Administration for China <MAIL@ze1>
To:      Zorn@germany, Rotert@germany, Wacker@germany, Finken@unika1
CC:      lhl@parmesan.wisc.edu, farber@udel.edu,
         jennings%irlean.bitnet@germany, cic%relay.cs.net@germany, Wang@ze1,
         RZLi@ze1
Subject: First Electronic Mail from China to Germany

"Ueber die Grosse Mauer erreichen wie alle Ecken der Welt"
"Across the Great Wall we can reach every corner in the world"
Dies ist die erste ELECTRONIC MAIL, die von China aus ueber Rechnerkopplung
in die internationalen Wissenschaftsnetze geschickt wird.
This is the first ELECTRONIC MAIL supposed to be sent from China into the
international scientific networks via computer interconnection between
Beijing and Karlsruhe, West Germany (using CSNET/PMDF BS2000 Version).
   University of Karlsruhe       Institute for Computer Application of
-Informatik Rechnerabteilung-    State Commission of Machine Industry
         (IRA)                            (ICA)
Prof. Werner Zorn                Prof. Wang Yuen Fung
Michael Finken                   Dr. Li Cheng Chiung
Stefan Paulisch                  Qiu Lei Nan
Michael Rotert                   Ruan Ren Cheng
Gerhard Wacker                   Wei Bao Xian
Hans Lackner                     Zhu Jiang
                                 Zhao Li Hua
```

图 1.22 第一封从中国发出的电子邮件

1990 年 11 月 28 日，钱天白教授代表中国正式在 SRI-NIC（Stanford Research Institute's Network Information Center）注册登记了中国的顶级域名 CN，并且从此开通了使用中国顶级域名 CN 的国际电子邮件服务。

1992 年年底，清华大学校园网（TUNET）建成并投入使用，是中国第一个采用 TCP/IP 体系结构的校园网。中关村地区教育与科研示范网络（NCFC）工程的院校网（中国科学院院网 CASNET）、北京大学校园网（PUNET）也完成建设。

1993 年 3 月 2 日，中国科学院高能物理研究所租用 AT&T 公司的国际卫星信道接入美国斯坦福线性加速器中心（SLAC）的 64K 专线正式开通。专线开通后，美国政府以互联网上有许多科技信息和其他各种资源，不能让社会主义国家接入为由，只允许这条专线进入美国能源网而不能连接到其他地方。尽管如此，这条专线仍是中国连入互联网的第一根专线。

2. 第二阶段（1994—1996 年）—— 起步阶段

1994 年 4 月 20 日，NCFC 工程通过美国 Sprint 公司连入互联网的 64K

国际专线开通，实现了与互联网的全功能连接，翻开了中国互联网发展史的首页，从此中国被国际上正式承认为真正拥有全功能互联网的国家。此事被评为 1994 年中国十大科技新闻之一、中国 1994 年重大科技成就之一。

1994 年 5 月，中国科学院高能物理研究所设立了国内第一个 Web 服务器，推出中国第一套网页。国家智能计算机研究开发中心开通曙光 BBS 站，这是中国大陆的第一个 BBS 站。

1994 年 7 月，由清华大学等六所高校建设的"中国教育和科研计算机网"（CERNET）试验网开通，该网络采用 IP/x.25 技术，连接北京、上海、广州、南京、西安五所城市，并通过 NCFC 的国际出口与互联网相连，成为运行 TCP/IP 协议的计算机互联网络。

1995 年 4 月，中国科学院启动京外单位联网工程（百所联网工程）。其目标是在北京地区已经入网的 30 多个研究所的基础上把网络扩展到全国 24 个城市，实现国内各学术机构的计算机互联并和互联网相联。

1995 年 5 月，中国电信开始筹建中国公用计算机互联网（CHINANET）全国骨干网。CHINANET 的重要奠基人是中国工程院刘韵洁院士（图 1.23），他被誉为"中国互联网络之父"，并被美国《时代周刊》评为全球 50 位数字英雄之一。当时的邮电部领导曾问他："你觉得互联网应用在中国有发展前途吗？"刘韵洁后来接受记者采访时说："当时全国的数据用户数才 1296 个，但是我觉得，互联网只要和应用联系起来，肯定能获得发展，于是我毫不犹豫地回答了这个问题——有！"

图 1.23　刘韵洁院士

1996 年 2 月，中国科学院决定正式将以 NCFC 为基础发展起来的中国科学院网（CASNET）命名为"中国科技网"（CSTNET）。

1996 年 9 月 6 日，中国金桥信息网（CHINAGBN）连入美国的 256K 专线正式开通，开始提供互联网服务，主要提供专线集团用户的接入和个人用户的单点上网服务。

1996 年年底，中国互联网用户数已达 20 万，利用互联网开展的业务与应用逐步增多。

3. 第三阶段（1997 年至今）—— 快速增长阶段

1997 年 10 月，中国公用计算机互联网（CHINANET）实现了与中国其他三个互联网络，即中国科技网（CSTNET）、中国教育和科研计算机网（CERNET）、中国金桥信息网（CHINAGBN）的互联、互通，开启了铺设中国信息高速公路的发展历程。

1998 年 6 月，刘强东拿着 1.2 万元积蓄赶赴中关村，租了一个小柜台，售卖刻录机和光碟产品，柜台名为"京东多媒体"，这便是"京东商城"的前身。同年 11 月 11 日，马化腾（图 1.24）和他大学时的同班同学张志东正式注册成立"深圳市腾讯计算机系统有限公司"，主要业务是为寻呼台建立网上寻呼系统，并于 1999 年推出腾讯 OICQ（2000 年改名为 QQ）。

图 1.24 腾讯马化腾

1999 年是中国互联网巨头开始起步的一年，是互联网用户蓬勃发展的一年。互联网的先行者们意识到，互联网将改变中国人的生活方式。联想公司也已经开始酝酿家庭 PC+家庭联网的形式,打开互联网的新局面。1999
年年初,马云在杭州创办阿里巴巴网站。9 月 6 日,中国国际电子商务应用
博览会在北京举行。这一时期,电子商务开始起步,网商群体崛起,网上
银行、网上教育、网上即时通信、网络游戏兴起。1999 年年底,身在美国
硅谷的李彦宏(图 1.25)看到了中国互联网及中文搜索引擎服务的巨大发
展潜力,毅然辞掉硅谷的高薪工作,于 2000 年 1 月 1 日在中关村创建了百
度公司。

图 1.25　百度李彦宏

2000 年,互联网的各种内容和应用蓬勃发展,人们可以通过各门户网站
了解各种各样的信息,开阔了视野,启发了的智慧,也催生了一股互联网创
业和发展浪潮。中国三大门户网站搜狐、新浪、网易在美国纳斯达克挂牌上
市。也是这一年,博客开始进入中国,并迅速发展,但都业绩平平。2002
年,清华大学博士方兴东发起博客中国(Blogchina)网站,推动博客在中国
的发展,后来方兴东被称为“中国博客教父”。

2003 年,“非典”给电子商务带来意外的发展机遇。各 B2B、B2C 电子
商务网站会员数量迅速增加,并实现部分盈利,C2C 也因此酝酿变局。阿里
巴巴投资创立淘宝网,进军 C2C,渐渐改变了国内 C2C 市场格局,而网购
理念和网民网购消费习惯也进一步得到普及。

2004 年,支付宝发展成为中国最大的第三方支付平台,新浪、搜狐和网
易首次迎来了全年度盈利。中国首届网商大会在杭州召开,宣告中国“网商
时代”全面来临。同年 3 月 4 日,手机服务供应商掌上灵通在美国纳斯达克

首次公开上市，成为首家完成 IPO 的中国专业服务提供商。此后，TOM 互联网集团、盛大网络、腾讯公司、前程无忧网等网络公司在海外纷纷上市。中国互联网公司开始了自 2000 年以来的第二轮境外上市热潮。

2005 年 8 月，百度在美国纳斯达克上市，搜索业务成为中国互联网新的增长点，网络广告产业获得飞跃式的发展。也正是在这一年，原不看好博客业务的国内各门户网站，如新浪、搜狐，也加入博客阵营，开始进入博客时代。

2007 年，腾讯、百度、阿里巴巴的市值先后超过 100 亿美元，中国互联网企业跻身全球最大互联网企业之列。同年 9 月 30 日，国家电子政务网络中央级传输骨干网网络正式开通，这标志着统一的国家电子政务网络框架基本形成。

2009 年，3G 牌照发放后，各运营商开始在全国各地积极部署 3G 网络，推进了移动网络升级的步伐，中国移动互联网时代拉开序幕。伴随着移动通信网络的升级换代，智能移动设备迅速普及，移动互联网用户在数量上呈"井喷式增长"。各种传统上只能在 PC 上获得的业务纷纷往移动终端迁移。移动电子商务、手机游戏、LBS、手机视频等逐渐兴起，人们在出行之中就可以获得各种信息和服务。新浪公司推出了新浪微博。阿里巴巴创了"双 11"网购消费节，不仅电商热衷于促销，运营商也开始搞促销活动。

图 1.26　开心网

2010 年起，团购网站在中国逐渐兴起，网络团购具有折扣多、小额支付的优势。3 月 4 日，31 岁的福建龙岩人王兴建立了美团网；3 月 18 日，拉手网成立；6 月 23 日，糯米网（百度糯米）成立。

2010—2011 年中国互联网掀起新一轮的海外上市潮，如优酷、当当等网站，经过多年的发展之后，均迈出了上市融资的步伐。

2011 年，腾讯公司推出微信 （WeChat）。一年后，政务微博快速发展起来。

2013 年，中国互联网企业现并购热潮。例如，阿里巴巴以 5.86 亿美元入股新浪微博，百度以 3.7 亿美元收购 PPS 视频业务，苏宁云商与联想控股旗下弘毅资本共同出资 4.2 亿美元战略投资 PPTV，腾讯以 4.48 亿美元注资搜狗，百度全资子公司百度（香港）有线公司以 18.5 亿美元收购 91 无线网络有限公司 100%股权。

2013 年 6 月，在美国"棱镜门"事件（图 1.27）中，美国政府对本国公民以及海外公民数据信息隐私权的侵犯行为，引起中国对信息安全保障的重视。中国加快了自主可控的信息安全建设，以此提升防护能力。

图 1.27 棱镜门报道

2013 年 12 月，工信部正式向中国三大移动通信运营商颁发了 TD-LTE 制式的 4G 牌照，标志着中国电子通信行业正式进入了 4G 时代。4G 可以带来更快的网速，其网速是 3G 网络的 10 倍以上，在 4G 时代，快速的网络传输能支持很多高清视频和更多应用。

2014 年 5 月 22 日上午，京东集团在美国纳斯达克挂牌上市，成为仅次于腾讯、百度的中国第三大互联网上市公司。同年 9 月 19 日晚，阿里巴巴集团成功登陆纽约证券交易所，市值达到 2385 亿美元，一举超越 Facebook、亚马逊、腾讯、eBay、中石油、摩根大通，成为仅次于谷歌的全球第二大互联网公司。

2014 年 11 月 19 日，首届世界互联网大会在浙江乌镇召开，峰会以"互联网治理和发展"为核心，助力网络强国之路。中共中央总书记、国家主席习近平致贺词，强调共同构建和平、安全、开放、合作的网络空间建立多边、民主、透明的国际互联网治理体系。

2015 年，李克强总理在政府工作报告中提到"互联网+"。"互联网+"做到了真正的重构供需，不只是改善效率，而是在供给和需求两端都产生增量，从而建立新的流程和模式：供给端是"点石成金"，充分利用原本的闲散资源；需求端则是"无中生有"，创造了原本不存在的使用消费场景。例如专车软件，它将社会中的闲散车辆集中起来，成为商品资源进入商业流程，增加了供给；而乘客则在打车之余，多了专车的选择，增加了需求。

2017 年，美国风险投资基金 KPCB 合伙人玛丽·米克尔（MaryMeeker）公布互联网趋势报告：2016 年，中国移动互联网用户数量突破 7 亿，同比增长 12%，中国移动互联网用户每日在线时长合计超过 25 亿小时，同比增长 30%，互联网已经占据中国用户 55% 的媒体时间，移动互联网使用时长超过电视；腾讯、阿里巴巴、百度和今日头条占据了中国移动互联网 77% 的使用时长，电商、游戏单位时长变现效率最高；付费内容崛起，中国消费者越来越愿意为网络游戏、在线直播、在线视频等娱乐内容埋单；网络直播变现能力超过游戏、电视等其他媒体；在游戏市场，2016 年，中国超过美国，成为全球第一大游戏市场，其中，腾讯和网易成为全球移动 MOBA 和 MMORPG 游戏的领军者；在共享出行市场，中国已经领先全球，成为规模最大的共享汽车和共享单车市场，占全球市场份额的 67%。

未来，我国移动互联网发展呈现这样几个趋势：一是基础设施建设红利向农村快速释放、延伸。随着国家脱贫攻坚战的全面展开，移动互联网在精准扶贫中将会起到至关重要的作用。二是创新"移动互联网+"，与实体经济深度融合发展。移动互联网与第三产业融合发展将实现较大的跨越发展，与第一、二产业的融合也将进一步推开。三是构建大平台生态圈，向海外市场延伸。中国互联网企业将更积极向海外拓展，将技术能力、服务能力与海外本土化需求相结合，创造更大的价值。四是带动智慧产业发展，促进基本公共服务均等化。移动互联网在民生领域的普及和应用，把"人与公共服务"通过数字化的方式全面连接起来，通过政务微博、政务微信、政务 APP 等载体形式，到达公共服务的"最后一千米"，有利于大幅提升社会整体服务效率和水平。五是移动网络空间的安全防御能力建设将得到全面加强。六是进一步促进全球协同治理。中国政府强调网络主权与网络空间安全战略的主张受到国际社会广泛认同，在全球网络治理中将会发挥更大的作用。

1.12.3　航空互联网

遨游太空是人类自古就有的愿望，不过航天离不开火箭，而火箭是在火药发明以后为适应军事和娱乐需要而出现的，约在 12 世纪出现于中国。14世纪末期，明朝士大夫陶成道（WanHoo，万户或万虎）把 47 个自制的火箭绑在椅子上，并把自己绑在椅子前面，两只手各拿一个大风筝。然后命令仆人同时点燃 47 枚火箭，想借火箭推动的力量，利用风筝平稳着陆。不料发生了意外，火箭爆炸，陶成道也为此献出了生命。这个故事后来被记载为万户飞天。陶成道是世界历史上的第一位尝试用火箭升空的人，被认为是人类的航天鼻祖、世界航天第一人。

几百年之后，1903 年 12 月 17 日，美国人莱特兄弟（Wilbur Wright、Orville Wright，图 1.28）发明的世界上第一架载人动力飞机"飞行者一号"在美国北卡罗来纳州的基蒂霍克飞上了蓝天。这次飞行标志着飞机时代来临。

图 1.28　莱特兄弟

　　此后，飞机日益成为现代文明不可缺少的交通工具，深刻地改变和影响了人们的生活。随着移动通信和移动互联网的迅猛发展，人们越来越习惯利用移动终端随时随地享受移动互联网带来的快捷生活。目前由于种种原因，在大多数飞机飞行途中，人们只能阅读纸质媒体、收看少数录像节目，乘客完全处于离线状态，乘机体验差已成为业界共识。飞机是移动互联网的最后一个盲区，航空互联网接入（图 1.29）这一难题逐步成为人们关注的焦点。

图 1.29　航空互联网示意图

　　据全球旅行技术公司 Sabre 最近对 20 个国家旅行者调研发现，他们愿意支付 100 美元的航空附加费用，享受更为个性化的服务，其中最可能花钱的地方，有 9% 的人选择 WiFi 服务，仅次于首选座位、额外腿部空间等。

　　中国民航网调查显示，超过 73% 的旅客将旅途行为第一意愿投给了"上网"，当飞行时间超过 4h 后，这一意愿的投票率接近 100%。超过 70% 的旅客愿意付费享受空中 WiFi 服务；当飞行时间超过 4h 后，这一意愿高达 88.8%。

1. 航空互联现状

1）国外航空互联网发展现状

　　2005 年，欧洲空中客车公司推出全球首个机上"无线（WiFi）网络系统"，借助"全球星"卫星通信系统实现高空上网。2007 年，美国推出基于地面基站的空中上网系统（ATG）。此后，为提升市场竞争力，世界各大航空公司纷纷开始配备空中 WiFi 系统。目前，全球 1/4 左右的航班都提供了机上 WiFi 通道，其中大部分在美国、欧洲、中东。

　　2008 年 11 月，Aircell 公司在维珍美国公司的一个航班上第一次推出了基于地面专用基站 Gogo 空中上网服务，到 2012 年年底，Aircell 总共给全美大约 2000 架飞机安装了上网设备。Aircell 在美国全国建立了大量天线指向天空的基站。在飞行途中，飞机上用户的 WiFi 流量经机载调制解调器，传输至 CDMA EV-DO 基站。Aircell 实现了高空 EV-DO 网络的成功运营。

Row44、松下、Fly-Fi 等公司利用 Ku、Ka 波段地球静止卫星的系统，也成功在美国西南航空、JetBlue 等公司实现航空互联网卫星接入。

2013 年，美国联邦航空管理局（FAA）宣布将逐步放开手机的使用，目前允许手机使用飞行模式，巡航平飞阶段可以使用 WiFi，只在飞机爬升和下降阶段不允许使用 WiFi。

目前，空中 WiFi 覆盖最完善的地区是美国，根据 Routehappy 发布的年度报告，美国航空公司提供机上 WiFi 服务的航程比例达到 78%，发展最快的是中东三大航空公司（阿联酋、阿提哈德和卡塔尔）。

2）中国航空互联网发展现状

随着中国经济的快速发展，中国民航运输业呈现快速发展态势，截至 2014 年年末，中国民航运输飞机达到 2365 架，同比上年度增加 11%，全年航空旅客运输量 3.9 亿人次，同比上年度增加 11%，2015 年航空旅客运输量 4.4 亿人次，2016 年达到 4.85 亿人次，同比增长 10.7%，中国在全球民航业中的比例越来越大。

中国民航空中 WiFi 业务起步较晚，截至 2016 年 9 月，中国国航、东方航空、南方航空、海南航空、祥鹏航空、春秋航空、深圳航空、海南航空、厦门航空 9 家航空公司拥有空中 WiFi 业务。

2013 年 7 月 3 日，国航进行国内首家地空互联网航班首航，旅客乘坐国航机上互联网飞机，可利用自带的平板电脑或笔记本电脑登录指定网站，即可利用微博、邮件与地面沟通，并可查看股票、查询航班情况等，同时还能体验局域网中的精彩内容。

2015 年年底，东航率先在上海往返纽约、洛杉矶、多伦多航线上开启空中互联服务，成为国内首家将空中互联服务投入商业运营，并在国际远程航线中为旅客提供空中上网服务的航空公司。

继京广航线部分航班实现空中上网后，南航也于 2016 年 5 月初首次在跨洋航班上实现该服务，在广州—悉尼往返航班上推出了 WiFi 试用服务。

另外，对于没有配备 WiFi 飞机的航空公司来说，并不意味着该航空公司没有空中 WiFi 航班，航空公司之间可以通过代码共享实现航班拥有 WiFi，例如山东航空作为中国国航的子公司，通过代码共享实现一千多个航空拥有空中 WiFi。

不过，目前，中国航空 WiFi 覆盖率（WiFi 航班量/总航班量）普遍偏低，国内航线上 WiFi 航班覆盖率最高仅为 20%，空中 WiFi 服务并未达到全覆盖，国内大部分旅客还体验不到空中 WiFi 业务。中国航空多数空中 WiFi 也处于空中局域网阶段，正逐步转向并完善空地互联业务。尽管中国空中上网技术已经具备国际领先水平，但是普及率较低，水平与世界发达国家尚有差距。

2016 年 7 月，中国首个全球卫星宽带通信系统启动建设，该系统由 3～4 颗卫星组成覆盖全球的空间互联网通信网络，未来可为飞机、船舶、铁路运输以及偏远地区提供互联网服务。同时，随着国内各大航空公司加紧布局空中 WiFi 业务，国内航班空中 WiFi 覆盖率将持续提高，并进一步实现从空中局域网向空中互联网转变。

需要特别注意的是，空中互联功能可适用的设备为带有无线网络功能的笔记本电脑、平板电脑。中国民航相关法规规定，乘客乘坐飞机时全程禁止使用移动电话等主动发射无线电信号的便携式电子设备，即使使用飞行模式也不允许，但经航空公司同意在飞机平飞阶段可以使用笔记本电脑、平板电脑等便携式电子设备。2016 年 8 月 10 日，《中国民用航空法》修订征求意见稿中，"严禁在航空器内使用手机"等 14 种危及民用航空安全和秩序的非法干扰行为，情节特别严重的，罚款金额可以增加至 5 万元人民币以内，这意味着飞机仍是使用手机的"禁区"。2017 年 10 月，第五次修订的《大型飞机公共航空运输承运人运行合格审定规则》，放宽了机上便携式电子设备的管理规定，允许航空公司可以根据评估结果，来决定在飞机上使用何种便携式电子设备。

2018 年 1 月 16 日，中国民航局公布《机上便携式电子设备（PED）使用评估指南》；随后，东航、海航、南航等航空公司宣布，乘客将可以在空中使用手机、平板电脑（Pad）、笔记本电脑、电子阅读器等便携式电子设备（PED），但手机需设置为"飞行模式"。

2. 航空互联技术

航空互联技术包括两部分：一是客舱 WiFi 局域网技术（机上无线局域网）；二是基于通信卫星的航空互联网接入技术（地空互联网）。机上无线局域网与地面的 WiFi 不同，是飞机机舱内的无线局域网连接，不与外部互联网连接。地空互联是在机上无线局域网的基础之上，将机舱内网络与外部互联网相连，使机上无线局域网融入整个互联网，旅客通过机上网络平台上的互联网应用即可与外界沟通。

真正面对航空乘客是机载客舱 WiFi 系统，在飞机上连接 WiFi，需要先连通飞机上的"路由器"（机载客舱 WiFi 系统），然后飞机的"路由器"会通过通信卫星连接互联网，这样乘客就可以上网了，如图 1.30 所示。基于通信卫星的航空互连接入技术解决了飞机的地空互连的问题。

图 1.30　客舱 WiFi 的地位

1）主流技术简介

（1）Ku 卫星方式。Ku 波段卫星通信技术从 2004 年便开始部署使用，在传输带宽、速率及设备成本等方面都具有诸多优势，已成为目前全球较为主流的一种航空通信技术方式，并且也被应用于国际空间站的信息通信上。

利用位于赤道上空 Ku 频段同步卫星（上行：14.00～14.50 GHz；下行：12.25～12.75 GHz）空间资源，通过卫星地面主站，连接飞机终端与其他地面网络系统。

机载 Ku 卫星设备主流有 Aerosat、Panasonic、Row44 等国外供应商。美国已有 500 架飞机采用该解决方案。截至 2017 年 4 季度，国内安装基于 Ku 卫星的机上互联网系统的飞机，已超过 100 架。该技术已成为中国工信部批准的在民用飞机上使用的互联网接入技术。现在，已知的 Ku 波段卫星通信技术理论下行速率最高可达 70Mb/s，但由于在信号传输过程中损耗等多种因素影响，卫星与飞机间的实际下行速率仅为 30～40Mb/s。同时，实际上网速度体验，还会受到地面网络速度、连接网站的差异、覆盖航线内飞机数量，以及机内上网人数等不同因素的影响。

（2）ATG 方式。ATG（Air to Ground）技术，采用在航线沿线部署基站，向空中覆盖方式，实现地空高速数据链路建立，美国航空互联网主流仍然采用的是 ATG 技术，采用 3G 技术实现，已部署超过 250 个基站，进行对美国空域实现立体覆盖，并已实现 2000 多架飞机的改装，可实现 3.1～9.8Mb/s 下载速率。

欧洲航空互联网市场一直不温不火，Inmarsat 联合德国电信、泰勒斯、空客等在欧洲构建 EAN（4G 版的 ATG）网络，采用 Inmarsat 拥有的 S 波段 2×15MHz 频率，预计 2018 年投入商用，届时 Inmarsat 将在欧洲上空形成 ATG+Ka 解决方案。

中国自 2012 年以来，有一些企业投入到 4G ATG 试验中，成功地在通用航空视频回传，民航飞机改装 ATG，实现了部分航线实验飞行。

（3）海事卫星方式。利用位于赤道上空 L 波段（俗称黄金频段。接收频率：1525.0～1559.0MHz；发送频率：1626.5～1660.5MHz）空间资源，通过卫星地面主站，连接飞机终端与其他地面网络系统。

机载海事卫星设备主流有 Collins、Honeywell、Thales、Cobham 等国外供应商。其主要应用于前舱通信，宽体机几乎都安装有海事卫星设备，欧洲 Onair 也将海事卫星用于后舱通信。可实现 N×432Kb/s 下载速率。

海事卫星未来将推出 Global Xpress 宽带解决方案，将采用 Ka 技术实现。

（4）Ka 卫星方式。利用位于赤道上空 Ka 频段同步卫星（26.5～40GHz）空间资源，通过卫星地面主站，连接飞机终端与其他地面网络系统。

机载 Ka 卫星设备主流有 Viasat、Honeywell 等国外供应商。美国已有 200 架飞机采用该解决方案。Ka 卫星技术为真正的宽带卫星，一颗卫星拥有的带宽容量是 Ku 卫星的 100 倍，可实现 70Mb/s 下载速率。

2017 年 4 月 12 日 17 时，长征三号乙型火箭将中国首颗高通量通信卫星实践十三号（中星 16 号）卫星顺利发射升空，中国从此迈入 Ka 高速宽带卫星时代，航空 WiFi 等卫星宽带应用也将从理论研究进入实际操作层面。

（5）低轨卫星方式。利用中低轨道卫星实现地空数据互联，目前有：铱星系统（1998 年建成，频率与中国北斗系统有冲突，且中国没有落地地面站）；美国 Google 公司将投资 10 亿美元构建的包含 180 颗星的全球卫星通信系统；中国的"灵巧"工程等中国版"铱星"计划。老一代铱星仍以语音业务为主，新一代的低轨道卫星通信系统面向数据业务。

2）航空互联技术对比分析

对于中国，Ka 技术仍是未来技术的选项，目前海事、Ku、ATG 均是航空互联技术的可选项。

（1）海事能提供窄带通信接入，现有宽体机均已安装，对于数据流量需求不大的业务，海事方案能充分利用现有资源，快速实现接入，但由于带宽有限，只适合中低速航空互联业务的开展。

（2）Ku 卫星方式，无须布网，非常适用于跨国、跨洋覆盖，受限于卫星转发器带宽限制，容量小，卫星转发器费用高昂。由于卫星天线伺服系统体积大、质量大，安装改造成本高，适用于大型飞机，对于中小型飞机卫星方案可行性较差。

（3）ATG 依托于地面网络，采用少量建设向天空覆盖的基站，构建一张地空立体覆盖网络，依托成熟的 3G、4G 技术，网络容量大。沿航线建设，可以有效利用运营商站址资源进行共站建设，降低建设成本和运维成本。

以上航空互联技术各有优缺点。真正实现天地互联，开启航空互联网时代，让乘客畅享航空移动互联网，仍有很长的路要走。客舱 WiFi 是构建航空互连的基础，先行构建客舱 WiFi 局域网，建立客舱生态系统，可开启客舱联网时代，满足乘客娱乐休闲需求，分享内容增值收益，为未来航空互联网的爆发奠定坚实的基础。

1.13 新一代信息技术

人类社会经历了三次工业革命，目前已经开始第四次工业革命。按照德国工业 4.0 平台的定义，这四次工业革命分别为工业 1.0、2.0、3.0 和 4.0，其主要的技术特征是机械化、自动化、信息化和网络化。

18 世纪中叶，以英国为代表的欧美国家陆续发生第一次工业革命，以蒸汽机作为动力机被广泛使用为标志，开创了以机器代替手工劳动的时代。1698 年、1705 年，英国人萨维利（Savery）、纽可门（Newcomen）先后发明了蒸汽机。1776 年，英国人詹姆斯·瓦特（James Watt，图 1.31）改良了蒸汽机，使冷凝器与汽缸分离，发明曲轴和齿轮传动以及离心调速器等，并获得专利保护。瓦特改良后的蒸汽机是第一台具有实用价值的蒸汽机，使蒸汽机实现了现代化，大大提高了蒸汽机的效率，为世界拉开了从农业社会向工业社会转型的大幕。蒸汽机广泛应用到纺织、冶金、采煤、交通等部门去，很快引起了一场技术革命。1807 年，美国人富尔顿发明了用瓦特蒸汽机作动力的

图 1.31　詹姆斯·瓦特

轮船"克莱蒙特号"，并试航成功。1814 年，英国人乔治·史蒂芬逊（George Stephenson）在前人创造的机车模型的基础上，发明了用瓦特蒸汽机作动力的火车，并以曾经帮助英国打击拿破仑军队的普鲁士将军布拉策的名字命名，"布拉策"（Blucher）号，能牵引 30t。

19 世纪后半叶至 20 世纪初，西方发达国家发生了第二次工业革命，从蒸汽时代进入电气时代，从以纺织工业为中心的轻工业时代进入到以钢铁、石化、电器、机械、汽车为代表的重化工业时代，电车、汽车、火车成为新的交通运输工具，电话、无线电、电报成为新的通信手段，大大缩短了时空距离，为国际贸易的发展提供了新的物质技术基础。

第一次和第二次产业革命完成的是对人类体力的取代和替换，第三次产业革命是对人类脑力智力的辅助和模仿。

20 世纪四五十年代，以原子能、电子计算机、空间技术和生物工程的发明和应用为主要标志的第三次工业革命爆发了。从 20 世纪 50 年代初起，出现了以微电子、新材料、新能源为代表的新科技革命，将工业化进程引向新阶段，西方发达国家进入了一个经济大发展时期，即所谓的"经济高速增长时期"。20 世纪 80 年代末 90 年代初发生的苏联解体、东欧剧变，标志着经济全球化又进入了一个新阶段，而且标志着经济全球化时代更进一步。其突出标志包括以微电子、生物工程的大发展为标志的科技革命进一步深入发展，西方发达国家开始从工业社会向信息社会转变。

进入 21 世纪以来，新一轮的工业革命浪潮以智能制造为核心，信息技

术、生物技术、新材料技术、新能源技术广泛渗透，带动几乎所有领域都发生了以数字化、网络化、智能化、绿色化、服务化为特征的群体性技术革命，这是新一轮的工业革命，被称为第四次产业革命。

1947年，第二次世界大战刚刚结束，德国经济百废待兴，为了摆脱经济困境，展现复苏潜力，加强往来，吸引资金，汉诺威政府于当年8月举办"汉诺威出口博览会"，并大获成功，这就是汉诺威工业博览会（HANNOVERMESSE）的前身。迄今为止，汉诺威工博会已经走过70个年头，成为全球最有影响力的工业盛会。会上展示的产品、技术、理念，往往都能成为未来工业发展的风向标，甚至可以窥测新一轮工业革命的浪潮。

2013年4月，德国政府在汉诺威工业博览会上正式提出"工业4.0"战略，力争在新一轮工业革命中占领先机。德国学术界和产业界认为，"工业4.0"即是以智能制造为主导的第四次工业革命，是以互联网产业化、工业智能化、工业一体化为代表，以人工智能、清洁能源、无人控制技术、量子信息技术、虚拟现实，以及生物技术为主的全新技术革命。

目前，德国政府已经将"工业4.0"项目纳入《高技术战略2020》中，正式将其作为国家战略。2015年4月，德国"工业4.0"平台发布的《工业4.0实施战略计划》报告中，对"工业4.0"进行了较为严格的定义："工业4.0概念表示第四次工业革命，它意味着在产品生命周期内对整个价值创造链的组织和控制迈上新台阶，意味着从创意、订单，到研发、生产、终端客户产品交付，再到废物循环利用，包括与之紧密联系的各服务行业，在各个阶段都能更好满足日益个性化的客户需求。"

新一代信息技术产业是在以往微电子产业、通信产业、计算机网络技术和软件产业的基础上发展而来的，具有传统信息产业应有特征，又具有时代赋予的新的特点。新一代信息技术中的"新"指的是网络互联的移动化和泛在化，信息处理的集中化和大数据化，信息服务的智能化和个性化。新一代信息技术发展的热点不是信息领域各个分支技术的纵向升级，而是信息技术横向渗透融合到制造、金融等其他行业，信息技术研究的主要方向将从产品技术转向服务技术。

2016年7月、12月，《国家信息化发展战略纲要》和《"十三五"国家信息化规划》相继出台。作为新的生产力和新的发展方向，以及引领创新和驱动转型的先导力量，中国各行各业信息化建设进入了新的发展阶段。

　　当今之际，信息技术创新代际周期大幅缩短，创新活力、集聚效应和应用潜能裂变式释放，更快速度、更广范围、更深程度地引发新一轮科技革命和产业变革。物联网、云计算、大数据、人工智能、区块链、生物基因工程等新技术驱动网络空间从人人互联向万物互联演进，数字化、网络化、智能化服务变得无处不在。以信息技术为引领，生物技术、新材料技术、新能源技术等技术群广泛渗透，交叉融合，带动以绿色、智能、泛在为特征的群体性技术突破，重大颠覆性创新不时出现。

第 2 章
——CHAPTER2——

终端技术

　　终端是一个技术综合体，涉及通信、计算技术，以及工艺技术，兼具软硬件。在智能手机的带动下，以陀螺仪、加速计、压力传感器为代表的传感器得到了快速的发展，而随着应用种类的不断丰富和功能的提高，移动终端设备上需要的传感感测功能越来越多。

　　随着互联网技术的发展，随着传感器的增多、可穿戴终端技术的发展，以及深入生活的各类应用的出现，万物互联将成为移动互联网发展的重要趋势，相信这种趋势将会很快到来。

2.1　线缆

　　连接网络首先要用的载体介质就是线缆，线缆是传输电信号或光信号的各种导线的总称。

2.1.1　线缆种类

　　常见的线缆有三种基本类型：电线电缆、双绞线、光纤/光缆。每种类型都满足了一定的网络需要，解决了一定的网络问题。

1．电线电缆

　　电线电缆是指用于电力、通信及相关传输用途的材料，是输送电能、传递信息和进行电磁转换，以及制造各种电机、电器、仪表所不可缺少的基础器材。"电线"和"电缆"并没有严格的界限。通常将芯数少、产品直径小、结构简单的产品称为电线，没有绝缘的称为裸电线，其他的称为电缆；导体截面积较大的（大于 $6mm^2$）称为大电线，较小的（小于或等于 $6mm^2$）称为小电线，绝缘电线又称为布电线。

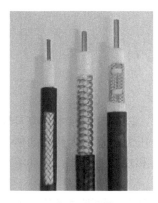

图 2.1 电缆

电缆通常是由几根或几组导线绞合而成，每组导线之间相互绝缘，并常围绕着一根中心扭成，整个外面包有高度绝缘的覆盖层。电缆（图 2.1）具有内通电、外绝缘的特征。

电线电缆有架空、直埋、管道和水底等多种敷设方式。世界第一条海底电缆是 1850 年由盎格鲁-法国电报公司在英国和法国之间铺设的，穿越英吉利海峡，用于低端数据传输（电报）。但是一位渔民误以为找到了大鱼而把电缆从海底拽出。1851 年，进行了第二次铺设。

1854 年，第一条跨洋电报电缆开始铺设，穿越大西洋，连接纽芬兰和爱尔兰，经历 4 次失败之后，终于在第 5 次铺设成功，1858 年，发出第一封电报，内容为"怀特豪斯收到持续 5 分钟的信号，线圈信号太弱，无法传递。请慢一点并且有规律。我已经装上中间滑轮"。电报中的怀特豪斯指的是大西洋电报公司的首席电气技师瓦尔德曼·怀特豪斯。

中国的第一条海底电缆在 1887 年铺设完成，清朝时期，台湾首任巡抚刘铭传铺设了通联台湾全岛及大陆的水路电线，主要用于发送电报，该海底电缆由台安平通往澎湖，全长 53 海里（约 98km）。

1910 年 4 月 14 日美国铺设了第一条海底电缆（图 2.2）。

图 2.2 美国铺设电缆

电线电缆按其用途可分为五大类：裸电线、绕组线、电力电缆、通信电缆、电气装备用电线电缆。其中，通信电缆用于传输电话、电报、传真文件、电视和广播节目、数据和其他电信号。近年来，由于中国基础设施建设力度的加大，电力行业发展迅速，再加上政策的利好，中国电力电缆需求逐年增加，由需求增加带动产量的提升，未来几年中国的电力电缆产量将保持稳定的增长幅度，预计到 2020 年，中国电力电缆产量将达到 1100 亿米，2022 年中国对电线电缆行业的需求规模有望突破 1.7 万亿。

2. 双绞线

在局域网中，双绞线（图 2.3）的应用非常广泛，这主要是因为它们低成本、速度高和可靠性高。双绞线有两种基本类型，即屏蔽双绞线（STP）和非屏蔽双绞线（UTP），它们都是由两根绞在一起的导线形成传输电路。两根导线绞在一起主要是为了防止干扰（线对上的差分信号具有共模抑制干扰的作用）。

图 2.3　双绞线

3. 光纤

光纤是光导纤维的简写，是一种由玻璃或塑料制成的纤维，可作为光传导工具，其结构如图 2.4 所示。

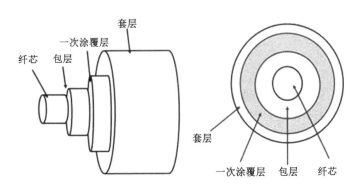

图 2.4　光纤的结构示意图

纤芯位于光纤中心，直径为 5～75μm，作用是传输光波。包层位于纤芯外层，直径为 100～150μm，作用是将光波限制在纤芯中。纤芯和包层即组成裸光纤，两者采用高纯度二氧化硅（SiO_2）制成，但为了使光波在纤芯中传送，应对材料进行不同掺杂，使包层材料折射率 n_2 比纤芯材料折射率 n_1 小，即光纤导光的条件是 $n_1 > n_2$。一次涂敷层是为了保护裸纤而在其表面涂上的聚氨基甲酸乙酯或硅酮树脂层，厚度一般为 30～150μm。套层又称二次涂覆或被覆层，多采用聚乙烯塑料或聚丙烯塑料、尼龙等材料。经过二次涂覆的裸光纤称为光纤芯线。

用光纤进行通信的原理是在 1966 年由被誉为"光纤之父"的英籍、华裔学者高锟博士（K.C.Kao，图 2.5）提出的，他在 PIEE 杂志上发表了一篇著名的文章"用于光频的光纤表面波导"，该文从理论上分析证明了用光纤作为传输媒体以实现光通信的可能性，并设计了通信用光纤的结构，同时预言光纤的衰耗系数可以降到 20dB/km 以下，被誉为光纤通信的里程碑。

图 2.5　年轻时的高锟

1970 年，美国康宁玻璃公司根据高锟文章的设想，制造出当时世界上第一根超低耗光纤，衰耗约 20dB/km，引燃光纤通信爆炸性竞相发展的导火索。

1970 年以后，世界各发达国家对光纤通信的研究倾注了大量的人力与物力，使光纤通信技术取得了极其惊人的进展。

1979 年，被誉为"中国光纤之父"的武汉邮电科学研究院（当时是武汉邮电学院）赵梓森和他的团队（图 2.6）拉制出中国第一根具有实用价值、衰耗约 4dB/km 的光纤。

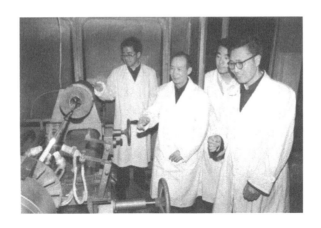

图 2.6　赵梓森（左二）与同事

到 1990 年，光纤的衰耗系数达到 0.14dB/km，已经接近理论衰耗极限值 0.1dB/km。

4. 光缆

光缆是由光纤经过一定的工艺而形成的线缆。中国光纤研究从 20 世纪 70 年代中期开始起步，经过 30 多年的发展，光纤光缆产业已经雄踞世界前列。2008 年之前，中国电信运营商所用光缆长度累计已达 400 多万千米，耗用光纤 8000 多万千米；加上广电、电力、石油等行业，全国所用光缆总长为 500 多万千米，耗用光纤 1 亿多千米。20 世纪 90 年代，国内通信产业的飞速发展带动了光纤通信市场的快速增长。目前，中国长途传输网的光纤化比例已超过 90%，国内已建成"八纵八横"主干光纤网，覆盖全国 85% 以上的县市。

中国著名的"八纵八横"通信干线，是原邮电部于 1988 年开始的全国性通信干线光纤工程，项目包含 22 条光缆干线、总长达 3 万多千米的大容量光纤通信干线传输网。其中值得一提的是，"兰（州）西（宁）拉（萨）"光缆干线穿越平均海拔 3000 多米的高寒冻土区，全长 2700km，是中国通信建设史上施工难度最大的工程。由此，中国网络覆盖全国省会以上城市和 90% 以上的地市，全国长途光缆达到 20 万千米，形成以光缆为主，以卫星和数字微波为辅的长途骨干网络。

八纵：哈尔滨—沈阳—大连—上海—广州；齐齐哈尔—北京—郑州—广州—海口—三亚；北京—上海；北京—广州；呼和浩特—广西北海；呼和浩

特—昆明；西宁—拉萨；成都—南宁。

八横：北京—兰州；青岛—银川；上海—西安；连云港—新疆伊宁；上海—重庆；杭州—成都；广州—南宁—昆明；广州—北海—昆明。

2017年1~3月，全国新建光缆线路188.8万千米，光缆线路总长度达到3230万千米，同比增长23.9%，保持较快增长态势。

互联网是国际计算机网络，由遍布世界各地的计算机组成。若从各个国家的实际网络部署来看，绝大多数国家的网络都可以看成是一个超大型的局域网，必须要把这些超大型的局域网之间进行互相连接，才能形成与我们生活密不可分的互联网。当前，连接这些超大局域网的方式有三种：陆地上铺设的光缆（以下简称陆上光缆或陆缆）、海底铺设的光缆（以下简称海底光缆或海缆）和卫星。其中海底光缆作为当代国际通信的重要手段，承担了90%的国际通信业务，是全球信息通信的骨干载体，是当今互联网中的"骨架"。

20世纪七八十年代，互联网已经开始在全球的发达国家中兴起，而海底电缆的不足（带宽有线、传输稳定性差等）也开始逐步凸显，因此，具备传输距离长、容量大等特性的光纤（海底光缆）被寄予了厚望。

1988年，在美国与英国、法国之间敷设了越洋的海底光缆（TAT-8）系统，全长6700km。这条光缆含有3对光纤，每对光纤的传输速率为280Mb/s，中继站距离为67km。这是第一条跨越大西洋的通信海底光缆，标志着海底光缆时代的到来。

1989年，跨越太平洋的海底光缆（全长13200km）也建设成功，从此，海底光缆就在跨越海洋的洲际海缆领域取代了同轴电缆，远洋洲际间不再敷设海底电缆。

2012年，中国联通发起并主导建设AAE-1海缆（亚非欧1号海缆），全长25000km，东起香港，西至法国，连接亚洲、非洲、欧洲，是15年来世界上最长、最复杂、技术最先进、时延最低的大型海缆系统。

2014年8月12日，谷歌宣布将与中国移动、中国电信、法国Global Transit、日本KDDI和新加坡电信合作，建设价值3亿美元的太平洋海底光缆系统（FASTER），连接日本海岸线的两处位置和美国西海岸城市，包括洛杉矶、旧金山、波特兰和西雅图，这一海底光缆的带宽将达到60Tb/s，是普通有线调制解调器带宽的约1000万倍。

截至2014年，海底通信光缆数量已达到285条，其中22条不再使用，被称为"黑光缆"。从1993年中国第一条海底光缆系统建成至今，中国已有

7 条海底光缆系统，目前还在建设新的国际海底光缆系统；日本有 23 套在用的国际海底光缆系统；韩国有 11 套在用海缆系统，而世界网络的核心——美国，目前至少有 50 条海缆连接世界各地。

2016 年 4 月，中国、韩国、日本和美国的运营商共同启动了新跨太平洋国际海底光缆（NCP）工程建设。该海底光缆全长超过 1.3 万千米，通过采用 100G 波分复用传输技术，设计容量超过 80Tb/s。

中国海洋战略的深入实施，以及全球宽带提速、海底光缆系统的扩容，给海底光缆的发展带来了巨大的市场空间。全球范围内海底光缆建设已进入爆发前期，据测算，2017—2018 年，国内海底光缆市场年规模有望增长到 20 亿左右。

2.1.2 线缆安全

近年来，随着通信业务快速发展，通信网络规模逐年增加，承载业务数量呈几何数增长，通信线缆运行安全问题日益严峻。通信线缆作为通信基础设施，主要在户外敷设，线路跨度长，周边环境复杂，无法集中看护。通信线缆遭受破坏已经成为普遍现象，也是困扰通信运营企业的一大难题。

2013 年 7 月，由于上海一条光缆被挖断，导致微信在很多地区无法正常使用长达 7h。2015 年 5 月 27 日，由于市政施工，杭州市萧山区某地光缆被挖断，进而导致支付宝的某个主要机房受影响，随后全国部分用户约 2h 无法使用支付宝。

通信线缆遭破坏主要包括五种情况：一是恶意竞争破坏，有的企业重点针对专线、小区宽带光缆实施破坏；二是资源垄断破坏，有的企业将联建管线资源据为己有，破坏联建参与方光缆进入联建管道；三是野蛮施工破坏，施工单位未按安全施工要求操作，野蛮施工，破坏通信光缆；四是台风、地震等不可控因素；五是偷盗破坏，其中盗卖现象很少，因为光缆里面没有铜（图 2.7），且专业性强，即使偷走也很难销赃。

《电信条例》规定，任何单位或者个人不得擅自改动或者迁移他人的电信线路，从事施工、生产、种植树木等活动，不得危及电信线路的安全或者妨碍线路畅通。《中华人民共和国刑法》第 124 条规定，破坏广播电视设施、公用电信设施，危害公共安全的，处三年以上七年以下有期徒刑；造成严重后果的，处七年以上有期徒刑。

图 2.7　宣传标语

2.2　半导体

半导体（Semiconductor），指常温下导电性能介于导体（Conductor）与绝缘体（Insulator）之间的材料。

1833 年，英国科学家电子学之父迈克尔·法拉第（Michael Faraday）最先发现硫化银的电阻随着温度的变化情况不同于一般金属，一般情况下，金属的电阻随温度升高而增加，但硫化银材料的电阻是随着温度的上升而降低的。这是首次发现半导体现象。

1947 年 12 月 16 日，贝尔实验室的威廉·肖克利（William Shockley）、约翰·巴丁（John Bardeen）和沃尔特·布拉顿（Walter Brattain）发明了世界首个电晶体（Transistor），也称晶体管，这三个人因此获得了 1956 年的诺贝尔物理学奖。电晶体是一种固态半导体元件，可以用于放大、开关、稳压、信号调制和许多其他功能。电晶体被认为是现代历史上最伟大的发明之一，在重要性方面可以与印刷术、汽车和电话等发明相提并论。

1956 年，威廉·肖克利在硅谷创立了公司；1957 年，威廉·肖克利公司员工罗伯特·诺伊斯（Robert Noyce）与戈登·摩尔（Gordon Moore）辞职，创办了仙童公司，之后两人又与安迪·格鲁夫合作创办了英特尔公司。1958 年，罗伯特·诺伊斯与德州仪器公司杰克·基尔比（Jack Kilby）间隔数月分别发明了集成电路（把一定数量的常用电子元件，如电阻、电容、晶体管等，以及这些元件之间的连线，通过半导体工艺集成在一起的具有特定功能的电路），开创了世界微电子学的历史。1965 年，戈登·摩尔发现了一个重大的定律：当价格不变时，集成电路上可容纳的元器件的数目，每隔 18～24 个月便会增加一倍，性能也提升一倍，并在之后数十年内一直保持这种势头。这就是摩尔定律。

1971 年，英特尔的费德里克·法金（Federico Fagin）、泰德·霍夫（Ted Hoff）和斯坦利·马泽尔（Stanley Mazor）以及 Busicom 的 Masatoshi Shima 把中央处理器的全部功能集成在一块芯片上，再加上存储器，这就是世界上的第一片微处理器，内置 2300 个晶体管。微处理器让自动驾驶汽车有了"大脑"，它还帮助服务器处理数据，让智能手机可以用更快的速度处理文本和流媒体视频。

2016 年，全球半导体销售额达到 3390 亿美元。与此同时，半导体产业在芯片上的投入约为 72 亿美元，作为微电子元件的基板，这些芯片可以用来制作晶体管、发光半导体和其他电子元器件。常见的半导体材料有硅、锗、砷化镓等，而硅更是各种半导体材料中，在商业应用上最具有影响力的一种，制造半导体前，必须将硅转换为晶圆片（硅晶片）。

2.2.1 芯片厂商

电子信息产业的两个核心基础产业，一是半导体芯片，二是半导体显示。在半导体芯片行业，企业的业务模式主要分四种，即 IP 供应商、IDM（集成器件制造商）、Fabless（无厂半导体公司）、Foundry（代工厂）。近 50 年的半导体业，其发展模式在不断地调整。之前是 IDM，20 世纪 90 年代初兴起 fabless，紧接着 foundry 跟随而来。

（1）集成器件制造商是指拥有自己的晶圆厂，以及芯片设计、制造、封装、测试、投向消费者市场五个环节的厂商，如 Intel（英特尔）、IBM、Samsung（三星），2016 年，Intel 成为世界最大的芯片制造商，营收 550 亿美元。

由于所有环节均一手包办，所以从 IC 设计到完成 IC 制造所需的时间较短，也不存在工艺流程对接的问题，不过同时对资金的需求也堪称海量。2002 年以后，由于加工工艺和设备的成本直线上升，许多集成器件制造商无法通过投资生产线实现收益，于是将制造环节外包给代工厂。另外，有些集成器件制造商也做代工，如三星也会代工苹果和高通骁龙的芯片系列；Intel 从计算机时代独霸的角色，成为移动设备时代必须与人合作的角色，也开发对外代工。

（2）无厂半导体公司，也称无晶圆厂半导体公司，是指有能力设计芯片架构，但本身无厂，需要找代工厂代为生产的厂商，知名的有 NVIDIA、高通（Qualcomm）、苹果和华为。

（3）代工厂指拥有工艺技术代工生产别家设计的芯片的厂商，如台湾积体电路制造股份有限公司（TSMC，简称台积电）、格罗方德半导体股份有限公司（GlobalFoundries）、联华电子股份有限公司（UMC，简称联电）、中芯国际（SMIC）。

全球最大的晶圆代工厂商台积电无自家芯片，主要接单替苹果和华为代工生产，其在 28nm、20nm 及 16nm FinFET 工艺上的领先使得全球代工市场一家独大，占据了 60%左右的份额，远超格罗方德、联电及中芯国际。

（4）IP 供应商，即芯片设计服务提供商，本身没有产品，但是对技术的要求非常高，以软核、硬核等形式为 Fabless、Foundry 提供设计服务，并且从它们手中收取授权费及版权费。

ARM 是移动芯片的霸主，是物联网时代的芯片 IP 垄断者。ARM 占据了移动终端 IP 核 99%的市场份额，用于各式各样的现代设备，包括智能手机、电视机、汽车、智能家居产品、智能城市和可穿戴科技产品。目前，95%的手机的核心处理器使用的是 ARM 芯片，而 ARM 在整个手持市场上占有 90%以上的份额，这是一个惊人的比例。2016 年 7 月，日本电信公司软银宣布将斥资 234 亿英镑（约合 314 亿美元）全现金收购 ARM 公司。

ARM 公司的成功除其卓越的芯片设计技术以外，还源于其创新的商业模式，即提供技术许可的知识产权，而不是制造和销售实际的半导体芯片。图 2.8 所示为 ARM 的业务模型。ARM 公司将其芯片设计技术（内核、体系扩展、微处理器和系统芯片方案）授权给 Intel、三星、高通等半导体制造商，这些厂商拿到 ARM 内核以后，再设计外围的各种控制器与 ARM 核整合成一块 SOC 芯片，也就是市面上所能见到的各种芯片。用户也许不知道自己使用的是 ARM 芯片，但是他们每天都在感受着 ARM 芯片带来的智能体验。

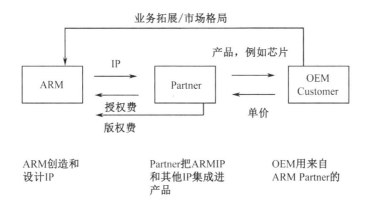

图 2.8　ARM 的业务模型

2.2.2　应用情况

半导体是需求推进的市场，在过去 40 年中，推动半导体业增长的驱动力已由传统的 PC 及相关联产业转向移动产品市场，包括智能手机及平板电脑等。

桌面互联网时代，采用 X86 架构的 Intel 芯片功能强劲，是行业翘楚。但是 X86 芯片功耗达 100W 左右，过高，热量也过高，无法在移动设备特别是很小的移动设备上使用。而采用 ARM v8 架构的 64 位处理器，使用 40nm 工艺制造，每个模块 8400 万个晶体管，面积为 $14.8mm^2$，0.9V 电压下即可达 3GHz 的高频率，平均功耗约 4.5W。其在低功耗上的优势，使得使用 ARM 架构的处理器更加适应智能移动终端的需要，让 ARM 崛起成为芯片产业的新领导者。

移动互联网时代，移动芯片相关设计及制造技术始终保持着快速创新的态势。

从设计的角度来看，应用处理芯片在 4 核、8 核之后已开始步入 12 核、16 核阶段，更为复杂的并行调度模式不仅带来了更高的芯片硬件设计难度，也对操作系统的相应协同提出新需求。除多核复用外，通过提升单个核心的处理能力以促进应用处理芯片的升级也成为业界探索的另一新方向。2016 年 3 月，由芯片行业巨头 AMD 研发的全球领先具备 16 核心的处理器新品在北京首发上市，率先为中国用户提供尖端的服务器产品。

从制造的角度来看，移动芯片制造工艺迅速跟进个人计算机的技术水平，在应用及市场竞争需求的催动下,工艺技术预期仍将保持快速升级的步伐。1995年起,芯片制造工艺从 0.5μm、0.35μm、0.25μm、0.18μm、0.15μm、0.13μm,发展到 90nm、65nm、45nm、32nm、22nm、16nm、14nm,再到目前最新的 10nm。

在半导体领域,目前有两个名气相当高的移动芯片代工工厂,一个是台积电,另一个是韩国三星。前者是苹果 A 系列芯片的代工方,后者早期也曾直接给苹果提供芯片,如今的三星和台积电都在大规模量产 10nm 芯片。图 2.9 所示为台积电芯片布局。

台积电先进制程布局				
制程世代	10nm	7nm	5nm	3nm
电晶体架构	3D FinFET	3D FinFET	3D FinFET	3D FinFET
制程种类	HKMG 10FF	HKMG 7FF	HKMG 5FF	正兴设备商和料商合作寻技术路径
量产时间	2017年第1季	2017—2018年	2017年下半年	2022年
主要生产点	中科Fab 15第五～六期	中科第七～九期	南科Fab 14第九期	高雄科学园区路竹基地或美国

图 2.9　台积电芯片布局

2016 年 5 月,ARM 发布了首款采用台积电公司 10nm FinFET 工艺技术的多核 64 位 ARMv8-A 处理器测试芯片。相较于目前常用于多款顶尖智能手机计算芯片的 16 nm FinFET+工艺技术,此测试芯片展现了更佳的运算能力与功耗表现。

2017 年年初,高通旗舰级芯片骁龙 835 在 CES 展上首次亮相,与上几代骁龙 820、821 相比,在集成了超过 30 亿个晶体管的情况下,骁龙 835 的 10nm 工艺相比 14nm 使得芯片速度提高 27%,效率提升 40%,而芯片面积也变得更小。2017 年还有 4 颗 10nm 芯片先后问世,即联发科 Helio X30、海思的麒麟 970、苹果用于 iPad 的 A10X,以及三星的 Exynos 8895。其中,联发科 Helio X30、华为麒麟 970、苹果 A11 都会使用台积电 10nm 工艺,骁龙 835、Exynos 8895 则是三星 10nm 工艺。

在业界看来,芯片厂商之所以如此积极采用 10 nm 工艺,有着技术上的迫切需求。因为先进的工艺是降低产品功耗、缩小尺寸的重要手段。这可以让高端芯片更轻薄省电,有助于提升手机厂商的产品均价与竞争力。

2017 年 2 月，据台湾电子时报报道，台积电 7nm 芯片将在 2018 年量产，5nm 芯片将在 2019 年下半年量产，而物理极限的 3nm 芯片年，预计在 2022 年开始量产。

2017 年 3 月，三星宣布未来将增加 8nm、6nm 工艺，可提供比现有工艺更好的灵活性、性能、功耗优势。

2017 年 6 月，IBM 联手三星及格罗方德（GlobalFoundries）宣布了一项名为硅纳米片（Nanosheet）晶体管的技术，该技术可帮助制造商研发出业内第一款采用 5nm 技术的芯片。5nm 芯片可以实现在指甲盖大小的区域中集成 300 亿颗晶体管，相比较之下，当前 10nm 的骁龙 835 仅仅集成的晶体管数量约为 30 亿。

2.3　传感器

信息产业本质上说是对各种信息进行收集分析处理的产业，对信息的获取是整个产业的基础。传感器作为信息监测的必要工具，是生产自动化、科学测试和监测诊断等系统中不可缺少的基础部件。

2.3.1　传感器特点

传感器是一种检测装置，能感受到被测量的信息，并能将感受到的信息按一定规律变换为电信号或其他所需形式的信息输出，以满足信息的传输、处理、存储、显示、记录和控制等要求。

传感器的种类很多，按照不同的功能、不同的适用领域，可以划分多种类型。其中，温度传感器是最早开发、应用最广的一类传感器。17 世纪初，人们就开始利用温度计进行测量，而真正把温度变成电信号的传感器是 1821 年由德国物理学家赛贝发明的，这就是后来的热电偶传感器。

近年来，随着工业自动化、物联网、智慧城市等移动互联网应用的出现，以及智能终端的普及，对传感器的需求大大提高，同时也对传感器的智能化、可移动化、微型化、集成化和多样化提出了更高的要求。

（1）智能化。随着多种传感功能与数据处理、存储、双向通信等功能的集成，智能传感器将全部或部分实现信号探测、变换处理、逻辑判断、功能计算、双向通信，以及内部自检、自校、自补偿、自诊断等功能，具有低成本、高精度的信息采集、数据存储和通信、编程自动化及功能多样化等特点。例如，美国凌力尔特公司的智能传感器安装了 ARM 架构的 32 位处理器。同时，软传感技术（智能传感器与人工智能相结合）日渐成熟。目前已出现各种基于模糊推理、人工神经网络及专家系统等人工智能技术的高度智能传感器，并已经在智能家居等方面得到利用。例如，NEC 开发出了对大量的传感器监控实施简化的新方法"不变量分析技术"，并已面向基础设施系统投入使用。

（2）可移动化。无线传感网络技术的关键是克服节点资源限制（能源供应、计算及通信能力、存储空间等），并满足传感器网络扩展性、容错性等要求。该技术曾被美国麻省理工学院的《技术评论》杂志评为对人类未来生活产生深远影响的十大新兴技术之首。迄今为止，一些发达国家及城市在智能家居、精准农业、林业监测、军事、智能建筑、智能交通等领域对无线传感网络技术进行了应用。例如，美国 Voltree Power LLC 公司受美国农业部的委托，在加利福尼亚州的山林等处设置温度传感器，构建了无线传感器网络，用于监测森林火情，减少火灾损失。

（3）微型化。随着集成微电子机械加工技术的日趋成熟，MEMS（Microelectro Mechanical Systems）传感器将半导体加工工艺（如氧化、光刻、扩散、沉积和蚀刻等）引入传感器的生产制造，实现了规模化生产，并为传感器微型化发展提供了重要的技术支撑。近年来，日本、美国、欧盟等在半导体器件、微系统及微观结构、速度测量、微系统加工方法/设备、麦克风/扬声器、水平/测距/陀螺仪，以及光刻制版工艺和材料性质的测定/分析等技术领域取得了重要进展。

（4）集成化。传感器集成化包括两类：一是同类型多个传感器的集成，即同一功能的多个传感元件用集成工艺在同一平面上排列，组成线性传感器（如 CCD 图像传感器）；二是多功能一体化，如几种不同的敏感元器件制作在同一硅片上，制成集成化多功能传感器，这种传感器集成度高、体积小，容易实现补偿和校正，是当前传感器集成化发展的主要方向。例如，意法半导体提出把组合多个传感器的模块作为传感器中枢来提高产品功能；东芝开发出晶圆级别的组合传感器，于 2014 年发布能够同时监测脉搏、心电、体温及身体活动四种生命体征信息，并将数据无线发送至智能手机或平板电脑等终端的传感器模块"Silmee"。

（5）多样化。新型敏感材料是传感器的技术基础，材料技术研发是提升性能、降低成本和技术升级的重要手段。除了传统的半导体材料、光导纤维等，有机敏感材料、陶瓷材料、超导、纳米和生物材料等成为研发热点，生物传感器、光纤传感器、气敏传感器、数字传感器等新型传感器加快涌现。例如，光纤传感器有灵敏度高、抗电磁干扰能力强、耐腐蚀、绝缘性好、体积小、耗电少等特点，目前已应用的光纤传感器可测量的物理量达 70 多种，发展前景广阔；气敏传感器能将被测气体浓度转换为与其成一定关系的电量输出，具有稳定性好、重复性好、动态特性好、响应迅速、使用维护方便等特点，应用领域非常广泛。

2.3.2　传感器应用

随着技术的发展与制造工艺的成熟，越来越多的传感器将应用到工业生产、物联网、机器人、智能汽车、可穿戴设备、医疗等领域，使人类的生产生活变得越来越智能。

2012 年 5 月 8 日，美国内华达州机动车辆管理部门（DMV）为谷歌的自动驾驶车颁发了首例驾驶许可证，雷克萨斯、沃尔沃、宝马和奥迪等传统汽车厂商也在尝试将更多的传感器集成到现有和新开发车型中，实现汽车的智能化升级。据全球知名调研机构 IHS 的研究报告，帮助制造无人驾驶汽车的传感器市场未来几年将保持高速增长。泊车辅助摄像头与车道偏离警告摄像头只是其中的两类，这些传感器 2015 年达到 1800 万个左右，约是 2010 年（93.9 万个）的 20 倍和 2011 年（170 万个）的 11 倍。

在近两年的 CES 展会上，可穿戴设备都是参展重点，全球几大消费电子巨头开始纷纷抢占可穿戴设备市场。根据美国网络设备公司 Juniper 预计，2017 年可穿戴设备的出货量将从 2013 年的约 1500 万部增加到 7000 万部。微型传感器则是可穿戴设备产业链中的基石。以 Google Glass 为例，其内置了多达 10 几种的传感器，包括陀螺仪传感器、加速度传感器、磁力传感器、线性加速传感器，让 Google Glass 实现了一些传统终端无法实现的功能。例如，使用者仅需眨一眨眼睛就可以完成拍照，就是因为 Google Glass 内置了红外传感器和距离传感器，在两者的有机结合下，用户眼睛活动被识别，从而最终实现对应用的操作。

图 2.10　微型传感器

在医疗健康领域，微型传感器的使用则可以帮助医生更好地诊断病情，降低治疗风险。例如美国佐治亚理工学院研发了一款用于内窥心血管情况的微型传感器，如图 2.10 所示，这种 1.4mm 大小的超微硅片可放置到心脏、冠状动脉及周边血管内部，对这些地方实时拍摄三维图像。利用微型化技术，这种传感器的功耗只有 20mW，低功耗有助于降低设备在人体内的发热，同时传感器可在血管中的游走畅通无阻，并能在此过程中进行三维成像。佐治亚理工学院的研究人员在声明中说，该设备可让医生观察到血管内部的一切，从而更好地对血管的阻塞情况作出判断，得出的结果将有助于医生更好地进行心脏手术，而且该设备通过帮助血管疏通也有可能降低心脏手术的必要性。

目前，科学家已经开始了缩小传感器的研究，希望能将毫米或微米级别的传感器缩小到纳米级别。根据"十三五"国家科技创新规划，一项重大任务是在纳米材料与传感器领域，针对纳米材料与结构能够灵敏地传感信息的特点，研究新型传感技术，开发新型高性能纳米传感器及其系统，使其具有高灵敏性、高选择性、高稳定性，实现其低功耗、低成本、微型化和智能化的检测和传感器的创新与国产化。

研究数据表明，再过 10 年左右，微芯片和传感器的体积可能缩小至细胞般大小，这就意味着生物植入的可能性。最终，人类可能不再需要手机这样的有形设备，而是通过植入体内的微型通信工具进行沟通，最终进化至通过思维（脑电波传感）实现沟通，技术最终会变得不可见，想法和情绪表达变成了关键。到那时，几乎所有的人类都会在体内植入细胞传感器，人类利用技术加速了自身的进化。

2.3.3　传感器发展

随着经济环境的持续好转，全球市场对传感器的需求不断增多，2015 年全球市场规模约达 1500 亿美元，2016 年全球市场规模约达 1700 亿美元。

中国传感器行业发展开始于 20 世纪 50 年代，到 1986 年"七五"计划开始进入到实质发展阶段。目前，中国传感器的生产企业主要集中在长三角地区，并逐渐形成以北京、上海、南京、深圳、沈阳和西安等中心城市为主的区域空间布局。其中，将近 50%的主要传感器企业分布在长三角地区，其他依次为珠三角、京津地区、中部地区及东北地区等。此外，伴随着物联网的兴起，传感器产业在其他区域如陕西、四川和山东等地发展很快。

从全球总体情况看，目前美国、日本等少数经济发达国家占据了超过 70%的传感器市场份额，发展中国家所占份额相对较少。其中，美国、日本、德国是市场规模最大的 3 个国家。未来，随着中国、印度等发展中国家经济的持续增长，对传感器的需求也将大幅增加；但发达国家在传感器领域具有技术和品牌等优势。

2.4　智能硬件

在不久的将来，传统设备会大规模智能化，以传感器、芯片为主体的智能硬件将渗透到人们日常生活的点点滴滴，通过智能硬件，人们可以随时将自己生活、工作的内容数据化，然后通过网络传输到云端整合起来。智能硬件、互联网和云技术的应用，实现了信息的聚合，传统行业将实现巨大变革。

2.4.1　智能硬件概念

智能硬件是指具备信息采集、处理和连接能力，并可实现智能感知、交互、大数据服务等功能的新兴互联网终端产品，是"互联网+"人工智能的重要载体。图 2.11 所示为智能硬件功能示意图。

智能硬件是继智能手机之后的一个科技概念，智能化之后，硬件具备连接的能力，实现互联网服务的加载，形成"云+端"的典型架构，具备了大数据等附加价值。在手机、电视等终端产品实现智能化之后，新一代信息技术正加速与个人穿戴、交通出行、医疗健康、生产制造等领域集成融合，催生智能硬件产业蓬勃发展，带动模式创新和效率提升。

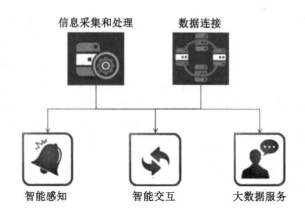

图 2.11　智能硬件功能示意图

　　智能硬件的发展可以追溯到 1974 年，发展历程可以分为三个阶段，即探索期、储备期和爆发期，如图 2.12 所示。在各种互联网企业、传统家电企业巨头的推动下，智能硬件产品已经一步一步向我们走近，从可穿戴设备到智能电视、汽车、家居，智能生活已逐渐成为未来的新趋势。

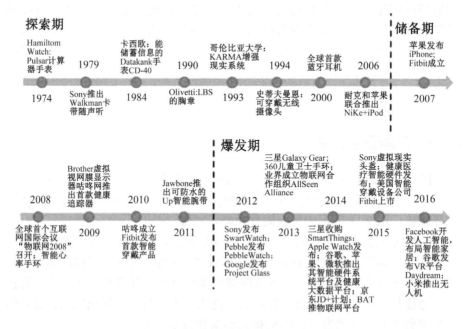

图 2.12　智能硬件发展历程

　　生活中常见的智能硬件产品大致分为智能终端类（智能手机、平板电脑、PC 等）、智能穿戴类（智能手表、智能手环、智能服饰、智能眼镜等，图 2.13）、智能家居类（智能家电、家居机器人、智能家庭系统等）、智能出行类（自动驾驶技术），以及智能服务类（服务型机器人）等多种类型，其中尤以智能终端、智能穿戴和智能家居最为常见，如 Google Glass、Apple Watch（图 2.14）、三星 Gear（图 2.14）、咕咚手环、Tesla、乐视电视等。

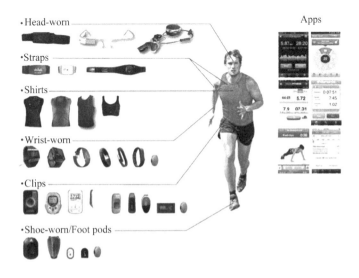

图 2.13　智能穿戴

图 2.14　Apple Watch 2 和三星 Gear S3 智能手表

2016 年 9 月 20 日，在中国国际信息通信展上，中国电信展出天翼网关、智能车载后视镜，中国移动展出儿童手表、"魔百和"，中国联通展出智能音响、智能宠物项圈。华为带来了最新款的平板电脑 M3 和智能手表，中兴则为 Spro 智能投影仪专门设计了电影放映室，诺基亚和上海贝尔展示了目前最先进的虚拟现实摄影平台 O2O，爱立信为观众演示了可以通过 5G 云平台进行平衡控制的机器人。另外还有智能燃气表、高清电视、手环、智能血压计等智能设备，基本覆盖了人们日常生活、娱乐、健康等各方面的需求。运营商和设备商之所以如此热衷于智能设备，目的很明确，就是想要在智能化浪潮中抢占入口。在智能手机时代，智能手机可以说是唯一的入口，而随着物联网和智能时代的来临，一切皆可以成为入口，智能硬件更是物联网入口感知层和接入层的核心。

2.4.2 智能设备安全隐患

在智能硬件产品（智能设备）为我们提供便捷生活的同时，它可能存在的安全隐患也开始引起了许许多多的担忧，如路由器被植入木马、黑客也可轻易破解 POS 机转账、虚假 WiFi 进一步渗透大家的生活等，令人防不胜防。

2011 年，伊朗俘获美国 RQ-170 "哨兵"无人侦察机，据称就是伊朗网络专家远程控制了这架飞机的操作系统。

2013 年 7 月，"全球最牛"黑客巴纳拜·杰克在美国旧金山的家中离奇死亡。杰克去世前向外界宣布：他要在当年 7 月 31 日开幕的"黑帽大会"上，展示在 9m 之外入侵植入式心脏起搏器等无线医疗装置，然后向其发出一系列 830V 高压电击，从而令"遥控杀人"成为现实。控制心脏起搏器，极有可能是利用医疗设备的无线或有线通信协议中存在安全设计缺陷来实现的。医疗设备生产厂商在设计产品时，对安全上的考量同样可能不到位，只不过安全研究人员平时很少能接触这些设备，所以目前被发现出的安全漏洞较少，但相对于传统的安全漏洞，这些设备出现问题必然危害更大。

2014 年 8 月，黑帽安全大会上，美国 Nest 温控器在 15s 内被黑客破解，可随意设定温度，并且还打开了一个可以进入家庭网络的后门。

2014 年 11 月，位于俄罗斯的一家名为 Insecam 的公司在其网站上公布了被黑客破解的全球 7.3 万多台监控摄像头的信息；其中包括位于寝室、起居室、游泳池的监控摄像头。这些摄像头被破解的原因是用户没有修改预设密码，而只有在用户自己看到这个网站上自己在"实时被直播"后通知网站或者自行修改密码才能避免继续被围观；如果这些直播里出现敏感或者不道德内容，只要没有人向网站投诉，则基本不会被下线。2016 年 12 月的数据显示，Insecam 网站上涉及的位于中国的 164 个摄像头，分布在威海、烟台、北京、邢台、济南、成都、石家庄、长沙等地。

2015 年 8 月 6 日，世界黑客大会 DEFCON 发布了 25 个物联网设备以前未知的漏洞，智能体重秤、智能冰箱、监控摄像头、恒温控制器、婴儿监视器等智能设备，均存在被入侵的安全隐患。

2016 年 3 月，央视"3·15"晚会节目后半段直接将矛头指向当前的智能硬件领域，涉及产品种类包括无人机、智能楼宇、智能家居、智能摄像头、智能汽车、智能支付 POS 机等。根据央视报道，智能硬件领域存在很大的安全隐患，很多智能设备很容易被黑客攻破和接管。例如，被攻破的无人机不会被主人控制；智能楼宇系统的灯光可以随意被黑客打开或关闭；而涉及智能家居领域的智能插座、洗衣机、电烤箱、智能摄像头等设备，控制权可以完全掌握在黑客手中，用户无能为力；相继曝光的还有智能汽车、智能支付等问题。

2016 年 5 月 12 日，世界黑客大赛 GeekPwn5 中国澳门站上，十几款主流路由器、防黑客保险箱、智能摄像头等智能软硬件产品被轻松攻破，令现场用户目瞪口呆。所有智能家居设备现在基本上不堪一击，从过去的汽车、手机、摄像头，到现在的门锁、电灯泡，只要是智能设备，几乎全都在大赛现场被攻破。

2016 年 10 月 22 日凌晨，一场始于美国东部的大规模互联网瘫痪在当地时间 10 月 21 日席卷了全美，包括 Twitter、Spotify、Netflix、Airbnb、Github、Reddit 及《纽约时报》等主要网站都受到黑客攻击。根据美国公布的数据，攻击流量超过 1Tb/s，这应该是有史以来最大规模的 DDoS 攻击。此次 DDoS 劫持攻击由感染 Mirai 等恶意代码的设备发起，来自全球的上千万个 IP 地址和几百万个恶意攻击的源头是物联网联系的"智能"家居产品，分布于各家各户的摄像头、智能传感器、智能门磁和智能冰箱洗衣机。

从智能安防、智能家电到个人穿戴设备，各种设备智能化互联化已经成为不可阻挡的趋势。然而，很多厂商为了抢占市场先机，加快了开发进度，牺牲了设备的安全性能。

2016 年，NTI 绿盟威胁情报中心提供的数据显示，中国存在安全问题
的视频监控系统，主要分布在台湾（16.1%）和广东（15.8%），合计占比
31.9%，其次是江苏（7.9%）、福建（6.0%）、浙江（5.7%）等省份，如图 2.15
所示。

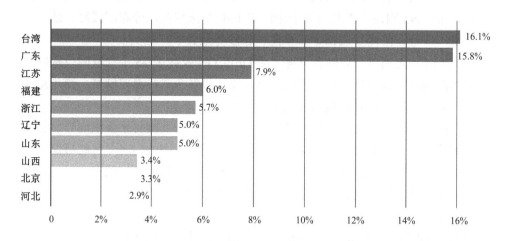

图 2.15　存在安全隐患的视频监控系统中国 TOP10 省份

1. 智能硬件安全隐患

在互联网的世界里，只要符合以下两个要求，就可以发起访问请求了：

（1）智能硬件拥有完整的处理器；

（2）这些智能硬件处于联网状态。

事实上，智能硬件的远程监控等核心功能，都是通过网络访问请求来完
成的。智能硬件被利用发起进攻有很多天然的"优势"：

（1）它们经常保持长期在线，几乎所有的用户都会让硬件长期联网来提
供服务；

（2）很多智能硬件，尤其是高清晰度摄像头，它们的处理器性能都非
常好；

（3）智能硬件由于要传输大量的数据，它们的流量带宽被设定得很高；

（4）全球的智能硬件数量极其大。

现在的智能摄像头，路由器的漏洞、智能插座层出不穷，未来出货量也
是成倍增长。那么当智能硬件达到一个量级时，其自身的安全问题会给互联

网造成很大的安全威胁。

智能硬件的安全隐患主要有两方面：

一是设备自身的安全；二是数据信息的安全。

设备自身的安全是指智能硬件在被攻破后，直接失去原有功能，成为一堆破铜烂铁。相比之下，智能硬件成为黑客收集用户家庭数据信息的突破口更加严重，设备一旦成为黑客窃取数据的工具，用户失去的将不只是家庭隐私，甚至会涉及一些密码，最终的损失可能难以弥补。

2. 智能硬件漏洞

在 DDoS（分布式拒绝服务）攻击中，智能硬件已经丧失了"自主意识"，被某个黑客组织成功"洗脑"，变成了一个个的僵尸，听命于幕后操纵者，同时对目标发起攻击。这些硬件之所以会被操控，就是因为它们都存在致命的漏洞。

（1）利用路由器的安全漏洞，攻击者对接入安全正规 WiFi 的现场观众手机进行流量监听，轻松获得其 APP 订单相关隐私信息的过程，身份信息、爱好、每天上班路线、上门服务订单等毫无隐私可言。

（2）利用智能路由器的未知漏洞，可完成获取 root 权限、篡改路由器 DNS 记录。黑客使用其控制的山寨服务器实现 DNS 劫持，用户打开网页就会被链接到黑客设置的虚假网站。

（3）只需通过在安卓手机上安装一个普通权限的 APP，便可利用本地的相应漏洞获取系统的 root 权限，容易造成安全隐患。

（4）黑客通过在越狱后的 iPhone 上安装插件，通过相应技术利用 POS 机支付时没有严格实现一次一密的漏洞，一旦用户在该 POS 上刷过卡，并输入密码，黑客就能随意转走受害用户卡里的钱。

（5）合法控制终端安装 AR.FreeFlight 2.0 移动应用，然后控制 Parrot Air Drone2.0 无人机悬浮至空中后，黑客通过安装无线攻击工具，断开合法控制终端和 Parrot 无人机之间的连接，将最终接管 Parrot 无人机的控制权。

（6）通过智能摄像头的安全漏洞，攻击者可以看到用户名和密码，并远程完全控制。此外，智能插座、智能烤箱、智能洗衣机等，都可以成为攻击者拍照、录像、窥探隐私等的工具。

（7）被称为"黑客专用谷歌""物联网谷歌"的 Shodan（图 2.16）是一款提供互联网在线设备的搜索引擎。只要输入搜索关键字，就可以找到全世界在线的网络摄像头、路由器、信号灯、核电站等有信息漏洞的设备。CNN

表示，世界上最强、最恐怖的互联网搜索引擎不是谷歌，而是 Shodan。该公司的创始人约翰·马瑟利（John Math-erly）表示，人们通常认为谷歌不能搜索到的、找不到的，就真的找不到，但这不是事实。

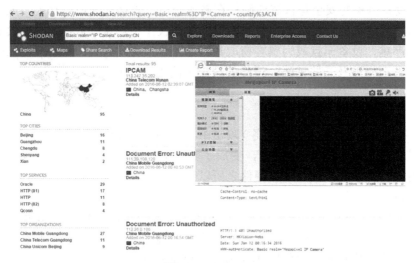

图 2.16　Shodan

谷歌、百度等搜索引擎通过引用返回的内容进行检索，而 Shodan 则通过来自各种设备的 HTTP header 及其他标志性信息进行检索。Shodan 可以收集这些设备的信息，并根据其所属国家、操作系统、品牌及许多其他属性进行分类。可以大致把谷歌、百度看作是网站内容搜索，而把 Shodan 看作是网络设备搜索，国内类似软件有 Zoomeye。Shodan 只关注联网设备的搜索，而 Zoomeye 除了联网设备还可搜索网站组件，可以用来对 Web 服务进行细节分析。登录 Shodan 网站搜索摄像头设备，其中之一的摄像头采用默认用户名和密码（admin/admin），可直接进入摄像头管理界面，实时观察摄像头画面并进行录音、录像、截屏等关键操作（当时设备未开机），造成个人隐私泄露。

（8）VNC（虚拟网络计算机）是一款基于 UNIX 和 Linux 开发的功能强大的远程控制工具软件，它允许人们通过网络远程使用自己的计算机。但成千上万使用 VNC 的人却忘了用口令或加密保护自己的连接。物联网搜索引擎 Shodan 可以搜出 55 万台通过 VNC 访问的设备，其中不乏可以随意进入的系统。VNC 只是 UNIX 和 Linux 的用户使用，Shodan 还可以搜出至少 340 万台 Windows 远程桌面连接，活跃在全球的互联网上。

3. 家庭互联网风险分析（图 2.17）

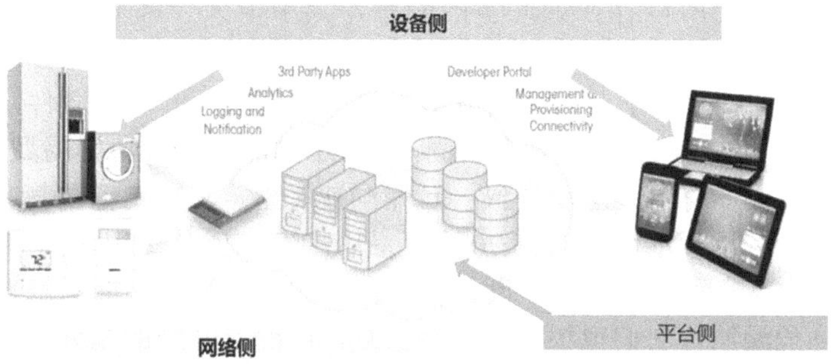

图 2.17　家庭互联网架构

1) 设备侧

终端或节点功能单一，安全防护能力不完备，攻击者可利用其漏洞进行木马、病毒攻击，使得终端或节点被控制或不可用。

攻击者可利用家庭网关+控制中心后门或漏洞控制家庭网关，进而获取设备信息、用户隐私信息。

2) 网络侧

攻击者对网络中传输的数据和信令进行拦截、篡改、伪造、重放，从而获取用户敏感信息或者导致信息传输错误，业务无法正常开展。

家庭范围的无线数据传输链路具有脆弱性，红外、ZigBee 等传输协议的安全性不完备，带来数据截获风险。

3) 平台侧

终端管理安全风险，终端或节点数量众多，身份认证、访问控制机制不完善会给平台带来非法访问的安全风险。

平台数据存储安全威胁。互联网中存在的病毒攻击、黑客入侵和非法访问等安全问题也会在物联网中发生。

平台数据传输安全威胁。感知网关可通过多种传输方式向应用平台传送数据，传输过程中可能存在数据丢失、漏传、被篡改等问题，造成应用平台数据信息收集不全面或遗漏等。

4．主观因素

智能设备之所以存在如此多的隐患，其中很大一部分与如下主观因素有关：

（1）部分厂商为了节约开发成本，使用通用的、开源的固件，或者采用贴牌生产的方式，未做任何安全加固，导致不同品牌的设备使用默认的密码，或者包含相同的漏洞，这就导致一旦漏洞被爆出，其影响范围甚广。一个远程代码可执行漏洞能够同时在 70 多个品牌中存在就是个很好的警示。

（2）大部分网络视频监控设备没有自动的系统升级和漏洞修复机制，即使发现高危漏洞，它们也很难被升级修复，厂商有升级的难处，使用的用户也很少在意这些设备。

（3）用户普遍缺乏安全意识，有些设置很简单的密码，如 1234、ADMIN 等，有些甚至使用空密码或者系统默认密码，这样就给黑客提供了很大的便利，使他们很轻松地获得这些系统控制权限，并进一步利用其谋利。

2.4.3　中国智能硬件的发展

当前，随着技术的发展，虚拟现实、可穿戴设备、工业机器人等智能硬件产品和功能不断创新，快速向生产和生活渗透，并不断创新。在生活领域，智能硬件提升了传统消费品产业的附加值、延伸产业链，给信息消费带来了新的增长空间，使百姓生活智能化和便利化。在生产领域，智能 PLC、智能传感器、工业机器人等生产性智能硬件极大提高了制造环节的智能化水平，促进生产能力的提升。

根据《中国智能硬件行业发展前景预测与投资策略规划报告》，2012 年，中国智能硬件市场规模仅为 13 亿元人民币，2013 年，上涨为 32.8 亿元人民币；到了 2014 年，作为发展元年，智能硬件市场突破 100 亿元大关，暴增至 108.3 亿元；2015 年，这一市场又上涨至 424 亿元（图 2.18）；2016 年，国内智能硬件市场规模达到 552 亿元。

2016 年 9 月 21 日，《智能硬件产业创新发展专项行动（2016—2018 年）》（以下简称《行动》）报告中明确，到 2018 年，中国智能硬件全球市场占有率将超过 30%，产业规模将超过 5000 亿元。《行动》的出台，势必会进一步促进产业发展，并有望使智能硬件产业成为未来创业和投资的新热点，吸引大量资本进入，智能硬件产业将迎来一片蓝海。

2015年中国创新智能硬件地域分布情况

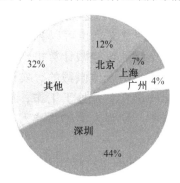

图 2.18　2015 年中国智能硬件地域分布情况

2.5　智能穿戴

　　随着电子信息行业的迅猛发展，智能可穿戴技术以其信息化、智能化、易携带等优势逐步走入人们的生活。可穿戴计算是一种全新的计算技术，与传统的计算技术存在着很大的差别。它打破了传统的人机交互模式，使人和计算机更加紧密地结合在一起，提高了人的整体感知和计算能力。它提供了一种无处不在的计算和交互方式。可穿戴计算机是一种可穿戴在人体上的个人移动计算机，移动互联网时代的到来，使具有移动化、碎片化、简易化特性的可穿戴移动智能设备获得了巨大的发展机遇。可穿戴设备可充分利用终端操作系统的可扩展性、处理芯片的处理能力，以及完善的传感设备和通信模块，并通过统一的外部接口延伸系统的感知能力，满足移动疾病诊疗和健康管理的业务需求。

2.5.1　可穿戴设备定义

　　可穿戴技术起源于 20 世纪 60 年代，是美国麻省理工学院媒体实验室提出的创新技术，利用该技术可以把多媒体、传感器和无线通信等技术嵌入人们的衣着中，该技术可支持手势和眼动操作等多种交互方式。自从 2012 年谷歌公司推出谷歌眼镜以来，可穿戴技术及设备成为市场热点。

从 20 世纪 70 年代起就使用可穿戴计算机辅助视力的加拿大科学家史蒂夫·曼恩，被誉为"可穿戴计算机之父"。在他看来，中国人千百年前就把算盘挂在胸前——这在某种意义上也可以算是可穿戴计算机。他认为，可穿戴设备，确切地说就是智能可穿戴计算机，指采用具备系统应用、升级和可扩展的独立操作系统、由人体佩戴的、实现持续交互的智能设备。可穿戴计算机应该是持续的，它总是处于工作、待机或可存储状态；可穿戴计算机应该主动提供服务，增强人的感知能力；同时它应该能够过滤掉无用的信息。

广义的智能穿戴设备包括功能全、尺寸大、可不依赖智能手机实现完整或者部分的功能（例如智能手表或智能眼镜等），以及只专注于某一类应用功能，需要和其他设备（如智能手机）配合使用（如各类进行体征监测的智能手环、智能首饰等）。随着技术的进步以及用户需求的变迁，可穿戴式智能设备的形态与应用热点也在不断变化（图 2.19）。

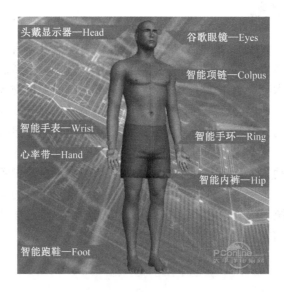

图 2.19　智能可穿戴设备

随着移动互联网的发展、技术进步和高性能低功耗处理芯片的推出，智能穿戴设备的种类逐渐丰富，并从概念走向商用化，谷歌眼镜、苹果手表、三星智能腕表、耐克的燃料腕带、传感器智能服、太阳能充电背包等穿戴式智能设备大量涌现，智能穿戴技术已经渗透到健身、医疗、娱乐、安全、财务等众多领域。谷歌、苹果、三星、微软、索尼、奥林巴斯等诸多科技公司争相加入到可穿戴设备行业，在这个全新的领域进行深入探索。医疗领域更加迫切需要长期监测人体的生理指标，以掌握这些生理指标动态变化的，为临床诊断提供更加充分的依据。

2.5.2 可穿戴关键技术

穿戴设备是一个典型的嵌入式系统，它等于嵌入式处理器（MCU 或 MPU）+传感器+射频。简单来说，可穿戴技术就是把计算机"穿"在身上进行应用并发挥其功能的技术。可穿戴技术主要在直接穿在身上和整合使用者的衣服与配件方面进行创造和研究。可穿戴设备包含以下几个关键的技术。

1．语音识别

目前，在一些移动操作系统、软件和部分网站上可看到语音识别功能。语音识别在输入上取代键盘和手写只是时间的问题，因为它"能够解放人类的双手"，并且提高效率。

2．眼球追踪

这项技术早已广泛应用于科学研究领域，特别是心理学。眼球追踪技术在移动领域的出现将有可能催生出比触屏操作更"直观"、比语音操作更"快捷"的操作方法，即只需转动眼球就能滑动屏幕、选中、输入。这可能是除了人脑电波直接控制之外最快的操作手段了。

3．骨传导技术

骨传导技术一直以来是一项军用技术，通过振动人类面部的骨骼来传递声音，是一种高效的降噪技术。通过骨传导麦克风说话，传递出的语音信息几乎丝毫不含周围的杂音，而通过骨传导耳机听到的声音也非常清晰。目前在智能眼镜、智能耳机等方面，骨传导技术是比较普遍的交互技术，例如，谷歌眼镜就是采用声音骨传导技术来构建设备与使用者之间的声音交互。

4．低功耗互联技术

现在已经成功商用并且表现出众的蓝牙 5.0 或许可以很好地解决能耗问题。其成本更低，速度更快，距离更远，完全可以解决上一代蓝牙所遗留的问题。并且，在这样的速率下，很有可能催生出新的发明甚至革命。

5．裸眼三维技术

裸眼三维摒弃了笨拙的三维眼镜，使得人们可以直接看到立体的画面。通过视差障壁技术、柱状透镜技术和 MLD 技术，用户可以在液晶屏幕上感受清晰的三维显示效果。

2016 年 7 月，美国专利局公布了一批新专利，其中包括一项苹果公司有关裸眼三维的专利。这项专利理论上可以让 iPhone 和其他设备的显示屏变成一种自动立体显示屏，从而实现裸眼三维，用户无须佩戴特殊的三维眼镜就能看到三维影像。

6．虚拟现实/增强现实/混合现实/全息投影

裸眼三维、全息投影与虚拟现实/增强现实/混合现实三者的区别主要是观看方式，前两者不需要借助辅助设备就能直接观看，而虚拟现实/增强现实/混合现实所展示出的效果则需要借助辅助设备才能实现顺利观看。裸眼三维和全息投影最大的区别是成像原理不同，因此展示出的效果也不同。裸眼三维是利用光栅原理进行投影成像的，而全息投影利用的是干涉和衍射原理。

7．人体芯片

当人与计算机的距离近到极致时，那么不是人进入计算机，就是计算机进入人体。人体芯片已经广泛应用于军事和医疗领域，但目前因为体积和安全的原因，它的作用被限制在被动扫描。

8．用户分析

用户分析包括用户信息收集，并据此为用户兴趣、喜好、上下文和意图建模。用户分析是可穿戴设备提供个人信息、对话、推荐的基础。新的用户分析技术不局限于数字内容跟踪，将从眼球跟踪、键盘跟踪、温度跟踪中收集信息。

9．高速互联网和云计算

当宽带或移动互联网速度接近甚至超过硬盘读写速度的时候，通过终端访问云数据就像读取自己硬盘里的东西一样容易。较大运算量的任务将在云端处理，再将处理结果发送到终端呈现在用户眼前。这能大大降低可穿戴移动设备的成本并减小它的体积。

2.5.3 可穿戴设备分类

最早的可穿戴设备是基于三轴加速度传感器的简单计步器。随后，市场上很快就出现了包括压力传感器和陀螺仪等传感器件的复杂设备。这些器件使可穿戴设备能够识别穿戴者正在参与的活动类型，如步行、跑步、爬山等，并跟踪其睡眠周期。同时，温度和湿度传感器使得可穿戴设备能够更准确地测量诸如锻炼时消耗的卡路里等参数。可穿戴设备集成更多传感器的这一趋势未来几年将会加快。我们将看到集成越来越多的运动和环境传感器，以及新兴的生物传感器。

可穿戴设备按产品功能分，如表 2.1 所示。其中人体健康、运动追踪类包括 Nike+系列产品和应用（Fuelband）、Jawbone Up、咕咚手环、GlassUp、Fitbit Flex。这些可穿戴设备，主要通过传感装置对用户的运动情况和健康状况做出记录和评估，大部分需要与智能终端设备进行链接显示数据。综合智能终端类包括 Google Glass 等。这些设备虽然也需要与手机相连，但是功能更加强大，独立性更强。

表 2.1 可穿戴设备的分类

主要指标	运动健身类	健康管理类	信息资讯类	体感控制类
目标人群	以年轻消费者为主	面向大众消费者，婴幼儿和老人是重要目标人群	面向大众消费者	以年轻消费者为主
交互方式	图形化界面多通道智能人机交互通过传感器收集信息和数据	图形化界面多通道智能人机交互通过传感器收集信息和数据	以自然语音交互为主通过语音识别来实现操作	体感交互虚拟交互
解决问题	收集运动信息帮助更好获得锻炼效果	对各类健康指标进行采集、对比和分析	增强现实、更方便及时地获取信息	增强人类能力以娱乐活动为主
产品形式	腕带、手表、鞋等	腕带、手表等	手表、眼镜等	腕带等
代表产品	Nike+Training	Fitbit Flex	Google Glass	MYO 腕带

2.5.4 典型能穿戴产品

谷歌眼镜（Google Project Glass，图 2.20）是谷歌公司于 2012 年 4 月发

布的一款"拓展现实"眼镜，2013 年改名为 Google Glass，2015 年 1 月停产。用户对着谷歌眼镜的麦克风说"好了，眼镜"，一个菜单即在用户右眼上方的屏幕上出现，显示多个图标，用于拍照片、录像、使用谷歌地图或打电话。

图 2.20　谷歌眼镜

除了通话、短信、邮件、新闻等资讯，谷歌眼镜本身就是一个网络入口，用户可以通过语音输入从网络上进行查询，并在屏幕上实时显示包括导航、生活等各种信息。谷歌眼镜内置了一台微型摄像头，还配备了头戴式显示系统，可以将数据投射到用户右眼上方的小屏幕上，而电池也被植入眼镜架里。总而言之，谷歌眼镜就像是可佩戴式智能手机，让用户可以通过语音指令拍摄照片、发送信息，或实施其他功能。

智能手环如图 2.21 所示，提供智能闹钟提醒，如果把闹钟定在每天早上 8 点，它会根据睡眠记录，在 8 点前某个时间段内监测到用户处于轻度睡眠的时候振动一下，唤醒用户。在选定好的时间段内，每当监测到用户持续不动一段时间（用户自设 30min、45min 等）后就会振动以提醒用户起来活动一下。当处于运动模式时，该手环能 24h 记录佩戴者的活动情况，以里程、步数和卡路里为单位，令佩戴者明晰自己在一整天内运动了多少距离、消耗了多少卡路里，为热衷减肥和运动的用户提供了实时监测服务。切换至睡眠模式时，除了能监测睡眠质量，手环还将根据使用者睡眠深浅状态，在应该叫醒的时间段中的浅睡状态下通过振动来唤醒佩戴者。

可穿戴 Hexoskin 系统如图 2.22 所示，它可以分析用户运动时的呼吸节奏及心脏运动，然后通过智能手机将数据传递给一个联机账户，让那些需要管理团队的体育专业人士生活得更轻松。T 恤的组件是可机洗且防水的，可以穿在任何类型的运动服里面。T 恤采用了高科技、透气的意大利纺织物设计，可保持水分及调节热量。传感器被放置在远离胸口的区域，因此用户可以安全地进行运动。插在配套设备里的电缆固定在腰间的口袋里，一旦接收到身体指标数据，Hexoskin 设备就会实时通过无线数据流将信息传送到移动设备，或者一直储存数据以供用户通过 USB 数据线传送。

图 2.21　智能手环

图 2.22　可穿戴 Hexoskin 系统

2.6　智能网关

物联网、大数据、云计算等技术的发展，使得智能家居行业也是进行得如火如荼。作为整个智能家居构架中最重要的一个环节，智能网关是家庭物联网的核心访问和管理设备，是内外信息交互的核心部件，起着举足轻重的作用。

1. 家庭网关

家庭网关（图 2.23），也就是智能家居控制器，承担整个系统的数据采集、协议转换、通信转发、控制下达、存储配置功能。家庭网关是智能家居系统的核心，它能够将家中许多相对独立的灯光照明、家用电器、可视对讲、安防报警、视频监控等终端产品组合成一个统一的系统，从而方便地进行本地操作，也可通过互联网或无线网络实现远程控制。

家庭网关中的"关"的含义：一是家庭网络的关，二是有线电视的关；

三是数字电视广播的关；四是 WiFi 服务的关。路由器本身也算网关。

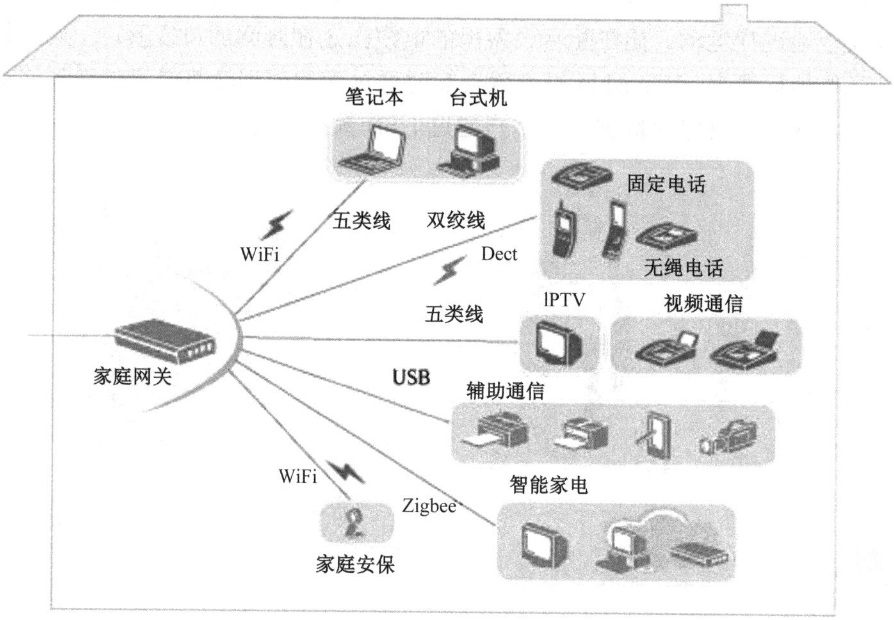

图 2.23　家庭网关

家庭网关的常见类型主要有三种。

（1）娱乐类家庭网关，通常称为"家庭娱乐中心"。作用是将家庭内的音视频终端连接起来，通过这个网关实现家庭内视听内容的互联互通，在家庭范围内实现音视频内容的播放、分享和交换。

（2）自动化监控家庭网关。它通常与"物联网"概念紧密相连，将家庭内的各种自动化家居设备（如空调、空气净化器、采暖器、自动化热水器、电饭煲、自动化门禁、自动化灯光窗帘等）连接起来，实现远程或程序化控制。

（3）数据类家庭网关，即通常所称"家庭网络路由器"。其主要作用是将家庭办公设备连接在一起，包括个人计算机、打印机、笔记本电脑、服务器等。

将上述三种网关功能融为一体的网关，即为"综合型家庭网关"。

2．智能网关的发展

国内的智能网关规模发展一开始并不是由电信运营商推动的。2005 年后，随着 xDSL 技术的普及，零售市场无线路由器开始兴起，而运营商也开始部署集成了无线路由器的家庭网关。由于技术、市场等多方面的原因，家庭网关尽管集成了一些增强功能（如外接 USB 存储、绿色上网），但并没有被运营商作为增值功能或业务运营起来（然而，法国电信的 Livebox 已经具备了智能网关的基本要素）。随着苹果公司通过智能手机操作系统成功将计算机手机化，基于智能硬件建立用户入口不断拓展增值服务的模式在互联网界日渐成熟，加上光纤入户、物联网、云技术、大数据等技术日益成熟，家庭信息化条件越来越好。

2008 年，随着智能手机、iPad 的快速兴起，以 TP-LINK 为代表的无线路由器已开始规模布局家庭 WiFi。2014 年，无线路由器从功能终端向智能终端转型，小米、极路由等为代表的互联网公司高调发布多款家庭智能路由器，强势抢占家庭入口（图 2.24）。

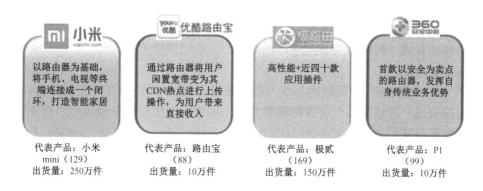

图 2.24　互联网公司家庭智能路由器

　智能路由器与传统路由器之间最大的不同在于有自己的系统，可以传输数据、安装应用、存储数据等，还具备一定的智能设备联动功能。以路由器作为智能家居切入口的想法是好的，但在运作过程中也是一波三折。开始，智能路由器在智能家居网络信号连接中心这个方面没有问题，但是在智能设备的管理和联动方面却不够火候，并不能承担起智能家居系统的管家这个重任。同时，智能路由器在设备自组网能力、抗干扰性和安全性方面也饱受质疑。但是随着互联网公司的不断更新、升级，一个公司内的智能路由器、智能外设、业务平台和手机 APP 之间的联动问题已经基本解决。

　相比之下，运营商因为掌控 CPE，所以希望把这些功能做在一个盒子里，要通过智能网关对家中的智能设备进行集中的控制和管理，承担智能家居系统管家的责任。

2014 年 7 月，中国电信推出了"悦 me"，与电视机厂家、芯片厂家、终端厂家、渠道商和应用提供商等共同发起成立智慧家庭产业联盟。中国电信"悦 me"产品聚合了教育、医疗、社区、购物和影音娱乐等 7 大领域。中国电信计划从三方面发力：一是高起点推动带宽升级和下一代互联网发展，保证智慧家庭关键业务具有高质量、高性能、高安全性的承载网络；二是大力开发各类融合型应用，服务民生、服务政府、服务企业；三是全力保障网络信息安全，将绿色、环保的信息和应用传输至广大用户。2016 年开始规模化推广。

2015 年，中国移动启动了"和路由"家庭网关集采工作，采购规模为 10000 台"和路由"家庭网关。和路由是由中国移动物联网公司开发，专为打造家庭物联网而生，以智能路由器+家庭控制中心，与移动宽带、魔百盒等中国移动"和家庭"业务紧密协同，灵活接入各种 WiFi 外设，实现视频安防、环境监测、家电控制、健康关怀等智能家居功能及体验。2016 年上半年，中国移动完成了智能网关系列规范的制定，下半年规模集采，为之后的增值业务提供保障。

2015 年年初，中国联通与华为联合签署了《智能网关合作开发框架协议》。中国联通"智慧沃家"业务将利用 FTTH 高速网络和智能平台给用户提供全方位智能家居服务、家庭安防、家电控制、健康监测、家居娱乐等业务。2015 年年底，Sigma Designs 宣布与中国联通开展合作项目，计划通过广州思威信息科技有限公司（Zeewave）的智慧家居网关为中国联通用户提供智能家居自动化解决方案。另外，中国联通还与共进股份成立了合资公司，在智慧家庭、智能宽带终端、宽带运营、市场拓展等领域建立战略合作关系。

2016 年 7 月，华为在网络高端展期间，针对星级酒店和公寓写字楼场景推出了融合型智能网关（图 2.25），将网关、4K 视频机顶盒和无线路由器合为一体。在酒店、公寓部署场景下，为了满足用户高速上网，以及移动终端接入和视频点播的业务诉求，经常会要求部署多个接入终端盒子，由此会带来布线困难、故障点多的问题。而融合网关的推出，实现了三个设备融合为一，实现了宽带业务、室内 WiFi 网络覆盖和

图 2.25　华为融合型智能网关

视频点播业务的统一部署和管理，保证用户获得极致业务体验，构筑起"面向体验"的差异化竞争优势。

3. 智能网关的概念

和智能手机一样，"智能"本身是很难精确定义的，最后的定义往往是用户认可的事实标准。对于智能网关，整个行业还没有一个精准的定义，有关智能网关的功能与作用，很多人都会给出不同的回答，甚至有的人会以智能路由统称智能网关。

调查研究表明，有 82.55%的网友希望智能路由可以实现手机端 APP 管控，76.59%的网友认为应实现局域网与远程的安全管理，71.13%的网友期望可通过无线来控制智能家居，还有 64.02%的网友希望能够实现无线影音的播放分享，更有 62.12%的网友期望智能路由拥有傻瓜式的简易应用。到目前为止，网友期望的功能已经基本实现，而且正在不断优化。

对比智能手机而言，智能网关应该具备良好的交互界面、开放丰富的应用（能支持第三方提供丰富多样的智慧家庭应用，在网关中，一般把第三方应用称为插件）、用户 DIY 特性（下载插件重新自定义网关功能）。由于传统家庭网关的用户交互界面是笨拙的，业界一般都通过将网关与一个云管理平台连接起来，然后用智能手机 APP 对智能网关实施交互，如图 2.26 所示。

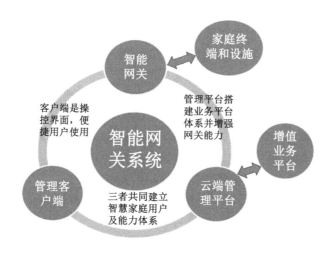

图 2.26　智能网关交互界面

从已有的智能网关（含智能路由器）的产品和用户期望而言，智能网关一般具有如下特征。

（1）以传统家庭网关为基础。通过调制解调器 Modem 支持广域网 WAN 接入，对运营商而言，除了提供互联网接入，还能提供专网接入（如 IPTV 专网、VoIP 专网、远程管理专网等；支持无线路由功能，方便家庭终端或设施接入家庭局域网和广域网；对运营商提供的家庭网关而言，还支持远程管理能力，以保证安装和售后维护。

（2）有操控界面，云端智能增强。在智能手机上提供管理客户端，使得用户能充分利用智能手机红利提升管理的便捷性；管理方式可以在局域网和智能网关直接交互，但更重要的方式是经由云管理平台随时随地进行交互；管理平台不仅本身可以增强网关能力（如提供插件商店让用户定制自己需要的网关），而且可以实施用户和合作伙伴管理，经由网关插件调动更多合作伙伴的增值业务或能力平台，最终实现家庭服务的强大、便捷。

（3）外网可管理、主动告警。云管理平台的另一个重要功能是保证网关伺服功能的互联网可达，这样，用户不仅可以随时随地进行主动操控，而且也可以通过平台获得紧急事件（如安全相关事件）的消息推送。

（4）智能感知。智能网关本来就是家庭流量的调度中枢，通过数据感知能力的增强，结合智能手机和其他家庭传感设备的感知能力，将与大数据平台协同构筑智慧家庭的感知（采集）中心，服务于智能化管道、智能化运维和智能化业务应用。

（5）用户可定制。智能需要扩展第三方插件，就需要提供智能网关操作系统和插件商店，用户则可以通过下载安装第三方插件把自己的网关变成自己定制的网关（如存储网关、智能家居网关等）。

（6）可扩展和终端协同。由于家庭用户的需求千差万别，智慧家庭应用需要各种各样的终端参与，所以智能网关还需要具备硬件可扩展和终端协同的能力，硬件扩展一般通过硬件总线（USB/SATA 等）、局域网络（WLAN）来实现，而终端协同一般通过软件（可以是插件）来实现。

（7）承载或协助实现智慧家庭服务，主要包括：

①满足用户智慧生活需求的服务，娱乐、智能家居、安防、网络安全、健康、教育、家庭交易、家庭沟通等。

②运营支撑服务，家庭网络运维、家庭 IT 系统咨询或实施家庭设备设施的运维。

③互联网延伸或定制服务，集成互联网内容、应用等。

④局域网服务，多屏互动、私有云、局域网协同应用等。

2.7　智能家居

　　智能家居的概念衍生出来之后，智能家居的发展受到了行业内外的极大关注。最近几年特别流行智能家居产品，如能够用手机操控的空气净化器、空调、冰箱、抽油烟机、扫地机器人、报警器……毋庸置疑，随着智能技术的快速发展，智能家居极具行业前景，发展潜力无穷。

2.7.1　智能家居的概念

　　智能家居概念经历了多次变化，行业内部也没有给出非常明确的定义。专业的说法：智能家居是以住宅为平台，利用综合布线技术、网络通信技术、安全防范技术、自动控制技术、音视频技术，集成家居生活有关的设施，构建高效的住宅设施与家庭日程事务的管理系统，用于提升家居安全性、便利性、舒适性、艺术性，并实现环保节能的居住环境。通俗的说法：智能家居就是那些能够帮助家庭通过手机、平板电脑、笔记本、PC 或房子里其他自动系统更高效远程监管家中的生活电器、家人健康、住宅安全、多媒体娱乐等各方面的产品或工具，包括智能家电、智能影院、智能安防设备、智能联网设备等。

　　也就是说，首先，它们都要在家居中建立一个通信网络，为家庭信息提供必要的通路，在家庭网络的操作系统的控制下，通过相应的硬件和执行机构，实现对所有家庭网络上的家电和设备的控制和监测。其次，它们都要通过一定的媒介平台，构成与外界的通信通道，以实现与家庭以外的世界沟通信息，满足远程控制/监测和交换信息的需求。最后，它们的最终目的都是满足人们对安全、舒适、方便和符合绿色环境保护的需求。

　　智能家居又称智能住宅，近似的有智慧家庭（Smart Home）、家庭自动化（Home Automation）、电子家庭（Electronic Home、E-home）、数字家园（Digital Family）、家庭网络（Home Net/Networks for Home）、网络家居（Network Home）、智能家庭/建筑（Intelligent Home/Building）。尽管名称五花八门，它们之间既出现交叉、重合的应用，也有所区别，但它们的含义和所要完成的功能大体相同。

值得注意的是几个词语的区别，Intelligent 是智能的意思，Smart 是智慧的意思，这两个词有着本质的区别。智能重点对应的是结构化数据，如传感器采集数据、计算机可识别处理，智慧重点对应的是非结构化数据，如声音、图像等。

在严格意义上，Intelligent Home 翻译为智能家居，Smart Home 翻译为智慧家居。不过目前大家常说的智能家居，对应的英文是 Smart Home。另外由于 Smart Home 也翻译为智慧家庭，这就造成智能家居和智慧家庭经常混为一谈，严格来说，两者是有区别的。

智能家居强调的是连接与控制，把一些硬件单品联动控制起来，是智慧家庭里面的一个基础组成部分。

智慧家庭是一套跨界的、依据用户服务需求创新定义的服务产品整合系统，跨界领域包括智能家电、智慧娱乐、智能家居、智慧安防、智慧医疗、智能能源、智慧健康等部分，创新的服务需求包括智慧空气、智慧水管理、智慧食品加工与配送、情绪灯光与音乐、住家美容、智慧教育与儿童成长等老百姓直接感知的创新性产品。

2.7.2 智能家居组成

基于家庭网关的智能家居主要由家庭网关、通信网络、接入终端和用户终端四部分组成。

接入终端包括接入终端探测器、家电设备、视频监控等设备，其中探测器包括门磁、玻璃破碎、紧急按钮、被动红外、烟感燃气、温湿度等探测器等，家电设备包括灯光、窗帘、电饭煲、洗衣机、热水器、冰箱等家，视频监控设备包括 IPC、硬盘录像机等。

用户终端包括对讲室内机、智能手机终端、PC 等。智能手机上安装一个与控制器配套的应用程序，当住户出门时，通过手机将情景模式切换到离家模式；当住户回家时，通过手机将情景模式切换到在家模式；当住户睡觉时，通过手机将情景模式切换到就寝模式；当住户出差时，也可以通过手机查看家里的情况，非常方便快捷。

家庭网关，也就是智能家居控制器，承担整个系统的数据采集、协议转换、通信转发、控制下达、存储配置功能。家庭网关是智能家居系统的核心，它能够将家中许多相对独立的灯光照明、家用电器、可视对讲、安防报警、视频监控等终端产品组合成一个统一的系统，从而方便地进行本地操作，也可通过互联网或无线网络实现远程控制。通俗来讲，智能家居和家庭网关的关系就好比人与心脏。智能家居通过家庭网关实现系统信息的采集、信息输入、信息输出、集中控制、远程控制、联动控制等功能。有了家庭网关，与家中设备，以及智能终端设备互联、互通，在看电视、控制空调或是打开窗帘，抑或是不在家通过摄像头监控时，都可以进行远程控制，家庭网关似乎在家庭智能化上扮演着连接和控制的中心角色，极为重要，被认为是智能家居混战中的焦点，从而成为电信运营商、互联网企业，以及一些核心家电厂商展开市场角逐的重点。

2.7.3 智能家居的控制功能

智能家居系统有以下控制功能。

1. 遥控控制功能

可以使用遥控器控制家中灯光、热水器、电动窗帘、饮水机、空调等设备的开启和关闭；可以在一楼（或客厅）来查询二楼（或卧室）灯光电器的开启或关闭状态；还可以控制电视、DVD、音响等红外电器设备。

2. 定时控制功能

可以提前设定某些产品的自动开启或关闭时间，例如，电动窗帘每天早晨 08:30 自动开启，18:30 自动关闭。其他电器和灯光的自动开启关闭也是如此。

3. 集中控制功能

可以在进入家门或是离开家门时，在玄关处同时打开客厅、餐厅和厨房的灯光，以及厨宝等家用电器；可以在夜晚卧室控制客厅和卫生间的灯光电器，还可以查询它们的工作状态，既方便又安全。

4. 远程控制功能

可以在户外利用手机、固定电话来控制家中的空调、热水器和灯光，使之提前制冷、制热或进行灯光的开启和关闭。

5. 场景功能

可以依据自己的喜好设置不同的场景模式，如会客场景、就餐场景、休息场景等。

6. 网络总控功能

不管在什么时间，什么地点，只要上网就可以轻松地控制家里的灯具、电器、电动窗帘等。

7. 密码指纹锁功能

再也不用担心因为没有带钥匙而进不去家门，只要用密码、指纹就可以打开房门；亲戚和朋友来访也可以用电话打开房门；如果主人很忙而无法起身给家人朋友开门，用遥控器也可以打开房门及电动天棚、电动窗帘。

2.7.4 智能家居领域参与者

1. 智能家居领域参与者类别

近年来，随着智能家居的火热，不少企业开始布局智能家居，根据中国信息通信研究院《2016 中国智能家居行业调研分析报告》，智能家居领域的主要参与者可分为五大类：

（1）房地产、物业、酒店、房屋租赁商。这一群体是房屋智能化改造的重要推动者。以万科地产、万达集团、华润置地等为代表的企业正在积极与智能硬件企业、系统集成商、O2O 企业合作，推动智能家居的服务落地。

（2）传统硬件企业。包括家电厂商、安防控制设备厂商等，是智能家居行业的早期参与者，正在智能化转型。该群体以美的、三星、海尔、LG、海康威视等为代表。

（3）平台服务型互联网企业。以阿里巴巴、京东、腾讯、百度等为代表的企业凭借雄厚的技术实力和云服务能力为硬件企业提供交易平台、产业链整合平台、云平台、开放能力、大数据服务等支持。

（4）创新创业型企业。这类群体以中小型创业企业为主，提供单品智能硬件或者提供家居后市场 O2O 服务，占据智能家居市场的长尾部分。

（5）消费电子型互联网企业。这类企业以生产智能手机、智能家电、智能可穿戴设备等智能硬件产品切入智能家居市场，小米是多屏多终端企业的代表，LeEco 则是内容服务到终端的代表企业。

其中，酒店、房屋租赁作为家居智能化的先锋，为提升自身管理水平，向用户提供更加方便可控的服务，正在加快智能家居的改造进程。值得注意的是，在智能化改造中，仍存在一些问题，包括对智能化、智能酒店定义不清，所具备功能也没有明确规划；改造前，无可依据的智能化改造功能等级指导文件或政策以供参考，无法出具智能化改造星级评定；完成改造后，无可参考的国家级检验检测标准，现阶段通常由甲方自行验收，且仅作功能验收，无法验证系统的稳定性、兼容性、联动性等；此外，智能化系统、智能化设备本身的安全性，用户信息的安全性均堪忧。

2. 智能家居市场布局概况

国际巨头谷歌、苹果、亚马逊等公司正在加大智能家居的入口平台布局。亚马逊已推出智能语音助理音箱 Echo，Echo 所搭载的 Alexa 智能语音控制软件，在智能家居场景中有着丰富的应用场景与交互模式。而苹果在 iOS10 中增加了 Homekit 平台，正在努力提高 Siri 的会话能力，以期在智能家居生活中发挥更大的作用。谷歌也推出了新款声控智能音箱 GoogleHome，它是一个智能中枢，集成了 Google 智能助手的功能，也可以与智能家居配件协同工作。巨头对智能家居的重视程度在提升。

国内，海尔、小米、华为等厂家已经在智能家居板块抢占先机，开始进一步布局，相继推出的产品都开始往智能、健康、节能等方向靠拢。

1）谷歌

2010 年 5 月，"iPod 之父"托尼·法代尔成立智能家居公司 Nest Labs，随后一年，公司推出了首款产品 Nest 恒温器开创了自己的智能家居事业。这款产品具有数字感知能力，带有出色的用户界面和大量的传感器，支持 WiFi 网络连接，能够了解用户的使用习惯。

2013 年年末，Nest 推出了一款名为 Protect 的烟雾/一氧化碳探测报警器。该产品可连接 Nest 恒温器，是该公司打造智能家居产品系列的一部分。

2013 年 9 月，Nest 宣布将在 2014 年年初开放 Nest API 接口，开发者可以创建软硬件服务并与温控器连接，通过 Nest 的传感器、控制芯片和算法来实现全局控制。

2014 年 1 月 14 日，谷歌宣布收购智能家居公司 Nest Labs。双方就收购达成协议，谷歌以 32 亿美元现金收购后者全部资产。

2014 年 6 月，谷歌以 5.55 亿美元的价格收购监控摄像头公司 Dropcam，以此提升谷歌在提供联网家居设备的能力。

之后，谷歌又收购了 Revolo 智能家居公司，同时发布了其物联网操作系统 Brillo。随着智能家居的不断普及，家庭中的一切设备都需要连接网络，这对稳固的 WiFi 信号提出了要求，于是谷歌也推出了 OnHub 高端路由器，为实现智能家居提供保障。

2016 年，谷歌推出 Google Home 产品争夺智能家居控制中心，结合其强大的搜索引擎、语音识别、机器学习及人工智能，使得 Google Home 成为家庭好助手，也可以成为智能家居控制中枢，连接电视、音响、插座、灯光、空调等家庭设备，通过 Google Home 对整个家居环境实现语音控制，且语音功能非常强大，可以直接与其进行双向对话。

2) 亚马逊

2014 年，亚马逊发布了一款具有语音识别的 Echo 智能音响产品。它是一款结合智能人工助理 Alexa 的音箱，具有高效的收音工程，可以让用户轻易以自然语音操作，连接到 Amazon 的各大平台与合作伙伴。Echo 刚刚诞生的时候并未能对接智能家居产品，半年后，Echo 开始语音可控智能家居产品，又过了几个月，Echo 使用的 Alexa 语音免费对开发者开放，从此 Echo 在智能家居领域便一发不可收拾。

2016 年 4 月初，Echo 开放傻瓜式软件包，对于 API 的开放大幅度提升，让开发者不再依靠 IFTTT 对接 Echo。

3) 飞利浦

作为一家积极投身智慧灯具市场的传统厂商，2013 年，飞利浦打造出智慧照明系统产品 Hue。飞利浦 Hue 从外观上看起来和普通的灯泡一样，不同的是它可以通过桥接器连接到家里的无线网络，让人们通过手机或平板电脑即可对家里的灯光随心所欲地进行设置和操控，从而用灯光效果创造出符合个人风格的家居照明环境。

飞利浦 Hue 在中国首先推出的是初始套装，其包括 3 个 LED 灯泡及 1 个桥接器；1 个桥接器可以同时支持 50 个灯泡。而且 Hue 使用的 LED 灯泡要比传统白炽灯灯泡节能。而在控制方面，飞利浦提供了 iOS、Android 两大平台的应用供不同的用户进行选择。

2016 年 3 月，飞利浦发布了飞利浦 Hue White Ambiance 氛围灯、配备 DimTone 技术的 LED 灯等全新产品。

2016 年 8 月初，飞利浦推出了全新的智能可穿戴运动健康产品，包括健康手表（HealthWatch 249.99 美元）、智能体重秤（99.99 美元）、血压检测仪（99.99 美元）和耳部温度计（59.99 美元）。这几款产品都达到了医疗级别水平，在配合 HealthSuite 使用时，界面上会记录卡路里值、步数、心跳、体重及运动时长。

4）松下

2016 年 3 月，松下对外发布 2016 年战略发布会，宣布开发出 FutureHome 系统，致力于打造现代生活空间，主要利用智能解决方案和技术打造未来起居室和厨房。FutureHome 的目标是将消费者的生活与无与伦比的技术无缝结合起来。通过松下的定制及集成技术解决方案帮助人们打造更好的家居、更好的生活和更美好的世界。

此外，松下还发布了其智能家居创新技术"Ora"，可通过一个平台将照明、供暖、摄像头、运动传感器和各种智能电器集成，实现对个性化家居体验的管理。与 Xcel 能源公司在 Ora 技术和智能家居领域建立合作，实现对家中各种用电设备的管理。通过对客户用电习惯、偏好和生活方式的综合分析，帮助客户节能，并做出更加合理的用电决策。

松下还将扩充家居监控系统系列模块，并将与 Honeywell 公司合作，将控温器乃至其他家用能源系统纳入其中。

5）苹果

2014 年，苹果公司发布 HomeKit 智能家居平台，可以将用户家中的智能家电整合在一起，通过 iPhone、iPad 等苹果设备统一控制家中的各种智能家居产品。

2016 年，苹果公司透过四大系统部署生态战略，并加速 HomeKit 平台的推进，发布基于 HomeKit 的应用程序 Home，各大家居配件厂商都宣布了对 HomeKit 的支持，直接集成在一个名为 Home 的应用中，用户可以使用 Home 应用直接控制家中的灯光、窗帘、门等设备。并融合 Siri 话音助手，透过语音控制家中的所有智能家电，即使不在家，依然可以通过 Apple TV 作为智能家居中枢，用 Home 应用控制家居产品。

6）海尔

海尔透过旗下 U+智慧生活开放平台切入至智能家居领域，以人工智能作为技术支撑，以语音语义理解、图像识别、衣物识别、人脸识别为入口，利用海尔 U+智慧生活大脑的深度学习技术，以及海尔长久以来对用户的深入研究形成的知识库内容，深度洞察每个人的实际需求。

2014 年 3 月 17 日，海尔在上海举办了智慧生活体验分享会。会上，U+智慧生活战略正式启动。

2014 年 7 月 25 日，U+开发者大会吸引了 Qualcomm、GE、百度、华为、Realtek 等来自全球各地的 300 余家领军企业出席；会上，U+正式宣布 7 月底将在国内进行 U+智慧生活平台的产品公测。

2015 年 3 月 10 日，海尔推出了首个以人机智能交互为亮点的智慧生活入口——海尔优家 APP，为消费者带来一把开启智慧生活的金钥匙。

海尔的 U+智慧生活操作系统，打破了智能家居不同品牌界限，通过开放接口，任何品牌的家电都可以接入服务，而且用时最短，用户只需要 12s 就能实现与所有品牌、不同品类的智能家居互联互通，用时仅为行业平均水平的 40%。

海尔通过"一云 N 端"的产业架构，以 U+智慧生活操作系统为核心，通过白电产品智能化进行智慧生活多层次布局。

2016 年 11 月 24 日，海尔宣布全球首个智慧家庭系统 UHomeOS 正式发布，这是海尔在物联网时代专门为智慧家庭定制的生态操作系统。

7）小米

小米智能家居之路最早可以追溯到 2013 年，当年小米推出小米智能家居控制中心业务，可以在小米手机上装上 APK 控制软件，结合家中的智能家居硬件设备远程控制家中的灯光、窗帘、家电和安防设备等。之后小米陆续推出了多款智能硬件产品，包括手环、小米盒子、电视、路由器、摄像机、体重秤、空气净化器、电饭煲、电水壶、电风扇等产品。

小米已经投资了 55 家生态链新公司，相当于每 15 天就有一家新公司加入小米生态链，其中有 29 家公司从零开始孵化，有 20 家公司已经发布了产品，还有 7 家公司的年收入已经超过亿元，2 家公司年收入突破 10 亿元。小米官网显示，生态链产品的销售额在 2015 年增长了 2.2 倍。按照业界对独角兽企业普遍的评判标准估值要超过 10 亿美元，以此计算，小米生态链有四五家公司会成为独角兽企业。以此来看，小米在智能家居的野心远不只功能各异、形态各异的智能硬件，而是整个智能家居生态链。

8）美的

美的研发 M-Smart 智慧家居战略，以传感、大数据、智能控制技术为手段，横向整合资源，以实现全品类白色家电产品互联联通；通过打造"空气智慧管家""营养智慧管家""水健康智慧管家""能源安防智慧管家"等智能服务板块，加速布局物联网家居市场。

2014 年，美的正式对外发布 M-Smart 战略，实现全品类智能化覆盖。

2015 年完成智慧家居体系的搭建；2 年后，美的正式发布 M-Smart 智慧生态计划，宣布智慧生活运营服务平台开放落地，提供智慧生活整体解决方案；2017 年，美的智慧生活服务全面上线运营。

9）创维

2015 年 3 月 11 日，创维宣布其智慧家庭战略正式落地。创维智慧家庭是以创维和酷开智能电视系统为依托的智能家居软件平台，兼容各种主要物联网（智能家居）通信协议，除了支持创维自有产业链智能家电产品以外，还支持包括众多智能设备厂商的多元化智能产品。

创维坚信，电视这块智慧屏幕将成为未来智慧家庭的服务入口和内容引擎，承载着无可估量的价值。创维相信，通过智慧屏幕能将各项生活服务送达亿万家庭，让全球共享物联网给生活带来的美妙、便捷和自由。

除了智能电视之外，创维还有众多智能家居产品，其中包含智能路由器、智能插座和智能眼镜等。

10）格力

格力在智能家居上动手比较晚，2015 年推出智能环保家居系统，2016 年推出智能环保家居系统 2.0。

所谓"智能环保家居系统"，即以住宅为平台，利用光伏多联机技术、网络通信技术、安全防范技术、自动控制技术、音视频技术集成家居生活有关的设备，构成高效、节能、环保的能源管理系统和快捷、便利的家庭日程事务管理系统，提升家居的安全性、便利性、舒适性、艺术性，并实现环保节能的居住环境。其核心优势在于智能环保家居系统利用光伏多联机技术，通过光伏系统实现发用电一体，可将多发的电并入市网。与此同时，光伏多联机技术自带能源管理系统，家庭发用电情况"一览无余"，并定期从格力数据库中推送最佳省电方案以供用户参考。光伏是绿色清洁能源，将其运用于家电领域可有效改变家庭用电的能源结构，既节能、环保，又可轻松实现智能控制，为用户带来便捷、舒适的智能生活。

智能环保家居系统的产品包括格力家用空调、家用中央空调、手机、空气能热水器，以及大松电饭煲、电磁炉、电风扇、电暖器、电热炉、净水机、空气净化器、除湿机、加湿器等，还包括晶弘冰箱、酒柜等品类。

11）中兴

2016 年 9 月 22 日，中兴通讯在北京召开"极智生活慧聚未来"智能家居战略发布会，正式发布基于"单品、开放、整合"的智能家居整体战略，致力于成为智能家居方案集成商，领先服务提供者，并推出了两款单品——智能门锁和物联网路由器。这是中兴通讯自 2014 年做智能摄像机单品，涉足智能家居领域以来，首次明确提出智能家居战略，是目前极少数基于真实产品与解决方案上的产业链整合之一。

2016 年 10 月，中兴通讯与阿里智能正式签署战略合作协议，双方将在物联网领域进行"联姻"，从智能路由器切入，依托中兴通讯强大的产品和供应链优势，以及阿里巴巴的大数据、流量资源，共同打造优秀单品，并携手开拓消费市场和运营商市场。双方将以智能路由器为开端，后续逐步拓展到智能家居领域全方位、多层次的合作，共同构建智能家居生态圈。

12）华为

2015 年 5 月，华为发布了面向物联网的操作系统 LiteOS，该系统主要用于智能家居、穿戴式、车联网、智能抄表、工业互联网等 IoT 领域的智能硬件，而且 LiteOS 开源社区还提供芯片、模块和开源硬件板。LiteOS 是目前世界上最轻量级的物联网操作系统，系统体积（最小内核 10K）低至 KB 级。同时，HUAWEI LiteOS 系统支持 RTOS 模式，功能模块可灵活裁剪、伸缩，满足了多种应用开发的需要。另外，它还具备低功耗（1 节 5 号电池最多可以工作 5 年）、快速启动（通过分散加载技术，模块分层加载，缩短系统开机时间）、互联互通（支持短距和 LTE、NB-IoT 等多种互联技术）、多场景覆盖（覆盖家庭互联、穿戴互联、工业互联等多种诉求）等优点。

2015 年 9 月，华为启动了面对运营商市场的 OpenLife 智慧家庭商业计划，基于网络基础设施内部提供的 SDN 服务实现智能带宽调节，对有带宽需求的智能硬件提供了具体的技术解决方案。

2015 年 12 月 12 日，华为正式宣布智能家居战略，推出 HiLink 计划，实现不同品类或品牌厂商的智能设备统一连接管理，以及不同设备间的联动。

当前智能家居的痛点，就是产品之间不能进行联动。各品牌厂家之间，即使内部纵向所有产品之间可以连通，横向与其他品牌产品之间也有隔阂。华为将 HiLink 定义为 "Hi，Let's Link"，主要针对智能家居市场目前三大问题，即封闭的生态、破碎的场景、复杂的操作，希望通过统一标准的 HiLink 协议实现互联互通的目标，真正让智能家居智能起来。对消费者来说，在支持 HUAWEI HiLink 的终端之间，可以实现自动发现、一键连接，无须烦琐的配置和输入密码。在 HUAWEI HiLink 智能终端网络中，配置修改可以在终端间自动同步，实现智能配置学习，不用手动修改，省时省力。在支持 HUAWEI HiLink 开放协议的终端，可以通过智能网关、智能家居云，通过 APP 对设备进行远程控制。对于行业来说，HUAWEI HiLink 意在打造一个更加开放、互联的智能家居平台。华为通过提供开放的 SDK，并建设开发者社区为开发者提供全方位的指导。目前，HiLink 已经兼容 ZigBee、WiFi 和蓝牙等多个通信协议，并支持云端安全、账号安全、传输安全及入网安全等安全机制。另外，华为已经与海尔、BroadLink 等智能家居企业合作，2016 年 4 月，智能照明品牌欧普也在智能家居照明平台上深入集成华为 HiLink 协议。

2016 年 8 月 31 日，华为宣布 HiLink 智慧家庭生态成立。同时，华为 HiLink 智慧家庭解决方案、华为智慧家庭 App，以及众多生态伙伴的智能产品也正式亮相。

2.7.5　智能家居的发展

智能家居在 20 世纪 90 年代就已经进入大陆，然而真正被人们所认知是在 2012 年年初。物联网的概念普及以及智慧城市、智慧社区理念的推广，使之走进寻常百姓家。但真正形成 "井喷" 之势是在 2015 年年初，无论是 IT 精英、家电大佬还是创业者，都在精心 "布局"。

据市场研究公司 Statista 的数据显示，2015 年中国智能家居市场规模达 403.4 亿元人民币，同比增长 41%；预计到 2018 年，这个数字将达 1300 亿元。这无疑将是一个巨大的数字，也注定将引起中国智能家居行业的一股新热潮。

传感器间的联动、环境感知、场景联动将成为未来智能家居向用户提供智能化服务的重要技术基础，MEMS 传感器技术作为智能家居领域产品的关键技术，将提供高性能、低成本的技术解决方案，加速智能家居领域产品的快速发展。

无线通信技术方面，NB-IOT（基于蜂窝的窄带物联网）支撑低功耗设备在广域网的蜂窝数据连接，具有覆盖面广、连接多、速率低、功耗少、架构优等特点；将生物识别与 NFC 相互融合，可应用在智能家居的多种场景并进行联动；此外还有蓝牙、WiFi、ZigBee 等。

混合虚拟现实（MR）上，可将 MR 技术应用在家庭娱乐、装修、看房等场景中。以家庭娱乐为例，MR 技术和智能家居主要结合为用户提供智能电视不能提供的高质量的三维立体视频体验及立体交互式游戏体验。

云计算大数据方面，智能家居由原来的"设备端+移动终端"模式向"设备端+云端+移动终端"转变，云计算、大数据技术成为智能家居向用户提供智能化服务的技术基础，设备安全、数据安全的重要性更加突出。

人工智能方面，智能家居领域目前已走过了两个主要阶段，将进入第三个阶段，第三阶段重在人机交互、人与设备连接、互联互通。随着生物识别技术、深度学习、神经网络等的快速发展，人工智能的重要性更加突出。

服务型机器人方面，随着人工智能技术的快速发展，机器人技术的发展迎来拐点，未来机器人产品形态将更加多样化，应用领域不断拓展，更多功能型机器人将出现。

2.8　增材制造

近几年来，增材制造在全球迅速升温，成为行业热议和焦点之一。

新的传感器，尤其是微型传感器的生产除了需要新材料的特性，还需要新的生产工艺。相对于传统的材料去除—切削加工技术，增材制造（Additive Manufacturing，AM）技术还有快速原型、快速成型、快速制造、3D 打印等多种称谓，它采用材料逐渐累加的方法，在某些制造环节更具优势。

同时，增材制造技术不需要传统的刀具、夹具和多道加工工序，它在一台设备上可快速精密地制造出任意复杂形状的零件，从而实现了零件"自由制造"，解决了许多复杂结构零件的成型问题，并大大减少了加工工序，缩短了加工周期。据美国能源部预计，增材制造方式将比现行使用机械工具裁剪材料的制造方式节省超过 50%的能源。

　　近年来，3D 打印在工业应用下游行业不断拓展，直接零部件制造的占比也逐年提高，而个人消费市场虽起步较晚，但近年来呈现快速爆发趋势。据 Wohlers Associates 统计，3D 打印技术的行业应用主要分布于消费电子、汽车、医疗、航空航天、建筑及科研等领域。利用 3D 打印技术制作的假肢如图 2.27 所示。

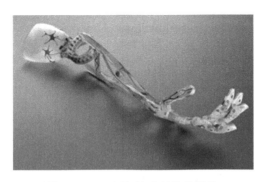

图 2.27　3D 打印技术制作的假肢

　　2017 年，据外媒报道，美国军方利用 3D 打印技术打印出了一款榴弹发射器（图 2.28），并取名为 RAMBO（Rapid Additively Manufactured Ballistics Ordnance，快速增材制造的弹道武器，以下简称"兰博"）。榴弹发射器是现代战争中最重要的火力支援武器。除了弹簧和紧固件，这款 M203A1 榴弹发射器的每个零部件都是利用激光 3D 打印技术打印而成的。

图 2.28　榴弹发射器

　　2017 年 3 月，据外媒报道，美国密歇根州一名 19 岁男孩此前打破吉尼斯世界纪录，成为世界上最高的青少年。但是，找到合适的鞋子成为这个大个子男孩面临的难题。最终，3D 打印技术帮他打印出了合脚的 28 号大鞋（图 2.29）。

在消费电子产品开发上，3D 打印技术主要应用在产品模具和工具的设计制造及微电路的封装制造两个方面。增材制造技术在样件设计制造上优势明显，省去模具制造的过程，可大幅提升研发速度，降低研发失败的成本。举例来说，一个传统的电子元件加工固定装置，传统制造技术需要 1 个月左右的加工周期，而增材制造工艺仅需 48h，开发周期大大缩短。

图 2.29　3D 打印的 28 号大鞋

而在微电路的封装上，使用增材制造技术制造的铜线电路，由于电路整体的厚度很小，因此，加工时间较短，存在规模制造的可能性。未来增材制造技术有望实现多层电路一次成型的整合制造，速度优势会更加明显。

目前，欧美发达国家纷纷制定了发展和推动增材制造技术的国家战略和规划。2012 年 3 月，美国白宫宣布了振兴美国制造的新举措，将投资 10 亿美元帮助美国制造体系的改革。其中，白宫提出实现该项计划的三大背景技术就包括增材制造，强调通过改善增材制造材料、装备及标准，实现创新设计的小批量、低成本数字化制造。2016 年 11 月 30 日，美国防部发布《增材制造路线图》，由美陆海空三军和国防后勤局全程参与，从价值链 4 个技术领域出发，针对系统、高效地提升增材制造技术/制造成熟度的活动，为国防部实施合作与协调投资提供了基础和框架。

2016 年 12 月 19 日，经李克强总理签批，国务院印发《"十三五"国家战略性新兴产业发展规划》（以下简称《规划》），对"十三五"期间中国战略性新兴产业发展做了明确部署与安排。其中，增材制造（3D 打印）作为推动制造业升级的重要技术之一，在《规划》中被多次提及强调，足以证明国家对于该技术的重视程度。

根据麦肯锡发布的一项报告预测，到 2025 年 3D 打印可能产生高达 5500 亿美元经济效益。此外，到那时候大概有 5%～10%的消费品都可以被打印出来。

2.9　4D 打印

2014 年 12 月，美国麻省科技设计公司 "NervousSystem" 耗费约合 1.85 万元人民币、历时 48h 利用 3D 打印技术制成世界上首件 4D 打印连衣裙（图 2.30）。这款裙子还可以根据穿戴者的体型情况进行自我改变。而制作该裙子的布料纤维由 2279 个三角形和 3316 个连接点相扣而成，三角形与连接点之间的拉力，可随人体形态变化，即使变胖或变瘦，4D 裙也不会不合身。

图 2.30　4D 打印连衣裙

2016 年，来自麻省理工学院（MIT）和新加坡科技与设计大学（SUTD）的研究人员开发出了一种新的 4D 打印技术，只需改变一点环境的温度，就可以让打印出来的物体在几秒之内由一种形状"自动"转变成另一种形状。

2016 年，中国第四军医大学西京医院联合西安交通大学贺健康团队，应用 4D 打印制出可降解气管外支架，为出生仅 5 个月的患儿实施复杂先天性心脏病、双侧支气管严重狭窄手术治疗，打通生命通道。这在国际上尚属首次。而该支架将在未来 2 年内逐渐降解而被人体吸收，免除了以往二次手术取出支架的痛苦。

4D 打印技术除了拥有 3D 打印的"长宽高"三维结构外，还增加了一个新的维度，就是"时间"。人们可以通过软件设定模型和时间，变形材料会在设定的时间内变形为所需的形状。这意味着，4D 打印出来的东西，不再只能以固定的形态存在，而是可以根据前期设定的时间，在一定条件下自动发生形状等方面的改变。准确地说，4D 打印是一种能够自动变形的材料（比如形状记忆合金），直接将设计内置到物料当中，不需要连接任何复杂的机电设备，就能按照产品设计自动折叠成相应的形状。

根据市场研究机构 MarketsandMarkets 最新的市场研究报告，预计到 2019 年，4D 打印市场将达到 6300 万美元，2025 年将达到 5.556 亿美元。4D 打印正处于商业化的边缘。

2.10　电池技术

随着 WiFi 和 4G 网络的普及，智能终端的网络连接问题正在得到缓解，但电池能源领域却迟迟没有迎来重大的技术革新。2005 年，功能机电池能量密度在 400Wh/L 左右，800mA·h 的电池能坚持一周；2016 年，智能机电池能量密度已达 700Wh/L 以上，3000～4000mA·h 的电池坚持一整天仍力不从心。电池问题已成为制约智能终端发展的一个重要因素。

2.10.1　无线充电

无线充电是指没有线缆连接的新一代智能充电方式，源于无线电力输送技术，又称感应充电、非接触式感应充电，是利用近场感应也就是电感耦合，由供电设备（充电器）将能量传送至用电的装置，该装置使用接收到的能量对电池充电，并同时供其本身运作之用。由于充电器与用电装置之间以电感耦合传送能量，两者之间不用电线连接，因此充电器及用电装置都可以做到无导电接点外露。

无线充电技术的工作原理是利用物理学的"共振"原理——两个振动频

率相同的物体能高效传输能量。输电线中的电能传入用铜制造的天线中；天线以 10MHz 的频率振动，产生电磁波；天线发出的能量传播到 2m 外；同样以 10MHz 的频率振动的电器接收到电流，能量充入设备中；没有转换成电能的不会被天线重新吸收，不能产生 10MHz 共振的人和其他物体不会对它产生干扰。

1. 实现方式

从具体的实现来看，无线充电又分为以下三种。

1）电磁感应式充电（第一代无线充电技术）

初级线圈接通一定频率的交流电，通过电磁感应在次级线圈中产生一定的电流，从而将能量从传输端转移到接收端。目前最为常见的充电解决方案就采用了电磁感应。市面上由手机厂商推出的无线充电大多应用电磁感应充电技术。该项技术具有结构简单、成本低、电磁辐射低、极易实现产品小型化等优点，获得了手机厂商的青睐。事实上，电磁感应解决方案在技术实现上并无太多神秘感，比亚迪公司早在 2005 年 12 月申请的非接触感应式（图 2.31）充电器专利中就使用了电磁感应技术。

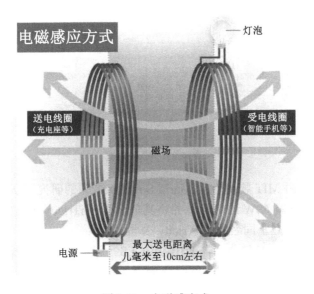

图 2.31　电磁感应式

电磁感应式充电最大的障碍是"传输距离"。通过金属线路传输电力，距离远会产生相当大的线路损耗,现在市面上的无线充电板的充电距离是 5mm,这就要求用户将手机精准地放置在充电板上,并且紧贴充电板,如果放置不正或者带有手机壳,则无法实现无线充电。电磁感应技术的技术壁垒跟使用的线圈大小有关系,若想加大充电功率,线圈就要盘得很粗,线圈体积自然就会变大,但手机对体积的要求又非常苛刻,因此不易实现。

2) 磁场共振充电(第二代无线充电技术)

这种方法由能量发送装置和能量接收装置组成,当两个装置调整到相同频率,或在一个特定的频率上共振时,就可以交换彼此的能量(图 2.32)。

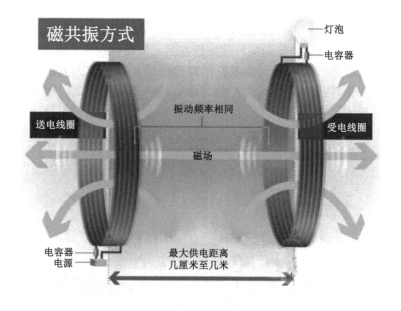

图 2.32 磁场共振

2006 年,由 MIT 物理教授 Marin Soljacic 带领的研究团队利用该技术点亮了 2m 外的一盏 60W 的灯泡,并将其取名为 WiTricity(图 2.33),之后该技术相关团队成立了同名的 WiTricity 公司。

2010 年 1 月,海尔公司在 2010 年 CES(国际消费电子展)上推出世界上首台不用电源线、信号线、网络线的"无尾电视",使用的就是 WiTricity 磁共振充电技术。2017 年 1 月,DELL 公司在美国拉斯维加斯的 CES 2017 大会上发布了首款无线充电二合一笔记本,采用的也是 WiTricity 磁共振充电技术。

图 2.33　WiTricity

国内企业微鹅科技推出的 WiPo 无线充电技术的原理就是利用高频恒定幅值交变磁场发生装置，产生 6.78MHz 的谐振磁场，将有效充电距离从磁感应无线充电技术的 5mm 提升到 5cm，一定程度上提高了无线充电的自由度。

3）无线电波式充电

这是发展较为成熟的技术，类似于早期使用的矿石收音机，主要由微波发射装置和微波接收装置组成，可以捕捉到从墙壁反射的无线电波能量，在随负载作出调整的同时保持稳定的直流电压。此种方式只需一个安装在墙身插头的发送器，以及可以安装在任何低电压产品的"蚊型"接收器。

4）其他

一家来自以色列的初创企业 Wi-Charge 研发了一种红外光充电系统，利用发射机将能量转化为红外光，借助电子设备上附带的接收机将红外光转化成电能，可供约 4.5m 范围内的设备充电。

一家名叫 uBeam 的公司发明了一种全新的无线充电模式，可以利用超声波将电力隔空输送到 15 英尺（约合 4.6m）外的地方。

美国华盛顿大学已经成功研发了利用 WiFi 网络给硬件设备充电的技术，已经在大约 10m 的 WiFi 覆盖距离内，成功给数码相机等设备充满电。

Energous 公司开发了革命性的无线充电技术 WattUp，通过一个无线 Hub 向其他微型接收器传输电力，可以实现 15 英尺内（约合 4.6m）的无线充电操作。

微软研究院制定了 Auto Charge 方案，采用了基于图像处理来监测和追踪桌上的智能手机，充电器会不断地旋转，直到它检测到一个看起来像智能手机的物体，之后将使用太阳能发电技术所产生的光束为智能手机远程充电。

2. 无线充电标准

到目前为止，主流的无线充电标准有三种：Qi 标准、AirFuel Alliance、iNPOFi 技术。

1）Qi 标准

Qi 标准是全球首个推动无线充电技术的标准化组织——无线充电联盟（WPC）推出的无线充电标准，具备便捷性和通用性两大特征。首先，不同品牌的产品，只要有 Qi 的标识，都可以使用 Qi 无线充电器充电。其次，它攻克了无线充电"通用性"的技术瓶颈，在不久的将来，手机、相机、计算机等产品都可以用 Qi 无线充电器充电，为无线充电的大规模应用提供可能。

市场比较主流的无线充电技术主要通过三种方式，即电磁感应、无线电波、共振作用，而 Qi 采用了目前最为主流的电磁感应技术。在技术应用方面，中国的一些公司已经站在了无线充电行业的最前沿。据悉，Qi 在中国的应用产品主要是手机，这是第一个阶段，以后将发展运用到不同类别或更高功率的数码产品中。

2）AirFuel Alliance

2015 年 6 月，A4WP（Alliance for Wireless Power，无线能源联盟）和 PMA（Power Matters Alliance，电力联盟）两大无线充电标准机构合并，成立 AirFuel Alliance（国际无线充电行业联盟），致力整合磁共振和磁感应技术，打造更加统一的无线充电标准。

PMA 标准是由 Duracell Powermat 公司发起的，致力为符合 IEEE 协会标准的手机和电子设备打造无线供电标准，在无线充电领域中具有领导地位。Duracell Powermat 公司推出过一款 WiCC 充电卡，其采用的就是 PMA 标准。WiCC 比 SD 卡大一圈，内部嵌入了用于电磁感应式非接触充电的线圈和电极等组件，卡片的厚度较薄，插入现有智能手机电池旁边即可利用，利用该卡片可使很多便携终端轻松支持非接触充电。

A4WP（无线能源联盟）是由高通、三星和 Powermat 公司共同发起的无线充电联盟创建，采用电磁谐振无线充电，技术目标是为包括便携式电子产品和电动汽车等在内的电子产品无线充电设备设立技术标准和行业对话机制。

随着 A4WP 和 PMA 的合并，整个行业都在加速整合，而由此带来的磁感应和磁共振充电产品的统一也确保了供电设备和用电设备之间的互操作性。

3）iNPOFi 技术

iNPOFi（Invisible Power Field，不可见的能量场）是一种新的无线充电技术，其无线充电系列产品采用智能电传输无线充电技术，具备无辐射、高电能转化效率、热效应微弱等特性。

与现有其他无线充电技术相比，iNPOFi 因采用电场脉冲模式而不产生任何辐射。泰尔实验室测试结果显示，该技术辐射增加值近乎为零。在高效方面，泰尔实验室还测定，该技术的产品充电传输效率高达 90% 以上，彻底改变了传统无线充电最高 70% 的电转换低效率问题。在智能管理方面，其采用芯片适配管理技术，其中包括自动开启、关闭充电过程；自动适配需要的电压、电流，管理充电过程，以确保较高的充电效率；可以使用一个统一的充电板，为任何品牌、型号的电子产品进行安全、便利、高效的充电。在安全性方面，该技术同时考虑到各种弱电充电中的安全性问题，如静电 ESD 保护、防过充、防冲击等，甚至当受电设备自身电源管理出现问题时，可以通过 iNPOFi 芯片自动熔断来保护电子设备不被损坏。值得一提的是，对于智能设备厂商而言，iNPOFi 以一颗极小的芯片为核心（仅有 1/4 个五角硬币大小）实现了超微化设计，可以方便地集成到任何设备中，也可以集成到各种形态的可穿戴设备中，这是传统电磁原理的产品无法达到的。

iNPOFi 技术作为新一代无线充电技术标准，具有高效、绿色、便捷、经济等特点。采用该技术的充电设备包含电源发射装置和电源接收装置两部分，发射装置大小、薄厚与普通手机相当，接收装置嵌入手机保护套中，将手机套上保护套，平放在发射装置上进行充电。充电过程中，手机不需要插上任何连接线。相关检测显示，充电过程中电磁辐射为零，电能转换效率为 94.7%，接近有线充电。充电设备支持低电压供电，兼容普通 USB 供电，也实现了低温充电，有效保障设备及电池的使用安全及寿命。

3. 发展

无线充电技术发展起步于 20 世纪 70 年代中后期，80 年代在新型材料及相关技术的推动下开始逐步发展。在经历了第一阶段技术孕育期之后，90 年代开始进入无线充电的初期稳定发展。2007 年之后，无线充电进一步加速。

目前，全球无线充电市场仍处于快速成长期，不断有企业进入并推出新的专利技术。国内无线充电技术虽然起步较晚，但在发展阶段上基本与国际同步，即快速成长期。

虽然无线充电技术近两年来发展迅猛，星巴克等知名连锁商家也开始向用户普及该技术，如图 2.34 所示。但是，充电效率低、辐射距离近及由电池辐射引发的不安全因素一直是无线充电技术无法普及的制约因素。

图 2.34　星巴克的无线充电咖啡桌

目前，消费电子和电动汽车成为无线充电的主流应用市场。从消费电子领域看，由于消费电子产品屏幕增大、功能丰富的同时也面临耗电快、续航能力差，但锂电池却无法持续扩容，这就为无线充电发展提供了良好的机遇。目前，三星、苹果、索尼等都纷纷推出应用无线充电技术的旗舰产品；而在新能源汽车政策红利持续释放的背景下，电动汽车保有量持续增加，仅靠充电桩无法满足电动汽车充电需求，特斯拉、中兴新能源汽车等汽车企业也加快了无线充电市场的研发和布局。

2.10.2　快速充电

根据充电效率的物理公式：

$$能量\ W（电池容量）=电压\ U×电流\ I×时间\ T$$

可以看出，在电池容量一定的情况下，要想提升充电速度，可以通过下三种方式减少充电时间 T。

（1）在电压 U 不变的情况下提升电流 I。

（2）在电流 I 不变的情况下提升电压 U。

（3）同时提升电压 U、电流 I。

在以上三种方案前提下，经厂商的技术演变之后，电池快速充电技术可以分为高压快充和低压快充两种大类别。其中，OPPO VOOC 闪充、HUAWEI SuperCharge 采用的是低压快充（高电流）；芯片商高通 Quick Charge、联发科 Pump Express、三星 Fast Charging 采用的是高压快充方案。还有一个 PD 充电规范，使用的是电压、电流都提高的方案。但也属于高压快充，它的最大电流限定为 5A。

高压快充（包括 Quick Charge、Pump Express、USB 3.1 PD）的转换则是从 220V 到 20V/12V/9V 再到 4.2V/4.4V，也就是说这种方案会让充电端拥有更高的电压输入到手机降压电路。然后手机降压电路会承受更大的压力进行降压转换，当然这样的转换过程损耗也更多，直接表现为手机充电时机身发热更明显。目前，高压快充的转换率仅为 89%，大量的电能被转化成了热能，单纯的高压快充，超过 50W 将会导致难以承受的发热量。不过在 2017 年移动通信大会上，魅族推出的第三代 Super mCharge 采用了电荷泵技术，这种技术简单来说就是为电压"开多一条路"，使用两组电路的设计，直接输出 1/2 电压，使得转换率高达 98%，突破了高压快充的瓶颈，也解决了高发热的问题。

低压快充则是从 220V 直接降至 4.2V/4.4V。手机充电过程中的所有降压环节，都放在了搭载智能 MCU 芯片的充电器里完成，它可以直接将 220V 电流转换成可以直接为锂电池进行充电的 4.2V/4.4V 电流。即充电时不调用手机内的降压电路，所以充电时温升控制良好，不会明显发热。

2.11　柔性电子

近年来，柔性电子这一新兴学科逐渐引起了国内科技界与工业界的广泛关注。越来越多的科研团队开始投入这一新兴领域的研发，其中可穿戴电子产品和柔性显示屏产业的兴起更是加速推动了柔性电子的蓬勃发展。

柔性电子（Flexible Electronics）又称为塑料电子（Plastic Electronics）、印刷电子（PrintedElectronics）、有机电子（Organic Electronics）、聚合体电子（Polymer Electronics）等，是将有机/无机材料电子器件制作在柔性/可延性塑料或薄金属基板上的新兴电子技术。

柔性电子技术是一门新兴的科学技术，由于其独特的柔性和延展性，以及高效、低成本制造工艺，在信息、能源、医疗、国防等领域具有广泛的应用前景，如柔性电子显示器（图 2.35）、有机发光二极管 OLED、印刷 RFID、薄膜太阳能电池板、电子报纸、电子皮肤（Skin Patches）/人工肌肉等。

图 2.35　柔性电子显示器

2.12　显示技术

对于电视、计算机、手机等显示设备而言，屏幕是最重要的元器件，直接影响设备性能、显示画面的质量等。不同面板的屏幕，无论是价格还是画面表现，都有着极大的不同。

1. 当前主流显示技术

按屏幕的材质，目前主流的屏幕可分为两大类：一类是 LCD（Liquid Crystal Display，液晶显示器）；另一类是 OLED（Organic Light-Emitting Diode，有机发光二极管）。

1）液晶显示器

LCD 是介于固态与液态之间的物质，由于自身不能发光，需要借助例如 LED 等额外的光源才行。目前市面上比较常见的 TFT、IPS、SLCD 等都是基于 LCD 屏幕的显示技术。其中，TFT-LCD 自 20 世纪 80 年代开始应用于消费电子及资讯产品，之后经历产品成长期，目前处于成熟期阶段。

2）有机发光二极管

OLED 由美籍华裔教授邓青云（Ching W. Tang）于 1979 年在实验室中发现。当年的某个晚上，他在回家的路上忽然想起有东西遗忘在实验室，返回实验室后又发现在黑暗中一个实验用的有机蓄电池发光。由此，邓青云展开了对 OLED 的研究。

作为显示屏的下一个爆点，OLED 技术最受推崇的就是自发光及形态自由的特点，从曲面屏、可穿戴设备再到电子纸等，在下一代显示技术中柔性技术的重要性可窥一斑。在 OLED 阵营，按材料分类可以分为小分子 OLED（SMOLED）与高分子 OLED（PLED），其中小分子 OLED 技术主要集中于日本、韩国、中国台湾这三个地区，而高分子 OLED 主要为欧洲厂家发展；按驱动方式分类，可以分为无源矩阵 OLED（PMOLED）及有源矩阵 OLED（AMOLED）。

三星 Samsung Display Corporation（以下简称 SDC）在有源矩阵驱动的 AMOLED 上具有难以撼动的优势，数据显示，三星 AMOLED 出货量占比达到 97%，处于绝对垄断地位。同为韩系的乐金 LG Display（以下简称 LGD）专攻大尺寸 OLED，瞄准智能电视市场，但大尺寸 OLED 的工艺、良品率和寿命存在天然瑕疵，商业上远不如小尺寸 OLED 成熟。

和 LCD 不同，OLED 屏幕自发光的特性无须光源，OLED 屏幕可以做得更薄，同时，OLED 屏幕还是具有广视角、低耗电、高对比、高反应速率、色彩艳丽等多个优点。

从显示技术的发展趋势来看，液晶显示仍然是主流产品。未来几年，显示技术仍以 TFT-LCD 为主导，但 OLED 作为新兴显示技术，近年来增长势头强劲，全球面板厂商都在积极布局。目前，大尺寸 OLED 仍然不能和液晶相抗衡，但是中小尺寸 OLDE 替代优势明显。

2. 下一代显示技术

传统 LCD 采用冷阴极管（CCFL）或 LED 作为背光源，自有机发光二极体（OLED）技术出现后，显示技术开始向自发光模式发展，量子点发光二极体（QLED）、Micro LED 技术也相继崛起。

1）QLED 量子点显示技术

QLED 是一种新型的发光技术，即量子点发光二极管。QLED 与 OLED 相似，同样具有自发光的特性，只是 OLED 自发光体是有机二极管，而 QLED 自发光体是量子点。

量子点（Quantum Dots，QD）又可称为纳米晶、人造原子、超晶格、超原子、量子点原子，是准零维的纳米材料，由少量的原子所构成。粗略地说，量子点三个维度的尺寸都在 100nm 以下，外观恰似一极小的点状物，其内部电子在各方向上的运动都有局限，所以量子限域效应特别显著。通常说来，量子点由锌、镉、硒和硫原子组合而成。1983 年，美国贝尔实验室的科学家首次对其进行了研究，但却"忘了"给它起名字，数年后，耶鲁大学的物理学家马克·里德将这种半导体微块正式命名为"量子点"并沿用至今。

量子点有一个与众不同的特性：每当受到光或电的刺激，量子点便会发出有色光线，光线的颜色由量子点的组成材料和大小形状决定，这一特性使得量子点能够改变光源发出的光线颜色。而根据发光原理不同，量子点又分为光致发光量子点（QD-LCD）和电致发光量子点（QLED），前者是背光源发光，后者则是名副其实的自发光技术，还处于研发阶段。

2）微发光二极体显示器

Micro LED（微发光二极体显示器）以传统的氮化镓（GaN） LED 技术为基础，采用单片方式制造显示器，总亮度可达到 OLED 产品的 30 倍。Micro LED 结构是微型化 LED 阵列，也就是将 LED 结构设计进行薄膜化、微小化与阵列化，使其体积约为目前主流 LED 大小的 1%，每个画素都能定址、单独驱动发光，将画素点的距离由原本的毫米级降到微米级。Micro LED 优点包括低功耗、高亮度、超高分辨率与色彩饱和度、反应速度快、超省电、寿命较长、效率较高等，其功率消耗量约为 LCD 的 10%、OLED 的 50%。另外，具有较佳的材料稳定性与无影像烙印也是 Micro LED 的优势之一。因此，它被视为全新一代的显示技术。LCD、OLED、Micro LED 的性能对比如图 2.36 所示。

显示技术	LCD	OLED	Micro LED
技术类型	背光板/LED	自发光	自发光
对比率	5000:1	∞	∞
寿命	中等	中等	长
反应时间	毫秒（ms）	微秒（μs）	纳秒（ns）
工作温度	−40～100℃	−30～85℃	−100～120℃
成本	低	中等	高
可视角度	低	中等	高
能源消耗量	高	中等	低
PPI（穿戴式）	最高250PPI	最高300PPI	1500PPI以上
PPI（虚拟实境）	最高500PPI	最高600PPI	1500PPI以上

图 2.36　LCD/ OLED /Micro LED 的性能对比

　　根据市场研究公司 Yole Developpement 预测，Micro LED 显示器市场将在 2019 年开始成长，并在 2025 年到 3.3 亿台的出货量。

2.13　虚拟现实

　　互联网时代的来临使得人类的交流发生了变化，经历了"命令界面—图形用户界面—多媒体界面—虚拟现实"的发展过程。虚拟现实是新一代信息技术的集大成者，融合了多媒体技术、传感器技术、显示技术、互联网和人工智能等多种技术，有望成为更多创新应用的技术平台。在产业界，将虚拟现实定义为三类技术应用方式：虚拟现实（Virtual Reality，VR）、增强现实（Augmented Reality，AR）和混合现实（Mixed Reality，MR）。

1. 虚拟现实

　　虚拟现实技术（图 2.37）起源于 20 世纪 60 年代，它是通过一些可以产生三维代入感的设备，让用户产生视觉上的"沉浸感"，而影响人体的其他感官也一并认同虚拟事物具有真实存在感的一种技术。虚拟现实是多种技术的综合，包括实时三维计算机图形技术，广角（宽视野）立体显示技术，对观察者头、眼和手的跟踪技术，以及触觉/力觉反馈、立体声、网络传输、话音输入/输出技术等。

图 2.37　虚拟现实技术

简单来说，人们通过虚拟技术看到的一切场景和人物都是假的，它只是把人的意识带到一个虚拟的世界。虚拟现实技术的发展是改变现代人生活方式的一大突破，目前最主要的虚拟现实设备就是头戴显示器，以及一些虚拟现实增强外设等，还有一些与之适配的应用。

2. 增强现实

增强现实技术是通过计算机系统提供信息以增加用户对现实世界感知的技术，并将计算机生成的虚拟物体、场景或系统提示信息叠加到真实场景中，从而实现对现实的"增强"。增强现实技术的使用可以让用户更加直观便捷地查看和处理信息，从而提高用户的工作效率。增强现实技术将真实世界信息和虚拟世界信息"无缝"集成，把原本在现实世界的一定时间空间范围内很难体验到的实体信息（视觉信息、声音、味道、触觉等），通过计算机等科学技术，模拟仿真后再叠加，将虚拟的信息应用到真实世界，被人类感官所感知，从而达到超越现实的感官体验。

虚实结合、实时交互、三维定向是增强现实技术的主要特点。一个完整的增强现实系统由显示技术、跟踪和定位技术、界面和可视化技术及标定技术构成。跟踪和定位技术与标定技术共同完成对位置与方位的检测，并将数据报告给增强现实系统，实现被跟踪对象在真实世界里的坐标与虚拟世界中的坐标统一，达到让虚拟物体与用户环境无缝结合的目标，其实现重点在于投影矩阵信息的获取。

以智能手机为例，如图 2.38 所示，增强现实系统会根据当前位置（GPS）、视野朝向（指南针）、手机朝向（方向传感器/陀螺仪）、视频影像（摄像头）等信息，通过算法计算需要添加的信息，再通过显示设备（屏幕）将实景信息和附加信息一同显示给用户。

增强现实技术的出现，配合智能手机、智能眼镜等设备，可以在工作和生活领域实现很多之前没有的功能，拥有很强的实用价值。例如，利用 Google Glass 等增强现实眼镜，医生可以解放双手，轻易地进行手术部位的精确定位；维修人员可以使用装备头戴式显示器轻松获取设备的维修指导；士兵可以利用增强现实技术进行方位的识别，获得目前所在地点的地理数据等重要军事数据。

虚拟现实和增强现实是两个不同的细分领域，虚拟现实作为虚拟现实技术，给用户营造的是在虚拟现实中的一种身临其境感；增强现实作为增强现实技术，则是在现实环境的基础上强化一种极致体验。增强现实与虚拟现实相同，能让使用者进入如同真实一般的虚拟世界，差别在于：虚拟现实的影像是完全虚拟的，增强现实则有虚拟的文字和影像重叠于真实世界影像之中。

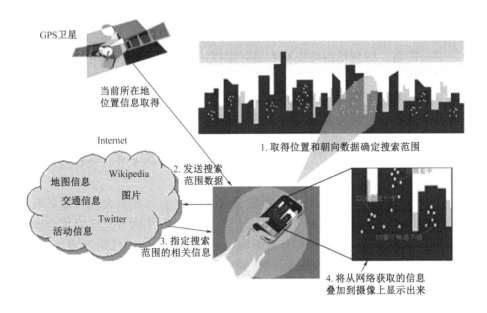

图 2.38 增强现实技术原理

　　据报道，美军已经成功研发了一款头戴显示装置 TAR（战术增强现实，图 2.39），致力于替代士兵的手持式 GPS 设备，同时也能无线连接到佩戴在士兵腰部的平板及安装在步枪上的热成像设备。TAR 主要器件为装备在士兵头盔上的尺寸为 2.5cm×2.5cm 的镜片，该镜片能够显示当前的地图信息、即时目标信息和团队其他成员当前位置的 GPS 追踪数据。

图 2.39 美军 TAR

3. 混合现实

混合现实，即包括增强现实和增强虚拟，指的是合并现实和虚拟世界而产生的新的可视化环境。混合现实是在虚拟现实和增强现实兴起的基础上才提出的一项概念，可视为增强现实的增强版。

混合现实分为两种情形：一种是扩展现实（Expanded Reality，ER），例如，真实的环境加上虚拟的物体共同组成一幅（组）画面；另一种是扩展虚拟（Augmentedvitruality），例如，虚拟的环境加上某些真实的物体共同构成扩展虚拟。

混合现实技术目前主要向可穿戴设备方向发展。其两大代表设备就是微软 Hololens 与 MagicLeap。2016 年 11 月 16 日第三届世界互联网大会上，微软推出 HoloLens 混合现实全息眼镜，利用全息影像，采用英特尔 14nm 工艺制作的芯片，搭载 Windows 10 操作系统，完全独立运行，无需电线、电话或与个人计算机的连接。它可以将虚拟和现实成功结合，使得佩戴它的用户可以轻松地在现实场景中辨别出虚拟图像，并对其发号施令。混合现实，给用户带来一种"与世界交流"的全新方式，将数字世界与现实世界无缝融合。

4. 全息投影技术

全息（Holography）投影是一种无需配戴眼镜的三维技术，观众可以看到立体的虚拟人物。全息成像是利用光的干涉和衍射原理，将物体发射的特定光波以干涉条纹的形式记录下来，然后再用衍射的方法使其再现，形成与原物体逼真的立体像。根据投影技术的不同，一般分为单面全息投影及 180°、270°、360° 全息投影。

全息技术与前三种成像技术的区别是，全息原理是衍射与干涉，不需要借助显示屏，而且通过光学原理实现。

近年来，在演艺界和影视界，全息影像技术日益流行。2013 年，歌星周杰伦与虚拟邓丽君"同台演唱"，让一代歌后"重现"舞台；2015 年央视春晚舞台上，李宇春上演"分身术"，4 个"李宇春"同台演唱，效果震撼。

5. 虚拟现实产业发展情况

1）中国虚拟现实产业发展情况

中国从 20 世纪 90 年代起开始重视虚拟现实技术的研究和应用，由于技术和成本的限制，主要应用对象为军用和高档商用，适用于普通消费者的产品近年来才随着芯片、显示、人机交互技术的发展逐步进入市场。

目前，中国虚拟现实企业主要分为两大类别。一是成熟行业依据传统软硬件或内容优势向虚拟现实领域渗透。其中智能手机及其他硬件厂商大多从硬件布局切入。例如，联想与蚁视合作研发的便携式设备乐檬蚁视虚拟现实眼镜；魅族与拓视科技开展合作，推出手机虚拟现实头盔。而游戏、动漫制作厂商或视频发布平台，大多从软件和内容层面切入。二是新型虚拟现实产业公司，包括生态型平台型公司和初创型公司。该类型企业在硬件、平台、内容、生态等领域进行一系列布局，以互联网厂商为领头羊，如腾讯、暴风科技、乐视网等。

2）国际虚拟现实产业发展情况

早在 20 世纪 90 年代，就已经有三维游戏上市，虚拟现实在当时也引发了类似于当前的关注度。例如，游戏方面有 Virtuality 的虚拟现实游戏系统和任天堂的 Vortual Boy 游戏机，电影方面有《异度空间》（*Lawnmower Man*）、《时空悍将》（*Virtuosity*）和《捍卫机密》（*Johnny Mnemonic*），书籍方面有《雪崩》（*Snow Crash*）和《桃色机密》（*Disclosure*）。但是，当时的虚拟现实技术没有跟上媒体不切合实际的想象。例如，三维游戏画质较差、价格高、时间延迟、设备计算能力不足等。最终，这些产品均以失败告终，因为消费者对这些技术并不满意，所以第一次虚拟现实热潮就此消退。

2014 年，Facebook 以 20 亿美元收购 Oculus 后，类似的虚拟现实热再次袭来。在过去的两年中，虚拟现实/增强现实领域共进行了 225 笔风险投资，投资额达到了 35 亿美元。Digi-Capital 数据（2015 年 12 月）显示，过去 12 个月各企业在增强/虚拟现实领域的投资，其投资额已突破 10 亿美元。而根据 CBInsights 的统计，2014 年全球虚拟现实公司的风险融资额高达 7.75 亿美元，同比增长超过 100%，2015H1 实现融资额 2.48 亿美元。与 20 世纪 90 年代的失败相比，当前计算机的运算能力足够强大，足以用于渲染虚拟现实世界。同时，手机的性能得到大幅提升。总之，当前的技术已经解决了 90 年代的许多局限。也正因如此，一些大型科技公司逐步参与其中。

目前，虚拟现实行业仍处于起步阶段，供应链及配套还不成熟，但是发展前景引人想象，预计未来市场潜力巨大。按照 Digi-Capital 预测，虚拟现实/增强现实硬件和软件市场潜力将达到 1500 亿美元规模，预计未来 5 年复合增长率超过 100%。而据游戏行业分析公司 Superdata 预测，到 2017 年年底将会卖出 7000 万台虚拟现实头显，带来 88 亿美元的虚拟现实硬件盈利和 61 亿美元的虚拟现实软件盈利。根据 TrendForce 的最新预测，2016 年虚拟现实的市场总价值将会接近 67 亿美元。到 2020 年，如果苹果公司加入，其价值可能会高达 700 亿美元。从各咨询研究机构预测数据来看，虚拟现实/增强现实未来 5 年将实现超高速增长。

当下，随着智能产品的推动，虚拟现实/增强现实成为产业争战的高地。从全球增强现实/虚拟现实产业市值来看，根据 Digi-Capital 的统计显示，2020 年，增强现实/虚拟现实的市值将达到 1500 亿美元以上。当前，增强现实/虚拟现实技术在进一步研发中，如三维追踪、重建、手势识别等，这些技术将会在不同应用领域带来全新的体验。

第 3 章

——CHAPTER3——

软件技术

软件（Software）是一系列按照特定顺序组织的计算机数据和指令的集合，一般可划分为系统软件、应用软件和介于这两者之间的中间件。简单地说，软件就是程序加文档的集合体。

软件是新一代信息技术产业的灵魂，"软件定义"是信息革命的新标志和新特征。软件产业是国民经济和社会发展的基础性、先导性、战略性和支柱性产业，对经济社会发展具有重要的支撑和引领作用。发展和提升软件和信息技术服务业，对于推动信息化和工业化深度融合，培育和发展战略性新兴产业，加快经济发展方式转变和产业结构调整，提高国家信息安全保障能力和国际竞争力具有重要意义。

中国软件产业始于20世纪80年代中期，在国家高度重视和大力扶持下，软件行业相关产业促进政策不断细化，资金扶持力度不断加大，知识产权保护措施逐步加强，软件行业在国民经济中的战略地位不断提升，行业规模不断扩大。当前，中国的软件行业正处于高速发展的成长期。

3.1 软件现状

全球计算机行业分为三大部分：硬件、软件（含系统集成）和信息技术服务业。20世纪80年代以来，国际计算机产业结构逐渐从硬件为核心向软件为主导的方向过渡。目前，美国软件产业处于世界软件产业链的最上游位置，是软件产业技术的主要创新者和核心技术的掌握者。软件行业驱动了2015年美国8%的GDP，预计到2020年，这一数字将增长到10%。西欧、北欧、北美（不含美国）、亚洲的印度和日本处于软件产业链的中游位置，有一定的自主核心技术或依赖于美国的核心技术做一些二次开发，在世界软件市场占有一定的份额，与美国的合作关系良好，大多为美国的大型软件公司做一些外围的开发或技术支持等技术含量较低的工作。而南美、东欧、南欧、亚洲（除印度和日本外）、拉美和非洲则处于软件产业链的末端，缺乏自主核心技术，软件人才流失严重，技术上严重依赖上游厂商，主要做一些文档编写或使用上游厂商的开发工具做一些通用软件。

中国软件产业始于 20 世纪 80 年代中期，在国家高度重视和大力扶持下，软件行业相关产业促进政策不断细化，资金扶持力度不断加大，知识产权保护措施逐步加强，软件行业在国民经济中的战略地位不断提升，行业规模不断扩大。当前，中国的软件行业正处于高速发展的成长期。根据工业和信息化部统计数据，2016 年，中国软件产业规模与利润实现同步快速增长，软件业务收入为 4801 亿元，全行业实现收入 4.9 万亿元，实现利润总额 6021 亿元。8 个软件名城（南京、济南、成都、广州、深圳、北京、上海、杭州）的软件业务收入占全国业务总收入的 50% 以上，全国 15 个副省级中心城市（深圳、厦门、宁波、青岛、大连、广州、杭州、南京、济南、沈阳、长春、哈尔滨、武汉、成都、西安）的软件业务收入达 2.7 万亿元，占全国软件业务总收入的 53.3%，软件业务收入超过千万的城市达到 15 个。

未来随着软件行业的逐渐成熟，中国软件及 IT 服务收入将持续提高，发展空间广阔。预计到 2020 年，我国软件产业收入将突破 8 万亿元。

3.2　开源技术

近年来，世界信息技术产业对经济社会的推动力度和价值超越了过去 60 年，催生了新的软件产业形态——面向互联网的软件产业，并为以金融、物流、网络教育、旅游和电子商务等为代表的现代服务业带来了全新的增长点。开源软件现在成为整个互联网时代的支撑技术，在操作系统、编译工具链、数据库、Web 服务器、移动操作系统等各个方面已经成为主流。例如，计算机中运行着开源软件，手机中运行着开源软件，家里的电视运行着开源软件，小小的数码产品中也运行着开源软件，互联网服务器端软件几乎全部是开源软件。

1. 开源相关概念

开源（Open Source），即开放源代码。开源软件（Open Source Software，OSS）即开放源代码软件，意为向公众开放源代码的软件，"公开"是其受欢迎的主要原因，这意味着用户可以自由地使用、复制、散发及修改源码来补充漏洞、按具体需求定制功能等。开源软件源于一些软件技术发烧友出于技术展现目的或者说是对软件的一种热爱，将自己辛勤开发的软件源代码无私地发布到互联网社区上与社会共享，他们坚信，好的软件应该是开放的，应该由任何有能力的人参与共同完善，这就是开源技术的理念。而软件产品本身免费，按照客户的需要提供服务、收取相应服务费则是开源技术的商业模式。随着互联网的普及，越来越多的开源软件形成了众多的开源技术社区，全球有超过 400 万名软件工程师不断地为开源技术社区贡献宝贵源代码，积累超过 20 万个开源软件产品，完全形成了一套成熟而完整的开源软件技术体系。

2. 开源软件的发展历程

开源软件的发展和互联网的发展密不可分。开源运动起源于 20 世纪 60 年代的美国，当时 MIT 计算机专业的学生经常写一些自由软件彼此共享，且逐渐发展。1985 年，崇尚自由分享的开源运动代表人物理查德·斯托曼（Richard Stallman，图 3.1）看到软件商业化带来的弊端，发表了著名的 GNU 宣言，开启了开源运动。开源起源于软件业，却又超越了软件业的应用边界。

图 3.1　Richard Stallman

真正有规模的开源软件，在互联网开始兴起的 20 世纪 90 年代开始进入公众视线。开源软件的发展大致可分为如下三个阶段：

（1）萌芽阶段（20 世纪 90 年代之前）。这个阶段主要以个人和大学为主，因为发布条件受限，大多数开源软件无法得到有效传播，而仅仅流传于互相熟悉的程序员和老师、学生之间。这个阶段的典型开源软件为 BSD 操作系统。

（2）以非营利组织为主的阶段。这个阶段应从 20 世纪 90 年代算起，说起这个阶段，不得不提到 Richard Stallman 发起的自由软件基金会、Apache 基金会等。前者发起的 GNU 项目（1983 年发起，90 年代后随 Linux 普及）成就了 Linux 操作系统；后者维护的 Apache Web 服务器在互联网上几乎占据了统治地位。

（3）以大型 IT 企业为主的阶段。这个阶段出现于 2005 年之后，以谷歌为代表的大型互联网企业，开始以各种方式发布开源软件，最为著名的是 Chrome 浏览器和 Android 操作系统；还有 Intel、Nokia 等企业主导的 Moblin、MeeGo 等基于 Linux 的智能手机操作系统。

当前，主流运营商都将基于开源技术打造自身的软件领域核心竞争力作为工作重点，并取得了一定成效，例如，AT&T 计划将现有开源软件所占比例从 5%提升到 50%，包括基于开源 OpenStack 技术着手建立 AT&T Integrated Cloud 平台等。与此同时，中国的三大运营商也同时在开源领域发力，例如，中国移动联合 Linux 基金会发起 OPEN-O 编排器项目，主导发起业界首个基于容器的开源网络功能虚拟化（NFV）项目 OpenRetriever 等；中国联通和 ON.Lab（开放网络实验室）共同推进开放网络操作系统（ONOS）控制器、端局数据中心化（CORD）项目等；中国电信在其 CTNet 2025 网络架构白皮书中，明确提出在网络重构过程中将优选开源软件技术，实现研发运营一体化，并已经在主流开源社区建立了重要影响力，例如成功入选 OpenStack 开源社区的黄金会员。

3. 常见的开源软件

目前，开源技术已经成为国内外大型互联网企业的首选技术，在世界排名前 1000 的网站中有超过 70%的网站由运行开源软件的网络服务商提供支持。许多国内外知名互联网站在使用开源软件的同时已经开始发布开源软件。例如，淘宝、百度、网易、天涯、新浪等许多中国大型互联网企业都在不同程度上开放了自己平台的源代码，其中，淘宝网借助开放源代码，让他的商家能在平台上开店。由淘宝开发的开源分布式对象存储系统 TFS，存储了网站上几百亿张图片和交易快照。新浪微博也利用 TFS 作为图片等对象的存储系统。由谷歌支持研发的安卓（Android ）开源手机操作系统诞生后，Android

这个英文成为唯一一个可以媲美 Windows 的在非 IT 人群中人尽皆知的软件名字，这表明开源软件从技术水平和用户接受速度都在时下最为火爆的移动互联网领域取得了巨大成功。

1）免费操作系统 Linux

Linux 是一款免费的操作系统，诞生于 1991 年 10 月 5 日，Linux 系统的创始人林纳斯·托瓦兹（Linus Torvalds，图 3.2）将他所编写的 Linux 系统内核的源代码公布到互联网上。可以说，Linux 是开源运动的核心代表，也是开源运动的最主要的推动力之一。

图 3.2　Linus Torvalds

Linux 已经无处不在，例如，Android 手机就是以 Linux 为基础开发的，世界上大多的超级计算机也都采用的 Linux 系统，大多数的数据中心使用 Linux 作为其支撑操作系统，谷歌、百度、淘宝等都通过 Linuxt 提供互联网服务，Linux 在航空控制系统中也扮演着重要角色。2017 年 2 月，在全球桌面操作系统市场份额中，Linux 占 2.05%。

2）加密的安全协议 OpenSSL

SSL 即 Secure Sockets Layer（安全套接层协议）。Netscape 公司在推出第一个 Web 浏览器的同时，提出了 SSL 协议标准。

网站地址前面的字母 https，就是指在 http 上面加了一层 SSL 协议，在 http 站点上部署 SSL 数字证书就变成了 https。

OpenSSL 可以在互联网上提供秘密性传输，能使用户/服务器应用之间的通信不被攻击者窃听，被网银、在线支付、电商网站、门户网站、电子邮件等重要网站广泛使用。

网络安全方面所面临的挑战不容乐观，任何应用程序都可能具有潜在的弱点并暴露在攻击的威胁中。2014 年 4 月，互联网上曝出了一个严重的漏洞称为 Heartbleed（"心脏流血"），该漏洞被安全公司 Codenomicon 和谷歌安全工程师发现，之后迅速成为所有人关注的一个大问题。该漏洞存在于大部分网站都使用的加密服务 OpenSSL 软件中，黑客们可以利用该漏洞窃取用户的个人信息。"心脏流血"漏洞迫使很多人修改他们的密码，甚至连谷歌和雅虎这样的大公司也不得不针对该漏洞增加了更多防护措施。

3）数据库管理系统 MySQL

MySQL 是目前使用最广泛最好的免费开源小型数据库管理系统，原开发者为瑞典的 MySQL AB 公司，该公司于 2008 年被 Sun 公司收购。2009 年，甲骨文公司（Oracle）收购 Sun 公司，MySQL 成为 Oracle 旗下产品。

互联网上大多数信息都是存在数据库里面的，很多工程师在开发一些的小型项目时都会采用这个 MySQL 数据库。MySQL 为 C、C++、Java、PHP 等多种编程语言提供了应用程序编程接口（API）。而且支持 Windows、Mac、Linux 等多种系统。这种广泛的支持使其得到更多开发者的青睐，MySQL 是开发者需要掌握的数据库之一。

MySQL 最初为小型应用而开发，但现在的 MySQL 已经不是一个小型数据库了。基本上所有的互联网公司都会使用这个数据库系统，一些金融交易也会采用 MySQL 作为数据库引擎。MySQL 通过相应的调优既可以支撑大规模的访问，又可以保证数据安全性，已经成为威胁传统商业数据库系统的重要力量。

4）开发工具 Eclipse

Eclipse 是一个开放源代码的、基于 Java 的可扩展开发平台。Eclipse 最初由 OTI 和 IBM 两家公司的 IDE 产品开发组创建，起始于 1999 年 4 月。目前由 IBM 牵头，围绕着 Eclipse 项目已经发展成为了一个庞大的 Eclipse 联盟，有 150 多家软件公司参与 Eclipse 项目，其中包括 Borland、Rational Software、Red Hat 及 Sybase 等。

就本身而言，Eclipse 只是一个框架和一组服务，用于通过插件组件构建开发环境。很多 Java 编程软件都是在 Eclipse 平台开发的，包括 Oracle 在内的许多大公司也纷纷加入了该项目，并宣称 Eclipse 将来能成为可进行任何语言开发的 IDE 集大成者，使用者只需下载各种语言的插件即可。

Eclipse 并不是一个直接服务于消费者的产品，它更像一个工匠手中的万用工具，开发者利用 Eclipse 可以打造出各种充满创造性的服务来满足最终用户的需求。

5) 互联网的门卫 Apache

Apache HTTP Server（以下简称 Apache）是 Apache 软件基金会的一个开放源码的网页服务器，可以在大多数计算机操作系统中运行，由于其多平台和安全性被广泛使用，也是最流行的 Web 服务器端软件之一，市场占有率达 60%左右。Apache 就像一个负责的门卫，管理着服务器数据的进出。每当在地址栏里输入 http://xxx.com 时，在远端，很有可能正有一台运行着 Apache 的服务器将这些信息传输给浏览器。

6) 大数据的心脏 Hadoop

Hadoop 由 Apache Software Foundation 公司于 2005 年秋天作为 Lucene 的子项目 Nutch 的一部分正式引入。Hadoop 一直致力解决各种问题，包括超大型数据集的排序和大文件的搜索。它还是各种搜索引擎的核心，如 Amazon 的 A9 和用于查找酒信息的 Able Grape 垂直搜索引擎。阿里巴巴集团在商品推荐、用户行为分析、信用计算领域也都有 Hadoop 的应用。在大数据已经成为潮流的当下，Hadoop 已经成为最主要的一项技术。

7) 浏览器引擎 WebKit

WebKit 是开源的 Web 浏览器引擎，苹果的 Safari、谷歌的 Chrome 浏览器都是基于这个框架来开发的。目前几乎所有网站和网银已经逐渐支持 WebKit。WebKit 还支持移动设备和手机，包括 iPhone 和 Android 手机都是使用 WebKit 作为浏览器的核心。

8) 编程技术 PHP

PHP（Hypertext Preprocessor，超文本预处理器）是一种通用开源脚本语言，产生于 1994 年，其语法吸收了 C 语言、Java 和 Perl 的特点，嵌入在 HTML 中执行，主要适用于 Web 开发领域。

9) 编程技术 Java

Java 是当今最流行的编程技术，是 Sun 公司推出的 Java 程序设计语言和 Java 平台（JavaSE，JavaEE，JavaME）的总称，产生于 1995 年。Java 语言和 Java 平台统称为 Java，一般情况下，Java 指的并不是语言本身，而是指 Java 平台。在 Java 平台中，可以使用 Java 语言去开发各种不同的应用，例如，Java SE、Java EE 和 Java ME，分别用于开发 Java 桌面应用、Web 应用、移动应用等。

3.3 操作系统

在 PC 时代初期，操作系统种类繁多，如 DOS、Mac OS、OS/2、Windows、BeOS、AmigaOS 等。最终，PC 平台步入成熟期，基本演变成为双头垄断的局面——微软公司的 Windows 和苹果公司的 Mac OS。

在智能手机的发展初期，也有各式各样的操作系统，如 Palm OS、Windows Mobile、塞班、BlackBerry OS、Brew 等。最终，智能手机平台成熟起来，同样基本演变成双头垄断的局面——谷歌公司的 Android 和苹果公司的 iOS。根据《中国移动互联网发展状况及其安全报告（2017）》，2016 年中国境内活跃的智能手机达 23.3 亿部，在所有智能手机设备中， Android 和 iOS 操作系统比例超过了总数的 95%，其中，运行 Android 系统的智能手机数量达 19.3 亿部，占所有智能手机数量的 83.02%，运行 iOS 系统的 iPhone 智能手机数量达 3.1 亿部，占 13.20%。

1. Android

Android 是一种基于 Linux 的自由及开放源代码的操作系统，主要使用于移动设备，如智能手机和平板电脑，由 Google 公司和开放手机联盟领导及开发。

Android 一词最早出现于法国作家利尔亚当（Auguste Villiers de l'Isle-Adam）在 1886 年发表的科幻小说《未来夏娃》（*L'ève Future*）中。他将外表像人的机器起名为 Android。

Android 操作系统最初由 Andy Rubin（安迪·鲁宾，图 3.3）开发，主要支持手机。2005 年 8 月，由 Google 收购注资。2007 年 11 月，Google 与 84 家硬件制造商、软件开发商及电信营运商组建开放手机联盟共同研发改良

Android 系统。随后，Google 以 Apache 开源许可证的授权方式发布了 Android 的源代码。第一部 Android 智能手机发布于 2008 年 10 月。

图 3.3　Andy Rubin

据国外媒体报道，伊琳娜·勃洛克（Irina Blok，图 3.4）可能绘制了世界上最知名的标志之一——Android 的绿色小机器人（图 3.5）。但她与 Android 千丝万缕的联系并没有使她出名。有关 Android 引起公众注意的事件，勃洛克至今只能想起一件事。2010 年，她和她 6 岁的女儿去电影院看《爱丽丝梦游仙境》。电影开场前，Android 的标志在屏幕上闪过。勃洛克的女儿突然站了起来，大喊："这是我妈妈发明的！"接着她们前面的每个人都转头盯着她们看。勃洛克觉得非常尴尬，只得藏在她的爆米花桶后面。

图 3.4　伊琳娜·勃洛克　　　　图 3.5　Android 的绿色小机器人

三年前，勃洛克作为一名谷歌的设计师，创造了这个绿色的小机器人。当时谷歌希望将 Android 平台转向移动设备，勃洛克和她的同事们被要求设计一个能够被消费者轻易辨识的标志。公司规定该标志应至少包括一个机器人形象，所以她通过研究科幻玩具和电影来寻找灵感。最终，她从洗手间门上经常出现的男女形象中得到了灵感，画出了一个有易拉罐形躯干、头上有天线的机器人形象，Android 小机器人便诞生了。

目前，Android 已扩展到平板电脑及其他领域上，如电视、数码相机、游戏机、网关等，例如，华为在 2016 年网络高端展期间推出的融合型智能网关采用的就是 Android 4.4.2 操作系统，小米公司在 2016 年 I/O 开发者大会上发布的小米盒子采用的是 Android TV6.0 系统。在 2017 年谷歌 I/O 大会上，谷歌宣布全球已经拥有超过 20 亿台 Android 设备。

2．Windows

Microsoft Windows，是美国微软公司研发的一套操作系统，第一个版本由微软公司在 1983 年 11 月宣布，并在 1985 年 11 月发行。

2017 年 4 月，NetMarketShare 对 Windows 10 最新的份额统计数据显示，Windows 10 在操作系统市场占有 26.28%，而 Windows 7 占 48.5%（图 3.6）。

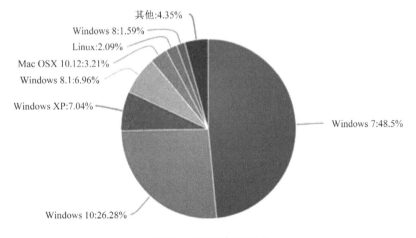

图 3.6　操作系统份额

3．iOS

iOS 是由苹果公司开发的移动操作系统，属于类 UNIX 的商业操作系统。苹果公司最早于 2007 年 1 月 9 日的 Macworld 大会上公布这个系统，最初是设计给 iPhone 使用的，后来陆续套用到 iPod touch、iPad 及 Apple TV 等产品上。

4. Mac OS

1984 年由比尔·阿特金森、杰夫·拉斯金和安迪·赫茨菲尔德设计开发的 Mac OS，是一套运行于苹果 Macintosh 系列计算机上的操作系统。

3.4　IPv6 技术

2010 年 9 月，美国政府 CIO 和 CTO 同时出席相关发布会，发布美国 IPv6 行动计划，颁布 IPv6 的时间表，3 个月后，美国国防部和国家标准技术研究院通过安全部署 IPv6 的政策文件。这标志着奥巴马政府推进 IPv6 工作的进一步落实。

Facebook、Yahoo 等在互联网领域最具影响力的企业也已宣布，2011 年 6 月 8 日将成为"全球 IPv6 日"，它们将联手展开第一次全球性规模的 IPv6 服务。

2011 年 2 月 4 日，IANA 在迈阿密举行的新闻发布会上宣布，全球最后 5 个 IPv4 地址分配完毕。IP 地址资源枯竭的危机已经刻不容缓，究其原因，IP 技术在 40 年的时间内异军突起，其设计者都始料未及。

IP 包头有 32 位表示 IP 地址，虽然理论上可以编址 1600 万个网络，40 亿台主机，但采用 A、B、C 三类编址方式后，可用的网络地址和主机地址的数量大打折扣，以致目前的 IP 地址近乎枯竭。

更为可怕的是，全球的 IP 地址分配是受美国控制的，北美占有全部 IP 地址池的 3/4，约 30 亿个，而人口众多的亚洲只有不到 4 亿个。在中国，截至 2010 年 6 月，IPv4 地址数达到 2.5 亿个，落后于近 5 亿网民的需求。接下来的 5 年，中国 IP 地址需求量中，移动互联网为 10 亿个，物联网为 100 亿个，固定互联网为 5 亿个，而按照 IP 地址 33%的利用率来推算，总的地址需求量为 345 亿个。

假设设置一条路的门牌号都是 3 位的等位数字，门牌号从 000 到 999。但如果这条路延长了，所需门牌号达到几千个。怎么办呢？

可以采取几个地址共用一个门牌号的情况。例如一个片区，可以定义为"某某大街 350 号"，而这个片区的每一栋房，设置为 350-1、350-2、…、350-8。

这种方案当然是可行的，它可以在一定程度上缓解地址枯竭的状况。然而这种解决方案的缺点也很多——不方便计算机录入、检索困难、管理不便等。这不是长久之计。

更方便的方法是，将 3 位数扩展为 4 位数或者 5 位数或者更长位数的门牌号。在 IP 技术中，人们也开始思考，把 IP 地址的长度，从 32 位扩展到 128 位。

这样一来，IP 地址就足够用了，这种新的方案就是 IPv6。与之相对应，以前的 32 位地址方案被称为 IPv4。

如果说 IPv4 实现的只是人机对话，那么 IPv6 则扩展到任意事物之间的对话，它不仅可以为人类服务，还将服务于众多硬件设备，如家用电器、传感器、远程照相机、汽车等。IPv6 将无时不在、无处不在地渗透到世界上每个角落的真正的网络。

与 IPv4 一样，IPv6 一样会造成 IP 地址浪费。

首先，要实现 IP 地址的自动配置，局域网所使用的子网的前缀必须等于 64，但是很少有一个局域网能容纳 2~64 个网络终端；其次，由于 IPv6 的地址分配必须遵循"聚类"的原则，因此地址浪费在所难免。

IPv6 地址为 128 位长，但通常写作 8 组，每组为四个十六进制数的形式。例如：

2001:0db8:85a3:08d3:1319:8a2e:0370:7344

IPv4 地址可以很容易地转化为 IPv6 格式。

举例来说，如果 IPv4 的一个地址为

135.75.43.52

其十六进制为 0x874B2B34，它可以被转化为

0000:0000:0000:0000:0000:0000:874B:2B34

或者

::874B:2B34

同时，还可以使用混合符号，则地址可以为

::135.75.43.52

接下来，需要升级所有的路由器、交换机、计算机及所有 IP 终端，使其支持 IPv6 即可。

现实世界里，想改革，困难总比预计的还要多。事实是，全世界数以千万计的路由器，绝大部分都不支持 IPv6，并且，大部分在路由器硬件上已经没有支持的可能性。如果要做全网改造，这是一种极大的浪费。在言必谈"无碳""绿色""环保"的时代，这种浪费更是让人无法接受。

于是 IPv4 到 IPv6 的过渡不可能在一夜之间发生，而是需要时间和成本，经历一个长期循序渐进的"温良"过程。在体验 IPv6 带来的巨大优势的同时，仍需要与大量 IPv4 用户通信。能否顺利地实现从 IPv4 到 IPv6 的过渡，也是 IPv6 取得成功的决定性因素。

在设计之初，IPv6 就已经考虑到了 IPv4 到 IPv6 的过渡问题，并提供了一些特性使其过渡过程简化。例如，IPv6 地址可以使用 IPv4"兼容地址"，自动由 IPv4 地址产生；也可以在 IPv4 的网络上构建"隧道"，连接 IPv6"孤岛"。

IPv6 并非十全十美、一劳永逸，不可能解决所有问题。IPv6 只能在发展中不断完善，从长远看，IPv6 有利于互联网的持续和长久发展。

目前，IPv6 在全世界已进入了实际部署阶段，截至 2017 年 1 月，从全球 IPv6 网络使用率情况来看，比利时 IPv6 网络使用率高达 57.68%，为全球最高；其次是德国、瑞士；美国 IPv6 网络使用率是 34.13%，排全球第四位；在亚洲，IPv6 网络使用率最高的是日本，为 17.63%，在全球排第 14 位。

中国的运营商早就部署了 NAT44，而互联网公司也顺势而为，运用了"穿越"技术，使得服务器能够找到使用私有地址终端，因为运营商网络已经支持双栈，新终端已经支持 IPv6，但是内容供应商没有动力，既然 IPv4 可达，为什么要升级支持 IPv6？预计到 2020 年，将会有 200 亿～500 亿的联网设备，因此采用 NAT 技术是不现实的。真正的物联网应该是传感器和设备之间可以相互通信，端对端的 IP 通信才能称为真正的物联网。

2017 年 11 月，《推进互联网协议第六版（IPv6）规模部署行动计划》部署加快推进基于 IPv6 的下一代互联网规模工作，计划指出，到 2018 年年末国内 IPv6 活跃用户数要达到 2 亿，2010 年年末达到 5 亿，2015 年年末中国 IPv6 规模要达到世界第一。

3.5　软件定义网络

SDN（图 3.7）是目前全球网络界最炙手可热的焦点，号称后 IP 时代实现网络的手段，提出以来已有众多拥护者。近几年，随着 SDN 的持续发酵，学术界、产业界都积极投身 SDN 的研究浪潮；移动、电信、联通等运营商和传统厂商如思科、华为、华三、中兴等也勇敢地吃起了螃蟹，积极投身于 SDN 的商用研发。

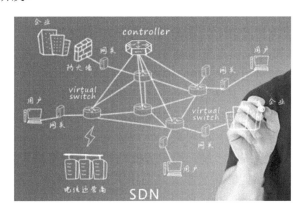

图 3.7　SDN

在介绍 SDN 之前，先补充一下数据网的知识。

1．数据网三平面

数据通信设备（路由器、交换机）内部结构可以划分为三个平面：数据平面、控制平面和管理平面。每个平面都有相应的职责。

（1）数据平面，也称交换平面、转发平面，指系统中用来进行数据报文的封装、转发的部分，例如，数据报文的接收、解封装、封装、转发等都属于转发平面的范畴。

（2）控制平面，用于控制各种网络协议的运行，如控制 OSPF（Open Shortest Path First，开放式最短路径优先）、ARP（Address Resolution Protocol，地址解析协议）、STP（Spanning Tree Protocol，生成树协议）等协议的正常

运行，通过网络协议提供给路由器/交换机对整个网络环境中网络设备、连接链路和交互协议的准确了解，并在网络状况发生改变时做出及时的调整以维护网络的正常运行。

（3）管理平面，提供给网络管理人员使用 Telnet、Web、SSH、SNMP、RMON 等方式管理设备的各种管理接口。

那这三个平面之间的关系是什么呢？

管理平面提供了控制平面正常运行的前提，管理平面必须预先设置好各种协议的相关参数，并支持在必要时刻对控制平面的运行进行干预。

控制平面提供了数据平面数据处理转发前所必需的各种网络信息和转发查询表项。系统的控制平面进行协议交互、路由计算后，生成若干表项，下发到转发平面，指导转发平面对报文进行转发。例如，路由器通过 OSPF 协议建立了路由表项，再进一步生成 FIB（Forwarding Information Base，转发信息库）表、快速转发表等，指导系统进行 IP 报文转发。

良好的系统设计应该是使控制平面与转发平面尽量分离，互不影响。当系统的控制平面暂时出现故障时，转发平面还可以继续工作。这样可以保证网络中原有的业务不受系统故障的影响，从而提高整个网络的可靠性。控制平面与转发平面可以是物理分离，也可以是逻辑分离。高端的网络设备（如核心交换机、核心路由器）一般采用物理分离。其主控板上的 CPU 不负责报文转发，专注于系统的控制；而业务板则专注于数据报文转发。如果主控板损坏，业务板仍然能够转发报文。对于入门级的网络设备，受限于成本，一般只能做到逻辑分离。即设备启动后，系统将 CPU 和内存资源划分给不同的进程，有的进程负责学习路由，有的进程负责报文转发。

2. SDN 发展史

从 20 世纪六七十年代分组网络诞生到现在，经过 40 多年的高速发展，互联网已经从一个提供简单文本传输的科研型网络演变成为一个涵盖语音、视频、数据处理等多种业务的商业网络。互联网提供的电子商务、电子支付、高清视频等业务也已经成为人们日常生活、商业运行和社会发展中不可或缺的组成部分。

随着互联网应用的不断丰富与发展，互联网面临的挑战也在逐渐升级：

（1）当前的互联网体系架构越来越难以满足业务发展的需求。

首先，微信、优酷等新业务不断涌现，由于传统网络架构不灵活，这些业务的服务质量难以保证，无法为用户提供差异化服务能力，同时，运营商仅仅提供服务通道，没有回报，长此以往，产业价值链难以为继。

其次，全球移动数据流量飙升，全球互联网的总流量也在逐年递增，而现有网络无法避免对网络流量中重复内容的传输，难以适应海量流量的增长。

最后，互联网+、"工业 4.0"，以及机器人新战略等需要互联网与实体经济进行融合，而当前互联网并不能满足实体工业所需要的低延时、安全性及服务分级等需求。

（2）现有网络也难以支持变革式的创新。

首先，在当前僵化的互联网架构下，新的网络功能只能采用"打补丁"的方式进行部署，随着越来越多新的协议需求被提出，网络节点变得非常臃肿，设备难以扩展。

其次，现有的网络基础设施被多个管理者拥有和管控，基础网络很难开放来承担创新型协议部署的风险。因此，新的协议和架构难以在实际网络中部署验证。

总体来说，既需要设计新型网络体系架构来满足当前不断丰富的业务需求，同时也需要网络具有对新协议、新技术进行快速部署的能力，满足未来不可知的业务需求。经过多年来学术界和工业界的积极探索，SDN 技术应运而生。

2006 年，在美国国家自然科学基金会 NSF 的资助下，斯坦福大学联合产业界合作伙伴一起启动了 Clean Slate 项目，旨在创建一个全新的互联网络，使其能够摆脱当今互联网基础架构的限制，采纳新技术，支持新应用、新服务，继续提供创新实验平台。在 Clean Slate 项目在企业网络安全方面的一个子项中诞生了 Ethane 架构，被认为是软件定义网络概念及 OpenFlow 技术的发展源头。该架构通过一个中央控制器向基于流（Flow）的以太网交换机下发策略，从而对流的准入和路由进行统一管理。

2008 年，Nick McKeown 教授发表文章《*OpenFlow: Enabling Innovation in Campus Networks*》，详细阐述了其工作原理。

2009 年，学术界基于 OpenFlow 的特性提出了 SDN 的概念，并于当年入选了 Technology Review 十大前沿技术。自此，软件定义网络技术开始被工业界和学术界广泛关注，并且迅速发展起来。

2011 年，在雅虎、谷歌、德国电信等几家公司的倡议下，开放网络基金会（Open Networking Foundation，ONF）成立，其致力于软件定义网络及 OpenFlow 技术的标准化以及商业化。

进入 2012 年，ONF 成员数量快速扩张，谷歌宣布在内部骨干网络中部署 OpenFlow 技术，IBM、HP、Cisco 等企业纷纷推出自身的 SDN 产品和解决方案，IETF 及 ITU 等国际标准化组织也着手进行相关的技术、标准研究与制定工作。

近年来，SDN 已经从概念阶段快速过渡到方案创新部署阶段，获得了全球绝大多数电信运营商的认可。然而，SDN 的落地仍面临诸多挑战，如现网向 SDN 的迁移无法平滑实现、标准尚不成熟、商业模式可能发生让运营商无法适应的改变。目前 SDN 依然是"雷声大雨点小"，多数厂商仍停留在研讨、验证、测试的层面。全球来看，运营商纷纷开启了 SDN 验证和小规模试点，如华为公司就已与顶尖运营商合作开展了 40 余个 SDN 联合创新项目，涉及核心、传输等多个层面。2015 年 11 月 27 日，全球首个基于 ONOS 开源架构的 SDNIPRAN 企业专线业务在天津联通成功开通，这是中国联通、华为公司和 ONOS 开源社区在 SDN 领域联合创新的重要成果。

3. SDN 概念

传统网络中，对流量的控制和转发都依赖于网络设备实现，且设备中集成了与业务特性紧耦合的操作系统和专用硬件。网络控制平面的管理，长期以来都是通过 ad-hoc（点对点）的方式在每个路由器节点上手工配置来实现的。而现在人们对网络控制平面上的功能要求越来越多，这种落后的方式不再能够满足需要。于是，学术界提出了（并且正在继续提出）将网络控制平面管理系统化、抽象化的解决方案，这就是软件定义网络（Software Defined Network，SDN），如图 3.8 所示。

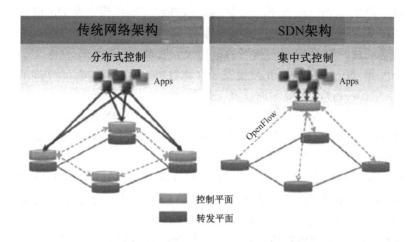

图 3.8　传统网络与 SDN 架构

SDN 的本质就是软件定义网络，也就是说希望应用软件可以参与对网络的控制管理，满足上层业务需求，通过自动化业务部署简化网络运维，这是 SDN 的核心诉求。SDN 的初衷是网络自动化，并未说转发与分离，但为了满足这种核心诉求，不分离控制与转发，比较难以做到，至少是不灵活。换句话说，控制与转发分离只是满足 SDN 的核心诉求的一种手段，如果某些场景中有别的手段可以满足，那也可以，如管理与控制分离。

关于 SDN 的定义有很多，来自不同阵营的人有不同的解读。现在大多数人对 SDN 的定义是将控制平面与转发平面分离，并提供开放的可编程接口。

4．SDN 的属性

1）控制与转发分离

SDN 的特点之一就是控制平面与数据平面分离，其主张通过集中式的控制器中的软件平台去实现可编程化控制底层硬件。在 SDN 架构中，控制平面是逻辑集中的，通过某种协议将控制信息下发至底层的数据平面去执行。逻辑上集中的控制平面可以控制多个转发面设备，也就是控制整个物理网络，因而可以获得全局的网络状态视图，并根据该全局网络状态视图实现对网络的优化控制。所以，控制平台被称为 SDN 的大脑，指挥整个数据网络的运行。

2）开放的编程接口

在 SDN 中很关键的一点就是实现控制的通信协议。说到 SDN，必然提到 Open Flow，但是 SDN 不等于 Open Flow，就如同互联网不等于 IP 协议。Open Flow 是 SDN 体系结构中控制和转发层之间定义的第一个标准化通信接口，允许直接访问操作网络设备（交换机和路由器等，不论物理还是虚拟设备）的转发面，转发面的开放接口使得目前单集成的、封闭的和类大型机的网络设备变得参数可配置化。

5．SDN 的总体架构

SDN 可分为三层，即物理层、控制层、应用层，如图 3.9 所示。

物理层对应转发平面，由通用化的网络转发设备组成，接受控制平面（位于控制层）的指令，执行报文的转发及网络层的操作等；控制平面即 SDN 控制器，通过南向接口（控制层与物理层之间的接口）实现对转发面设备的集中管理和控制；同时，SDN 控制器可以更灵活定义网络，实现网络抽象化、虚拟化，通过北向接口（控制层与应用层之间的接口）为上层的应用提供网络能力调用接口，实现网络能力的开放。

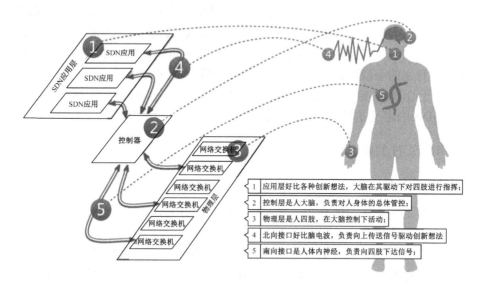

图 3.9　SDN 架构

　　如果将 SDN 比作一个人，那么物理层就是人的四肢，在大脑控制下活动；控制层是人的大脑，负责对身体的总体管控；应用层是人的各种创新想法，驱动大脑对四肢进行指挥；北向接口是脑电波，负责向上传送信号驱动创新想法；南向接口是人体内神经，负责传达信号。

6. 总结

　　传统网络就像真人在踢足球，每个人自己思考下一步把球传到哪儿，然后自己用头或者脚传出去。SDN 就像打实况足球，球员怎么传球都是集中由玩家控制。这就叫控制面和转发面的分离，并且控制面集中起来。集中后的控制面称为控制器，类似游戏手柄。控制器之上就是软件，用于操作控制器，就像大脑控制游戏手柄。Open Flow 就是控制器与网络设备沟通时的语言。

第 4 章
——CHAPTER4——

无线技术

1926 年，塞尔维亚裔美籍科学家尼古拉·特斯拉预言：当无线技术被完美应用之时，地球就变成了一个巨大的大脑。本质上，所有的事物都是真实而富于韵律的整体（一致性）。

无线技术是整个移动互联网的基础，它利用电磁波作为信息传输媒介，将用户终端与网络节点连接起来，以实现用户与网络间的信息传递，在一定程度上扔掉了有线网络必须依赖的线缆。

4.1 无线网分类

根据覆盖范围不同，无线网络可分为基于 IEEE802.15 的无线个域网（WPAN）、基于 IEEE802.11 的无线局域网（WLAN）、基于 IEEE802.16 的无线城域网（WMAN），以及基于 IEEE802.20 的无线广域网（WWAN），如图 4.1 所示。

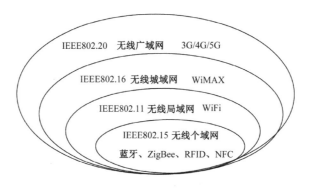

图 4.1 无线网络分类

无线个域网（Wireless Personal Area Network，WPAN），是指在个人活动范围内所使用的无线网络，主要用途是让个人使用的手机、PDA、笔记本等可互相通信，交换数据。典型技术代表分别是蓝牙、ZigBee、RFID、NFC。

无线局域网（Wireless Local Area Network，WLAN），用于局域网环境，覆盖范围可达 5km，典型技术代表是 WiFi，具体见 4.3 节内容。

无线城域网（Wireless Metropolitan Area Network，WMAN）通常用于城市范围内，覆盖范围为几千米到几十千米。典型技术代表是 WiMAX。

无线广域网（Wireless Wide Area Network，WWAN）指传输范围可跨越国家或不同城市的无线网络，由于其网络覆盖范围大，需要运营商来架设及维护整个网络。WWAN 通常指的是几大电信运营商（中国移动、中国电信、中国联通等）的移动通信网。典型技术代表分别是 3G/4G/5G。

4.2　移动通信

移动通信，简而言之就是移动中的通信，它首先是无线通信，通信的一方可能处于移动状态，能够保持通信过程而不中断。移动通信能满足现代化的"5W"通信要求：任何人（Whoever）在任何时候（Whenever）在任何地方（Wherever）与另一个人（Whomever）进行任何类型（Whatever）的通信。随着移动通信快速发展，"5W"愿景逐步成为现实，人们享受着移动通信带来的便利（见图 4.2）。

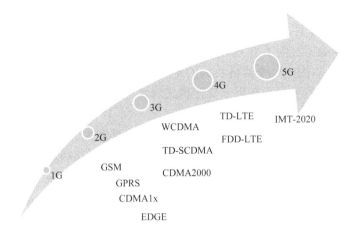

图 4.2　移动通信系统演进路线

4.2.1 1G/2G 移动技术

第一代移动通信（1G）是指模拟移动网技术，第一代模拟手机只能进行话音通话，俗称大哥大（图 4.3）。它有很多不足之处，如容量有限、制式太多、互不兼容、保密性差、通话质量不高、不能提供数据业务和不能提供自动漫游等，1G 是业界对之前基于模拟网的移动通信的统称，1G 时代移动通信未形成全球统一标准，各厂家、各组织各自为战，不同技术互不兼容。

图 4.3　影片中的大哥大镜头

第一代移动通信是全球范围内早期建设的移动电话网，拥有模拟网手机的人都是社会上的"精英"或者"富豪"。

手机的原型最早是基于 1940 年贝尔实验室制造的战地移动电话发展而来的。1973 年 4 月，"手机之父"、美国摩托罗拉公司工程技术员马丁·库帕（Marty Cooper）发明了世界上第一部推向民用的手机（移动电话）。当时他站在纽约街头，掏出一个约砖头大的无线电话打给他在贝尔实验室工作的一位对手，"乔，我现在正在用一部便携式蜂窝电话跟你通话。"对方当时也在研制移动电话，但尚未成功。

1986 年，第一套移动通信系统在美国芝加哥诞生，采用模拟信号传输。在中国，1987 年，珠三角模拟基站开通，拉开了中国移动通信发展序幕。由于移动网高昂的资费造成业务发展相对较慢，到 1994 年，发展用户仅为 157 万户，手机价格上万元甚至更高，是名副其实的"大哥大"。随着第二代移动通信的兴起，模拟网移动电话逐步没落了，直到 20 世纪末才退出中国历史舞台。

20 世纪 80 年代中期，当模拟蜂窝移动通信系统刚投放市场时，世界上的发达国家就在研制第二代移动通信系统。GSM（图 4.4）和 CDMA 称为第二代移动通信（2G），其核心变化是实现了模拟移动通信向数字移动通信的升级换代。在业务功能上，第二代 GSM、CDMA 等数字式手机除了语音功能外，还增加了短信、WAP 上网等功能。

CM-M1300　　　　　　CM-M3300

图 4.4　GSM 手机

　　GSM 的名字原本是移动专家组（法语 Groupe Spécial Mobile）的缩写，后来这一缩写的含义被改变为"全球移动通信系统"，以方便 GSM 向全世界的推广。1991 年，GSM 系统正式在欧洲问世，网络开通运行。1995 年，中国联通率先在京津沪穗建设 GSM 数字移动电话网，俗称 G 网，时任国务院副总理的邹家华拨通了中国联通第一个 GSM 移动电话。

　　提到 CDMA 不得不提一下美国影视女演员海蒂·拉玛（Hedy Lamarr）（图 4.5），1941 年，海蒂·拉玛借鉴了音乐家朋友同步演奏钢琴的原理发明了"跳频技术"，该技术成为 CDMA 和 WiFi 的基础，所以很多人把海蒂·拉玛称为"CDMA 之母""WiFi 之母"。后来，美国高通公司在跳频技术的基础上，研发出了 CDMA 无线数字通信系统。

　　人类社会已经进入了 4G 移动通信时代，全球诸多 GSM 网络运营商，已经将 2017 年确定为关闭 GSM 和 CDMA 二代（2G）网络的年份，以便腾出无线电频率资源，用于建设 4G 及未来的 5G 网络。

图 4.5　海蒂·拉玛

4.2.2　3G 技术

第三代移动通信（3G）是覆盖全球的多媒体移动通信。其核心是宽带无线通信，重点改善的是宽带上网能力，3G 核心技术采用了 CDMA 技术，数据传输速度有了大幅提升，峰值速率达到 10Mb/s 量级，能够处理图像、音乐、视频流等多种媒体形式，提供包括网页浏览、电话会议、电子商务等多种信息服务。

第三代移动通信还有一个更加专业的名字——IMT2000，其中 IMT 指 International Mobile Telecommunication（国际移动电信），2000 指三方面的含义，即工作在 2000MHz 频段、在 2000 年左右出现、最高业务速率为 2000Kb/s。

3G 是支持高速数据传输的蜂窝移动通信技术，能够同时传送声音（通话）及数据信息（电子邮件、即时通信等），可以提供高速数据业务。3G 与 2G 的主要区别是在传输声音和数据的速度上的提升，它能够在全球范围内更好地实现无线漫游，并处理图像、音乐、视频流等多种媒体形式，提供包括网页浏览、电话会议、电子商务等多种信息服务，同时也要考虑与已有第二代系统的良好兼容性。为了提供这种服务，无线网络必须能够支持不同的数据传输速度，也就是说在室内、室外和行车的环境中能够分别支持至少 2Mb/s、384Kb/s 及 144Kb/s 的传输速度（此数值根据网络环境会发生变化）。

2000 年 5 月，国际电信联盟（ITU）确定 W-CDMA、CDMA2000、TD-SCDMA 三大主流无线接口标准。2007 年 10 月 19 日，国际电信联盟在日内瓦举行的无线通信全体会议（World Radiocommunication Conferences）

上，经过多数国家投票，WiMAX 正式被批准成为继 WCDMA、CDMA2000 和 TD-SCDMA 之后的第四个全球 3G 标准。在中国，国务院总理温家宝 2008 年 12 月 31 日主持召开国务院常务会议，同意启动第三代移动通信牌照发放工作。2009 年 1 月 7 日，工业和信息化部为中国移动、中国电信和中国联通发放 3G 牌照，标志着中国正式进入 3G 时代。其中，中国移动获得 TD-SCDMA 牌照，中国电信获得 CDMA2000 牌照，中国联通获得 WCDMA 牌照。

1）WCDMA

WCDMA（Wideband CDMA，宽带码分多址），源于欧洲和日本几种技术的融合。虽然名字比 CDMA 仅多一个 W，但是 WCDMA 和 CDMA 却相差甚远。WCDMA 也使用码分多址的复用技术，而且它跟高通的标准也很相似。但是 WCDMA 不仅是复用标准。它是一个详细的定义移动终端怎样跟基站通信、信号怎样调制、数据帧怎么构建等完整的规范集。

在国内，中国联通采用 WCDMA 标准建设自己的 3G 网络，2015 年 9 月中国联通发布了新一代网络架构白皮书，宣布停止 3G 网络规模扩容，全面加速 4G 网络建设，并在全网加快部署 4G+。

2）CDMA2000——CDMA 的 3G 延伸

虽然 WCDMA、TD-SCDMA 都带有 CDMA 字样，但是真正意义上 2G 中的 CDMA 制式的继承技术是 CDMA2000，它由高通公司为主导提出，摩托罗拉、Lucent 和后来加入的韩国三星等公司都有参与，韩国现在成为该标准的主导者。由于目前使用 CDMA 的地区只有日、韩、北美和中国，所以 CDMA2000 的支持者不如 WCDMA 多。

3）TD-SCDMA

TD-SCDMA（Time Division-Synchronous Code Division Multiple Access，时分同步码分多址）是中国提出的第三代移动通信标准，也是 ITU 批准的三个 3G 标准中的一个，以中国知识产权为主的、被国际上广泛接受和认可的无线通信国际标准。这是中国电信史上重要的里程碑。

1998 年年初，在当时的邮电部科技司的直接领导下，由电信科学技术研究院组织队伍在 SCDMA 技术的基础上，研究和起草了符合 IMT-2000 要求的中国的 TD-SCDMA 建议草案。这份标准草案，以智能天线、同步码分多址、接力切换、时分双工为主要特点，于 ITU 征集 IMT-2000 第三代移动通信无线传输技术候选方案的截止日——1998 年 6 月 30 日当天提交到 ITU，从而成为 IMT-2000 的 15 个候选方案之一。ITU 综合了各评估组的评估结果，在 1999 年 11 月赫尔辛基 ITU-RTG8/1 第 18 次会议上和 2000 年 5 月在伊斯坦布尔的 ITU-R 全会上，TD-SCDMA 被正式接纳为 CDMA TDD 制式的方案之一。

中国无线通信标准研究组作为代表中国的区域性标准化组织，从 1999 年 5 月加入 3GPP 以后，经过 4 个月的充分准备，并与 3GPPPCG（项目协调组）、TSG（技术规范组）进行了大量协调工作后，在同年 9 月向 3GPP 建议将 TD-SCDMA 纳入 3GPP 标准规范的工作内容。1999 年 12 月，在法国尼斯的 3GPP 会议上，中国的提案被 3GPPTSGRAN（无线接入网）全会所接受，正式确定将 TD-SCDMA 纳入到 Release 2000（后拆分为 R4 和 R5）的工作计划中。

经过一年多的时间，经历了几十次工作组会议、几百篇提交文稿的讨论，在 2001 年 3 月棕榈泉的 RAN 全会上，随着包含 TD-SCDMA 标准在内的 3GPPR4 版本规范的正式发布，TD-SCDMA 在 3GPP 中的融合工作达成了第一个目标。

至此，TD-SCDMA 不论在形式上还是在实质上，都已在国际上被广大运营商、设备制造商所认可和接受，成为真正的国际标准。

4）WiMAX

WiMAX（World Interoperability for Microwave Access，全球微波接入互操作性）是一项新兴的无线通信技术，能提供面向互联网的高速连接（图 4.6）。

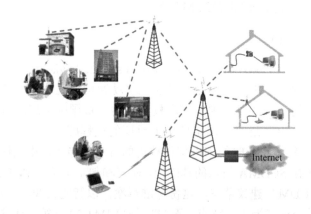

图 4.6 WiMAX 网络

WiMAX 技术由于最初是由英特尔、奥维通等一部分厂商倡导成立的，一直以来饱受争议。但随着摩托罗拉、朗讯、思科、北电网络和富士通等巨头公司，以及华为、中兴等网络通信巨头企业的加入，WiMAX 的发展前景呈现一片光明。该技术以 IEEE 802.16 的系列宽频无线标准为基础，技术优势可以概括如下：传输距离远且接入速度快；系统容量大；提供广泛的多媒体通信服务；此外，在安全保证、互操作性和应用范围等方面，WiMAX 允许绕过铜缆或电缆设施，采用更灵活、更便宜的无线连接，扩展其接入网络。WiMAX 是一种基于 IEEE 802.16 标准、NLOS（非视距）、点对多点的技术，专门为宽带无线接入和回程而开发，数据吞吐率可高达 70Mb/s，传输距离可达 50km。

4.2.3　4G 技术

随着数据通信与多媒体业务需求的发展，适应移动数据、移动计算及移动多媒体运作需要的第四代移动通信（4G）开始兴起。

2008 年 3 月，在国际电信联盟无线电通信部门（ITU-R）指定一组用于 4G 标准的要求，命名为 IMT-Advanced 规范，设置 4G 服务的峰值速度要求在高速移动的通信（如在火车和汽车上使用）达到 100 Mb/s，固定或低速移动的通信（如行人和定点上网的用户）达到 1 Gb/s。2012 年 1 月 18 日，国际电信联盟在 2012 年无线电通信全会全体会议上，正式审议通过将 LTE-Advanced 和 WirelessMAN-Advanced（802.16m）技术规范确立为 IMT-Advanced（俗称 "4G"）国际标准。其中，根据双工方式不同，LTE Advanced 又分为 FDD（Frequency Division Duplexing，频分双工）和 TDD（Time Division Duplexing，时分双工）两种制式。TD-LTE（时分多址的 LTE）是中国主导的，也是 TD-SCDMA 的升级，其上行理论速率为 50Mb/s，下行理论速率为 100Mb/s。国外大部分运营商都采用 FDD-LTE（频分多址的 LTE）网络提供 4G 服务，FDD-LTE 上行理论速率为 40Mb/s，下行理论速率为 150Mb/s。2013 年 12 月，工信部向中国移动、中国联通和中国电信三大运营商正式发放了 TD-LTE 牌照，意味着 4G 时代来了。2015 年 2 月 27 日工信部向中国联通和中国电信发放了 FDD-LTE 牌照。至此，中国移动拥有 TDD 制式 4G 牌照，中国联通和中国电信拥有 TDD 和 FDD 制式 4G 牌照。在通常所说的六模全网通手机中，六模是指 GSM、CDMA2000、TD-SCDMA、

WCDMA、TD-LTE、FDD-LTE，即同时支持中国电信、中国移动，以及中国联通 2G、3G、4G。

　　FDD 和 TDD 如图 4.7 所示。首先，手机想上网，必须建立上行和下行的通道，例如，使用微信时，手机会通过上行通道发送一个请求，然后微信服务器通过下行通道，把最新的未读消息传到手机上。一般情况下，用户使用下行（下载）的时间比较多，而使用上行（上传）的时间很少。为了建立起上行和下行的通道，FDD 用两个频率分别负责下载和上传；TD-LTE 只用一个频率，既负责上传，又负责下载。如果把频率比喻为高速公路，则 FDD 占用了两条高速公路作为正反两个方向的通道，因此彼此之间可以连续互为通信；而 TDD 只占用了一个高速通道，占用资源虽然少了，但双向通信需要在不同的时间进行，相当于道路在某一段时间内是正向，而另一个时间内是反向，也可以理解为这条高速公路装了个红绿灯，绿灯你可以通过，红灯则是等对方通过。站在管理者的角度来说，TDD 双向交通只占用一条高速公路，造价低、资源占用少，但对用户却没有任何直接的好处。而 FDD 双向交通占用两条高速公路同时通信，占用交通资源多、造价高，而且在下行道路上经常还会出现道路空闲的情况，所以有一条公路的资源有些浪费，但对用户来说，这种方式速度快，使用方便，没有任何缺点。

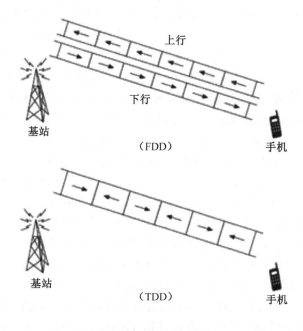

图 4.7　FDD/TDD 描述

2014 年，华为首次提出 4.5G 的概念，从 4G 到 5G 的演进进程中，LTE 仍然有很大的发展空间，面临至少 5 年的机会窗。在这个窗口期内需要一种技术承上启下，由此 4.5G 应运而生。TDD 技术演进正是华为 4.5G 的一个重要分支，由华为、中国移动共同研究提出。相比 4G 网络 100Mb/s 以上的数据传输速度，4G+下行峰值速度可达到 300Mb/s，上行速度也能达到 50Mb/s。2015 年 7 月中国移动发布"和 4G+"品牌，随后中国电信发布"天翼 4G+"品牌，12 月中国联通发布"沃 4G+"品牌，至此中国已全面进入 4G+时代。

4.2.4　5G 技术

自 20 世纪 70 年代以来，移动通信从模拟语音通信发展成为能提供高质量移动宽带服务的技术，终端用户数据速率达到数兆比特每秒，用户体验也在不断提高。此外，随着新型移动设备的增加，通信业务不断增长、网络流量持续上升，现有的无线技术已无法满足未来通信的需求。

1．发展

在全球开始将 4G 网络商用的同时，第五代移动通信技术已在研究中。

欧洲 METIS 计划提出了支撑移动宽带、超可靠机器通信、大规模机器通信的关键技术，分别是高效系统控制层、动态无线接入网络、本地内容/业务分流和频谱工具箱。

诺基亚认为网络架构将在 5G 中扮演重要角色，5G 网络将会使程序化、软件驱动及全面管理、多样化服务的实现成为可能。

爱立信提出的"网络即服务"的方式，可以非常灵活地根据用户需求进行资源分配和资源再分配，其关键在于将传统的"一刀切"网络进一步抽象为网络切片。

华为在 5G 组网架构、频谱使用、空口技术等领域提出多种新技术，并在其场外测试中联合中国移动开通首个大规模多天线基站。

中兴通讯在 4G cloud radio 架构的基础上，发布了基于动态 mesh 的全新 5G 接入网架构，并推出了采用简单非正交码组设计的多址接入技术。

2013 年 5 月 13 日，韩国三星电子有限公司宣布，已成功开发第 5 代移动通信（5G）的核心技术，这一技术预计将于 2020 年开始推向商业化。该技术可在 28GHz 超高频段以 1Gb/s 以上的速度传送数据，且最长传送距离可达 2km，利用这一技术，下载一部高画质（HD）电影只需 10s。

2015 年 3 月 1 日，英国《每日邮报》报道，英国已成功研制 5G 网络，并进行 100m 内的传送数据测试，每秒数据传输高达 125GB，是 4G 网络的 6.5 万倍，理论上 1s 可下载 30 部电影，报道称，该网络将于 2018 年投入公众测试，2020 年正式投入商用。

早在 2009 年，华为就已经展开了相关技术的早期研究，并在之后的几年里向外界展示了 5G 原型机基站。2013 年 11 月 6 日，华为宣布将在 2018 年前投资 6 亿美元对 5G 的技术进行研发与创新，并预言在 2020 年用户会享受到 20Gb/s 的商用 5G 移动网络。

2. 5G 概念

从字义上看，5G 指的是第五代移动通信。5G 是 4G 之后的延伸，如果将网络带宽比作高速公路，5G 则是在 4G 的基础上将高速公路进行了拓宽。5G 的最高峰值可以达到 10Gb/s。传输一个高清的视频，3G 需要 20～30min，4G 可能只需 2min，而 5G 在 10s 内就可以完成。

2015 年 2 月 11 日，中国 IMT-2020（5G）推进组发布的 5G 概念白皮书认为，综合 5G 关键能力与核心技术，5G 概念可由"标志性能力指标"和"一组关键技术"来共同定义。其中，5G 标志性能力指标为"Gbps 用户体验速率"，一组关键技术包括大规模天线阵列、超密集组网、新型多址、全频谱接入和新型网络架构。大规模天线阵列是提升系统频谱效率的最重要技术手段之一，对满足 5G 系统容量和速率需求将起到重要的支撑作用；超密集组网通过增加基站部署密度，可实现百倍量级的容量提升，是满足 5G 千倍容量增长需求的最主要手段之一；新型多址技术通过发送信号的叠加传输来提升系统的接入能力，可有效支撑 5G 网络千亿设备连接需求；全频谱接入技术通过有效利用各类频谱资源，可有效缓解 5G 网络对频谱资源的巨大需求；新型网络架构基于 SDN、NFV 和云计算等先进技术可实现以用户为中心的更灵活、智能、高效和开放的 5G 新型网络。另外，在 5G 的关键技术中，毫米波技术已确定无疑是 5G 关键技术之一，在毫米波段部署大带宽是提高速率、实现增强移动宽带场景的重要技术。

3. 5G 频谱

5G 系统将覆盖高中低频段，预计频段范围为 450MHz～100GHz，并将 6GHz 作为分界点，6GHz 以下为中低频（传统频段），6GHz 以上为高频（未来探索频段），高频特别是 28GHz 以上的毫米波频谱带宽充裕。

在无线通信中，用高频段大带宽来解决热点区域的容量及速率需求，但其深度及广度覆盖能力差难以全网部署；而中低频用于解决网络连续覆盖需求，因此在未来 5G 网络部署时须根据不同的业务场景，高频与中低频配合使用，以达到分场景覆盖的效果。

目前，5G 频谱还在探索阶段，在 ITU-R WRC2015 会议上 5G 频段并没有实质性的进展，但各国在 5G 频段上均有自己的需求。

（1）中国：截至 2017 年 8 月，工信部规划了以下 4 个频段用于 5G 技术研发试验：3.3～3.6GHz 频段、4.8～5.0GHz 频段、24.75～27.5GHz 频段、37～42.5GHz 频段。

（2）美国：美国联邦通信委员会已通过了将 24GHz 以上频谱规划用于无线宽带业务的法令，包括 27.5～28.35GHz、37~38.6GHz 和 38.6~40GHz 频段，共计 3.85GHz 带宽的授权频率，以及 64～71GHz 共计 7GHz 带宽的免授权频率。

（3）欧洲：明确 24.25～27.5GHz、3.4～3.8GHz、700MHz 频段作为欧洲 5G 初期部署的高中低优先频段。

（4）日本：对于低频主要关注 3.6～4.2GHz，4.4～4.9GHz；对于高频主要关注 27.5～29.5GHz.

（5）韩国：专注于高频特别是 28GHz 毫米波，主要是 26.5～29.5GHz。

4．5G 技术指标

5G 不再单纯地强调峰值速率，而是综合考虑 6 个技术指标，主要包括用户体验速率、连接数密度、端到端时延、流量密度、移动性和用户峰值速率（图 4.8）。

5G 需要具备比 4G 更高的性能，支持 0.1～1Gb/s 的用户体验速率，$10^7/km^2$ 的连接数密度，毫秒级的端到端时延，几十 Tb/s/km^2 的流量密度，500km/h 以上的移动性和几十 Gb/s 的峰值速率。其中，用户体验速率、连接数密度和时延为 5G 最基本的三个性能指标。同时，5G 还需要大幅提高网络部署和运营的效率，相比 4G，频谱效率提升 5～15 倍，能效和成本效率提升 100 倍以上。

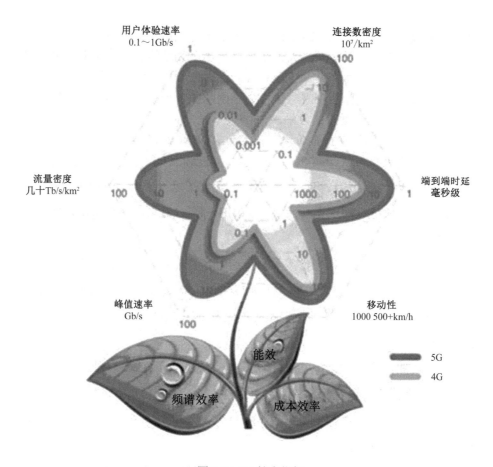

图 4.8　5G 技术指标

5. 5G 场景

与前几代移动通信相比，第五代移动通信技术（5G）的业务提供能力将更加丰富，国际移动通信标准化组织定义了 5G 具有以下三大主要应用场景：

（1）eMBB（Enhance Mobile Broadband），增强型移动宽带，按照计划能够在人口密集区为用户提供 1Gb/s 用户体验速率和 10Gb/s 峰值速率，在流量热点区域，可实现几十 $Tb/s/km^2$ 的流量密度，对应的是三维/超高清视频等大流量移动宽带业务。

（2）mMTC（Massive Machine Type Communication），海量物联网通信，大规模机器通信，不仅能够将医疗仪器、家用电器和手持通讯终端等全部连接在一起，还能面向智慧城市、环境监测、智能农业、森林防火等以传感和数据采集为目标的应用场景，并提供具备超千亿网络连接的支持能力。

（3）uRLLC（Ultra Reliable & Low Latency Communication），低时延、高可靠通信，主要面向智能无人驾驶、工业自动化等需要低时延高可靠连接的业务，能够为用户提供毫秒级的端到端时延和接近 100% 的业务可靠性保证。

以上三大应用场景具体包括：吉比特每秒移动宽带数据接入、智慧家庭、智能建筑、话音通话、智慧城市、三维立体视频、超高清晰度视频、云工作、云娱乐、增强现实、行业自动化、紧急任务应用、自动驾驶汽车等（图 4.9）。

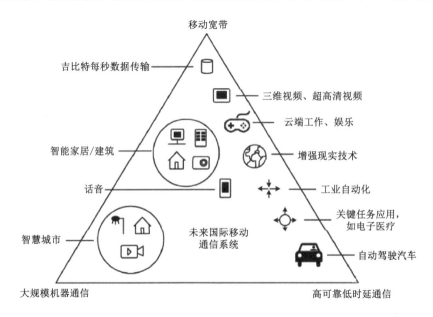

图 4.9 5G 应用场景

6．5G 网络架构

5G 网络将融合多类现有或未来的无线接入传输技术和功能网络，包括传统蜂窝网络、大规模多天线网络、认知无线网络、无线局域网、无线传感器网络、小型基站、可见光通信和设备直连通信等，并通过统一的核心网络进行管控，以提供超高速率和超低时延的用户体验和多场景的一致无缝服务，一个可能的 5G 系统架构如图 4.10 所示。

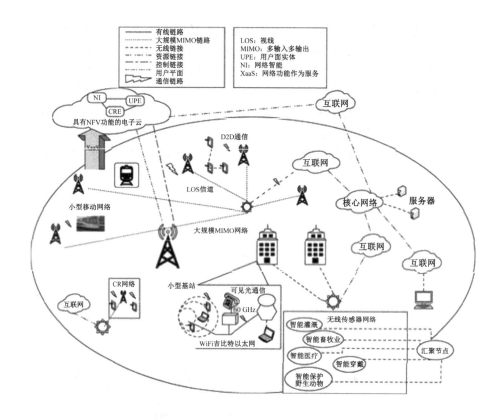

图 4.10　5G 网络架构

　　为此，对于 5G 网络架构，一方面，通过引入软件定义网络 SDN 和网络功能虚拟化 NFV 等技术，实现控制功能和转发功能的分离，以及网元功能和物理实体的解耦，从而实现多类网络资源的实时感知与调配，以及网络连接和网络功能的按需提供和适配；另一方面，进一步增强接入网和核心网的功能，接入网提供多种空口技术，并形成支持多连接、自组织等方式复杂网络拓扑，核心网则进一步下沉转发平面、业务存储和计算能力，更高效地实现对差异化业务的按需编排。

　　在上述技术支撑下，5G 网络架构可大致分为控制、接入和转发平面，其中，控制平面通过网络功能重构，实现集中控制功能和无线资源的全局调度；接入平面包含多类基站和无线接入设备，用于实现快速、灵活的无线接入协同控制和提高资源利用率；转发平面包含分布式网关并集成内容缓存和业务流加速等功能，在控制平面的统一管控下实现数据转发效率和路由灵活性的提升。

7．5G 关键技术

5G 关键技术主要来源于无线技术和网络技术两方面。在网络技术领域，基于软件定义网络（SDN）和网络功能虚拟化（NFV）的新型网络架构已取得广泛共识。在无线技术领域，大规模天线阵列、超密集组网、新型多址和全频谱接入等技术已成为业界关注的焦点，基于滤波的正交频分复用（F-OFDM）、滤波器组多载波（FBMC）、全双工、灵活双工、终端直通（D2D）、多元低密度奇偶检验（Q-ary LDPC）码、网络编码、极化码等也被认为是5G 重要的潜在无线关键技术。

1）大规模 MIMO 技术

大规模 MIMO 技术（Massive MIMO，3D MIMO），指在发射端和接收端分别使用多个发射天线和接收天线，使信号通过发射端与接收端的多个天线传送和接收，从而改善通信质量。它能充分利用空间资源，通过多个天线实现多发多收，在不增加频谱资源和天线发射功率的情况下，可以成倍地提高系统信道容量，对满足 5G 系统容量与速率需求起到重要的支撑作用。大规模 MIMO 技术应用于 5G 需解决信道测量与反馈、参考信号设计、天线阵列设计、低成本实现等关键问题。

2016 年 9 月 8 日，日本运营商软银（SoftBank）和旗下的 Wireless City Planning 召开新闻发布会，宣布面向下一代高速通信标准 5G 的项目"5G Project"正式启动。作为"5G Project"启动的第一阶段，软银将商用可大幅扩展网络容量的 Massive MIMO 技术。

2）超密集组网

通过增加基站部署密度，可实现频率复用效率的巨大提升，但考虑到频率干扰、站址资源和部署成本，超密集组网可在局部热点区域实现 100 倍量级的容量提升。干扰管理与抑制、小区虚拟化技术、接入与回传联合设计等是超密集组网的重要研究方向。

3）新型多址技术

新型多址技术，通过发送信号在空/时/频/码域的叠加传输来实现多种场景下系统频谱效率和接入能力的显著提升。此外，新型多址技术可实现免调度传输，将显著降低信令开销，缩短接入时延，节省终端功耗。目前业界提出的技术方案主要包括基于多维调制和稀疏码扩频的稀疏码分多址（SCMA）

技术、基于复数多元码及增强叠加编码的多用户共享接入（MUSA）技术、基于非正交特征图样的图样分割多址（PDMA）技术，以及基于功率叠加的非正交多址接入技术（NOMA）。

3G 采用直接序列码分多址（Direct Sequence CDMA，DS-CDMA）技术，手机接收端使用 Rake 接收器，由于其非正交特性，所以使用快速功率控制（Fast Transmission Power Control，TPC）来解决手机和小区之间的远近问题。而 4G 网络则采用正交频分多址（OFDM）技术，OFDM 不但可以克服多径干扰问题，而且和 MIMO 技术配合，极大地提高了数据速率。由于多用户正交，手机和小区之间就不存在远或近的问题，快速功率控制就被舍弃，而采用 AMC（自适应编码）的方法来实现链路自适应。

NOMA 希望实现的是，重拾 3G 时代的非正交多用户复用原理，并将之融合于现在的 4G OFDM 技术之中。从 2G、3G 到 4G，多用户复用技术无非就是在时域、频域、码域上做文章，而 NOMA 在 OFDM 的基础上增加了一个维度——功率域。新增这个功率域的目的是利用每个用户不同的路径损耗来实现多用户复用。

实现多用户在功率域的复用，需要在接收端加装一个 SIC（持续干扰消除），通过这个干扰消除器，加上信道编码，就可以在接收端区分出不同用户的信号。

NOMA 可以利用不同的路径损耗的差异来对多路发射信号进行叠加，从而提高信号增益。它能够让同一小区覆盖范围的所有移动设备都获得最大的可接入带宽，解决由于大规模连接带来的网络挑战。NOMA 无须知道每个信道的 CSI（信道状态信息），从而有望在高速移动场景下获得更好的性能，并能组建更好的移动节点回程链路。

4) 全频谱接入/超宽带频谱

通过有效利用各类移动通信频谱（包含高低频段、授权与非授权频谱、对称与非对称频谱、连续与非连续频谱等）资源来提升数据传输速率和系统容量。6GHz 以下频段因其较好的信道传播特性可作为 5G 的优选频段，6～100GHz 高频段具有更加丰富的空闲频谱资源，可作为 5G 的辅助频段。信道测量与建模、低频和高频统一设计、高频接入回传一体化及高频器件是全频谱接入技术面临的主要挑战。

5) 信道编码

信道编码也称差错控制编码，是所有现代通信系统的基石。所谓信道编码，就是在发送端对原数据添加冗余信息，这些冗余信息是和原数据相关的，再在接收端根据这种相关性来检测和纠正传输过程产生的差错，这些加入的冗余信息就是纠错码，用来对抗传输过程的干扰。

2016 年 11 月 18 日，3GPP 确定了 5G eMBB（增强移动宽带）场景的信道编码技术方案，华为公司推荐的 PolarCode 信道编码方案脱颖而出，成为 5G 短码控制信道的最终解决方案。而短码的数据信道编码方案则采用了美国高通主推的 LDPC 码。

LDPC 码之前被广播系统、家庭有线网络、无线接入网络等通信系统所采用，此次是其第一次进入 3GPP 移动通信系统。

Polar 码于 2008 年由土耳其毕尔肯大学 Erdal Arikan 教授首次提出，中国公司对 Polar 码的潜力有共识，并投入了大量研发力量对其 5G 应用方案进行深入研究、评估和优化，在传输性能上取得突破。中国将持续加大对 5G 技术标准研发，为形成全球统一的 5G 标准、提升 5G 标准竞争力做出重要贡献。

6）FBMC（滤波组多载波技术）

在 OFDM 系统中，各个子载波在时域相互正交，它们的频谱相互重叠，因而具有较高的频谱利用率。OFDM 技术一般应用在无线系统的数据传输中，在 OFDM 系统中，无线信道的多径效应使符号间产生干扰。为了消除符号间干扰（ISl），在符号间插入保护间隔。插入保护间隔的一般方法是符号间置零，即发送第一个符号后停留一段时间（不发送任何信息），接下来再发送第二个符号。在 OFDM 系统中，这样虽然减弱或消除了符号间干扰，由于破坏了子载波间的正交性，从而导致了子载波之间的干扰（ICI）。因此，这种方法在 OFDM 系统中不能采用。

在 OFDM 系统中，为了既可以消除 ISI，又可以消除 ICI，通常保护间隔是由 CP（Cycle Prefix，循环前缀来）充当。CP 是系统开销，不传输有效数据，从而降低了频谱效率。而 FBMC 利用一组不交叠的带限子载波实现多载波传输，FMC 对于频偏引起的载波间干扰非常小，不需要 CP（循环前缀），较大地提高了频率效率。

7）毫米波（millimetre Waves，mmWaves）

无线传输增加传输速率大体上有两种方法：一是增加频谱利用率；二是增加频谱带宽。相对于提高频谱利用率，增加频谱带宽的方法显得更简单直接。在频谱利用率不变的情况下，可用带宽翻倍，则可以实现的数据传输速率也翻倍。但问题是，现在常用的 5GHz 以下的频段已经非常拥挤，到哪里去找新的频谱资源呢？各大厂商不约而同想到的方法就是使用毫米波技术。

什么叫毫米波？频率为 30～300GHz，波长为 1～10mm。由于足够量的可用带宽，较高的天线增益，毫米波技术可以支持超高速的传输率，且波束窄、灵活可控，可以连接大量设备。

根据通信原理，无线通信的最大信号带宽大约是载波频率的 5%，因此载波频率越高，可实现的信号带宽也越大。在毫米波频段中，28GHz 频段和 60GHz 频段是最有希望使用在 5G 的两个频段。28GHz 频段的可用频谱带宽可达 1GHz，而 60GHz 频段每个信道的可用信号带宽则到了 2GHz（整个 9GHz 的可用频谱分成了四个信道），如图 4.11 所示。

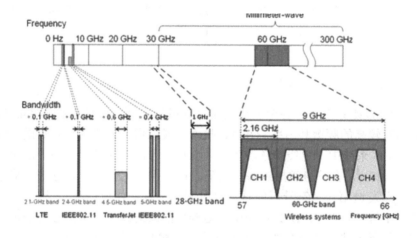

图 4.11　各个频段可用频谱带宽比较

相比而言，4G-LTE 频段最高频率的载波在 2GHz 上下，而可用频谱带宽只有 100MHz。因此，如果使用毫米波频段，则频谱带宽轻轻松松就翻了 10 倍，传输速率也可得到巨大提升。

2016 年 11 月，澳大利亚运营商 Optus 宣布，已经与华为公司合作完成了 5G 网络测试。在此次测试中，华为公司和 Optus 公司使用 73GHz 超高频段实现了高达 35Gb/s 的传输速率。

8）D2D（终端直通，设备到设备通信）

基于蜂窝网络的 D2D 通信，或称为邻近服务（Proximity Service，ProSe），是指用户数据可不经网络中转而直接在终端之间传输。D2D 通信与传统的蜂窝通信网络架构有显著区别,如图 4.12 所示。

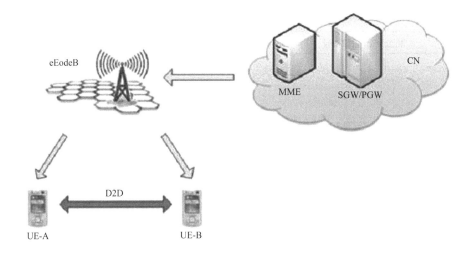

图 4.12　D2D

9)同时同频全双工(CCFD)

同时同频全双工技术(Co-time Co-frequency Full Duplex,CCFD)是指设备的发射机和接收机占用相同的频率资源同时进行工作,使得通信双方在上、下行可以在相同时间使用相同的频率,突破了现有的频分双工(FDD)和时分双工(TDD)模式,是通信节点实现双向通信的关键之一。传统双工模式主要是频分双工和时分双工,用以避免发射机信号对接收机信号在频域或时域上的干扰,而新兴的同频同时全双工技术采用干扰消除的方法,减少传统双工模式中频率或时隙资源的开销,从而达到提高频谱效率的目的。与现有的 FDD 或 TDD 双工方式相比,同时同频全双工技术能够将无线资源的使用效率提升近 1 倍,从而显著提高系统吞吐量和容量,因此成为 5G 潜在的关键技术之一。

10)C-RAN

C-RAN 是根据现网条件和技术进步的趋势,提出的新型无线接入网构架(图 4.13)。C-RAN 是基于集中化处理(Centralized Processing),协作式无线电(Collaborative Radio)和实时云计算构架(Real-time Cloud Infrastructure)

的绿色无线接入网构架（Clean System）。其本质是通过实现减少基站机房数量来减少能耗，采用协作化、虚拟化技术实现资源共享和动态调度，提高频谱效率以达到低成本、高带宽和灵活度的运营。

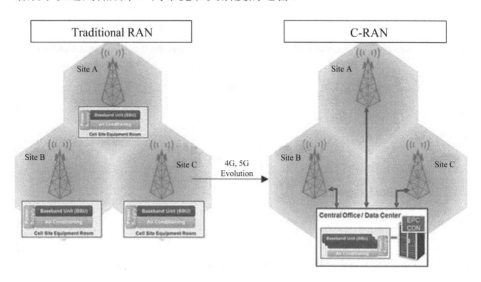

图 4.13　C-RAN 架构

在传统的架构下，基站塔上的天线为某家特定公司在该塔服务的区域内为客户发送及接收信息。基站塔的底部是一个相对比较小的建筑物，像一个小棚子，里头装了一大堆设备，包括移动处理设备（基站单元）、"传输"设备（用于连接基站与其余移动运营商网络）、空调设备（用于将设备的温度控制在其正常运作范围之内）、电源（用于为塔上的发射器及上述设备供电）。

在新的 C-RAN 架构中，每个基站处均不再有设备间。取而代之的是，这些设备都集中到了附近的某处（总局或数据中心），此处还装置有针对某个特定区域的多个基站的设备，因此，C-RAN 中的"C"意为集中化。

8. 发展

当前，制定全球统一的 5G 标准已成为业界共同的呼声，新的 5G 标准将不仅方便购物中心和大型公共场所的信息娱乐应用，使大量手机和设备能够在高数据业务量的情况下同时投入使用，还能够支持使用公共通信网络的警察、消防队和救护车服务等专业用途。用户设备将具有强化的媒体消费功能，如超高清晰度显示器、移动三维投影、沉浸式视频会议和增强及混合实景显示与接口。5G 将实现真正的物联网，家居、汽车、机器人、无人机、机床、屠宰生产线、农业基地、高速铁路、城市等都将借此接入网络。

2015 年 10 月 29 日，国际电信联盟 ITU 举办的无线电通信全会通过了一项重要决议，确定了研发 5G 移动系统的路线图及其名称"IMT-2020"。这标志着 5G 系统的总体"愿景"、目标、进程及部署时间均已获得官方确定。

2016 年，国际电信联盟 ITU 开展 5G 技术性能需求和评估方法研究，并将在 2020 年完成 IMT-2020 的标准化工作。

根据国际电信联盟制定的严格时间表，行业和国家及区域标准制定组织将紧密合作，制定出支持 5G 的无线电系统的详细技术性能要求。正如国际电信联盟秘书长赵厚麟（图 4.14）所说，"新的 ITU-R 决议为未来 5G 移动技术的部署创造了条件"。

图 4.14　国际电信联盟秘书长赵厚麟

3GPP 作为国际移动通信行业的主要标准组织，将承担 5G 国际标准技术内容的制定工作。3GPP Rel-14 阶段被认为是启动 5G 标准研究的最佳时机，Rel-15 阶段可启动 5G 标准工作项目，Rel-16 及以后将对 5G 标准进行完善增强（图 4.15）。

2016 年 7 月，美国联邦通信委员会（FCC）宣布 5G 频段规划，计划为美国运营商提供超过 14GHz 的未授权频谱供 5G 使用，并将 24GHz 以上波段用于 5G 的宽带运营（其中约 1/3 波段将被竞拍，其余的将被共享），希望引领全球 5G 发展。

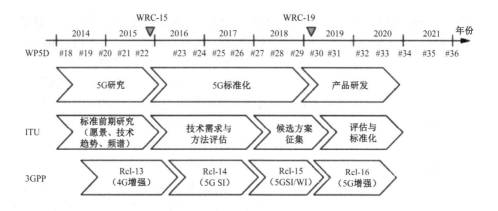

图 4.15　5G 工作计划

美国运营商 AT&T、Verizon 对 5G 态度积极，已经开展了一系列的测试验证，加速 5G 的标准成熟及落地商用。现阶段，Verizon 和 AT&T 均以 5G 的固定无线接入（FWS）应用场景为主。

日、韩运营商对新技术一直保有高度的热情，对 5G 也是持积极试验、快速推进的态度，计划 2020 年年底实现 5G 正式商用。日、韩运营商对 5G 的关注点目前还是 eMBB 的应用场景。

欧盟委员会通过地平线 2020 计划投资 7 亿欧元支持 5G 的研究和创新，计划在 2020 年中期之前在全区范围内提供 694～790MHz（700MHz）频带用于 5G。欧洲运营商对 5G 应用场景考虑得比较全面，希望能够涵盖 eMBB、uRLLC 及 mMTC 等多个方面。

欧盟委员会设定了一个目标，从 2018 年开始到 2020 年，5G 应在每个欧盟成员国的至少一个主要城市商业化；在 2025 年之前，欧盟所有国家将全面部署 5G。

在工信部的主导下，中国的 5G 研发试验将分为两步进行实施：

第一步为技术研发试验（2015—2018 年），由中国信息通信研究院牵头组织，运营企业、设备企业及科研机构共同参与。

第一步又分为三个阶段：第一阶段是 5G 关键技术验证，主要内容为单点关键技术样机性能测试；第二阶段是 5G 技术方案验证，主要内容是融合多种关键技术，开展单基站性能测试；第三阶段是 5G 系统验证，主要内容是 5G 系统的组网技术性能测试，以及 5G 典型业务演示。

2016 年 1 月，IMT-2020 组织的中国 5G 技术研发试验正式启动，已经完成了第一阶段无线测试规范的制定工作。2016 年 11 月 20 日，中国《5G 技术研发试验第二阶段技术规范》正式发布。

第二步为产品研发试验（2018—2020 年），由国内运营企业牵头组织，设备企业及科研机构共同参与。

通过 5G 研发试验，对 5G 各项关键技术进行充分的研究和论证，将有竞争力的方案进行标准化推动，同时也将产业化的难点和重点摸清楚，提前规划和布局，从而加快产业化进程，实现 2020 年商用的目标。

4.3　WLAN 技术

WLAN 实际上已经深入人们的日常生活，例如，在家里，人们不必再端端正正地坐在电脑旁，坐在沙发上、躺在床上就可以收发邮件或在线欣赏影视剧大片，尽情享受无线带来的自由；在候车室，手捧笔记本和 Pad 的人们正逐渐代替手捧报纸和杂志的人们；走进咖啡厅，越来越多的人做的第一件事不是点餐，而是询问咖啡厅无线网络的密码（图 4.16）。

图 4.16　WLAN 应用

1. WLAN 概念

WLAN 的定义有广义和狭义两种，广义 WLAN 是以各种无线电波（如激光、红外线等）的无线信道来代替有线局域网中的部分或全部传输介质所构成的网络，覆盖范围最大（加天线）可以到 5km；而狭义 WLAN 是基于 IEEE 802.11 系列标准，利用高频无线射频（如 2.4GHz 或 5GHz 频段的无线电磁波）作为传输介质的无线局域网，又称 WiFi，覆盖范围可达 300 英尺左右（约合 90m）。

实际生活中，WLAN 指的就是 WiFi。目前三大运营商都有该项业务，覆盖部分商业圈、学校、医院、政府机关及写字楼，在相关场所可以利用具有 WiFi 上网的终端搜索到运营商的 WLAN 信号，中国电信通 WLAN 名为 ChinaNet、中国联通为 China Unicom、中国移动为 CMCC。

提到 WLAN，不得不提到 WAPI 技术，它是中国自主研发的、拥有自主知识产权的无线局域网安全技术标准。相比 WiFi，对于用户而言，WAPI 可以使笔记本电脑及其他终端产品更加安全。WAPI 的安全性虽然获得了包括美国在内的国际上的认可，但是一直都受到 WiFi 联盟商业上的封锁，其原因，一是宣称技术被中国掌握不安全，即所谓的中国威胁论；二是宣称与现有 WiFi 设备不兼容。由于美国的阻击，WiFi 已主导市场。

2．WLAN 的传输介质

WLAN 技术作为一种无线通信技术，实际上采用无线电波传输，采用射频作为载体，其射频的频率范围是 2.4GHz 频段（2.4～2.4835GHz）和 5GHz 频段（频率范围是 5.150～5.350GHz 和 5.725～5.850GHz），如图 4.17 所示。

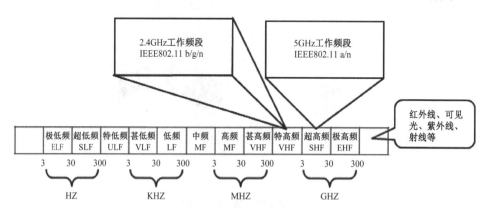

图 4.17　WLAN 频谱图

2.4GHz 频段和 5GHz 频段属于 ISM 频段。ISM 即工业（Industrial）、科

学（Scientific）与医疗（Medical）。ISM 频段主要开放给工业、科学、医疗三个机构使用，只要设备的功率符合限制，不需要申请许可证（Free License）即可使用这些频段，大大方便了 WLAN 的应用和推广。

那么射频又是如何作为载体传递信息的呢？可以这样理解，信息的发送端将信息调制到载波上，通过改变载波的频率、相位和振幅传递信息，接收端收到信息后，再解调还原信息。通过这样一个调制解调的过程，就实现了信息的传递。日常生活中的调频广播、调幅广播等就是这样传递信息的，WLAN 射频传输信息的基础就是调频、调相或调幅。

3．WiFi 的应用

随着 WiFi 的高速发展，WiFi 已深入到人类生活的方方面面。

1）移动 WiFi 服务

随着智能手机、第四代移动通信技术的普及，以及人们对网络的需求，车载 WiFi 应运而生。车载 WiFi 是面向公交、客车、私家车、游轮等公共交通工具推出的特种上网设备。其原理是，通过相关网络设备将 4G 网络转成 WiFi 信号，手机、笔记本电脑、Pad 等终端通过无线接入互联网获取信息、娱乐或移动办公的业务模式。目前，国内越来越多的城市在公交、的士、中/长途客车等交通工具上配备了免费 WiFi 信号，乘客只需扫车上的二维码关注公众号即可免费上网。但是，由于受到技术、带宽、成本等各方面的限制，在火车、高铁、地铁上甚至飞机上提供 WiFi 服务，尚未广泛普及。移动 WiFi 服务使乘客在途中可以随意上网，浏览新闻、刷微信、听音乐、看视频，大大提高了乘客的满意度。

2）WiFi 电灯泡

灯泡仅仅只能用来照明吗？Sengled 公司以它的方式让灯泡实现了更多的功能。Sengled 公司在 2015 年 1 月的 CES 展览上推出了一系列利用应用程序来控制的 LED 灯泡（图 4.18），这些灯泡可以被用户设定为在开启灯泡时播放音乐、提升 WiFi 信号，以及识别身份，或者当用户不在家的时候识别那些不速之客。之所以可以做到上述识别特性，就是因为该公司最新灯泡 Snap 拥有面部识别功能。灯泡内置了监测安全的摄像头、麦克风和扬声器，支持进行运动侦测和视频录制。

图 4.18　WiFi 电灯泡

3）垃圾桶/路灯杆 WiFi

2015 年，纽约政府授权当地一家名为 BigBelly 的公司将纽约城街区中的垃圾箱改造成 WiFi 热点，为广大纽约市民提供更加方便的网络服务。BigBelly 的这种智能垃圾箱通过太阳能供电，同时可以检测垃圾量的多少，智能识别垃圾桶内部的空间，同时可以发出通知给垃圾回收公司及时清理。另外，这个垃圾箱所提供的 WiFi 连接带宽可以达到 50～75MB，可以满足大部分用户的需求。BigBelly 曾在纽约的两个测试点测试过这种垃圾箱，并且每天都可以正常地持续发射出 WiFi 信号供市民使用。另外，BigBelly 的垃圾箱还拥有显示屏，除了提供免费的互联网服务，还可以作为数字广告牌使用。

在中国，2015 年杭州市城管委亮灯中心在西湖区的黄姑山路（黄姑山横路—天目山路）试点路灯杆综合利用项目。试点区域的路灯杆经过改造过后，摇身一变会更"聪明"：不仅能提供最基础的照明功能，还能为市民贴心地提供电动汽车智能充电、免费无线上网、视频监控、信息推送等诸多服务。据悉，每个 WiFi 热点的覆盖范围半径大约是 80m，上网速度平均可以达到 6Mb/s。

2016 年 12 月，20 座"高大上"的复合型路灯杆在北京左安门西街亮相。路灯最顶部是 WiFi 信号收发器，可提供免费上网服务；向下是照明路灯，可根据交通流量和特殊天气调节光照度；再向下为监控探头，可对设备设施、社区道路进行实时监控；再往下是电子显示屏和环境传感器，可通过传感器监测 PM2.5、温度、湿度、大气压、风速、风向等环境信息并在显示屏上实时发布，为市民出行提供方便；最下端为公共充电桩，市民可用手机扫灯杆上二维码，下载充电 APP 进行查询和预约充电。这些多功能的路灯杆，未来将为首都智慧城市建设采集数据并提供智能服务。

4）谷歌气球

谷歌气球计划（Project Loon）是谷歌于 2013 年推出的一项计划，试图用漂浮在平流层的氢气球为偏远地区送去互联网，入选《麻省理工科技评论》2015年度 10 大突破技术之一。

图 4.19　谷歌热气球

当前，全球大约仍有 2/3 的人无法接入互联网，因此谷歌希望利用热气球为地广人稀的空旷草原、农场、偏远山区农村和不发达地区提供廉价的互联网接入服务。这个听起来有些疯狂的项目计划在大气平流层放飞无数热气球（图 4.19），组成一个无线网络，为更多尚未联网或网络条件不稳定的地区提供更加廉价的互联网服务，填补网络服务的盲区，或帮助受灾断网地区恢复网络。

官方数据显示，这些热气球高 12m，完整撑开后直径达 15m，可飘浮到 20km 以上的高空停留；白天采用太阳能供电，晚上则靠电池续航；信号从气球传输至地面天线，再经由地面天线传输至无线设备上。研发人员表示，气球所用的材质非常轻薄，厚度仅 3mil（约合 0.076mm），并且利用超压密封技术保证气球在上升过程中不破损，这样就比普通气球在高空中待的时间更长。这些热气球会进入大气平流层，离地面约 20km，这是飞机飞行高度的 2 倍。平流层的风通常比较稳定，风速为 5～20 英里/h（约合 8～32km/h），而每一高度层的风向都不同。热气球会在地球上空飘浮，并通过软件算法决定移动位置，而后上升下降到特定高度，随着风向进行移动，构成一个巨大的通信网络。目前，热气球的飘浮时间从最开始的寥寥数天提高到现在的将近 6 个月之久，比原先制定的 3 个月的商用目标多出了整整 1 倍。其中飘浮时间最长的一个气球在平流层遨游了 187 天，整整环绕地球跑了 9 圈，横跨四大洲的十几个国家。

气球顶部有个降落伞，可以控制气球起降，以便进行维修和更换。而气球上的电子设备是由太阳能面板供电的，因为平流层没有云遮蔽阳光，这些面板 4h 就充电完毕，生成 100W 的电力，足够保证仪器运转，还可以充电用于夜间使用。在面板充电时，气球也可以使用可再生能源运转。

气球上还有一个装载电子设备的小盒子，包括控制整个系统的电路板、电池，以及无线电天线，以用于与其他气球通信及与地面网络天线通信。天线配备了特制的无线电射频技术，使用的是 2.4GhHz 与 5.8GHz 的 ISM 波段。每个热气球会为面积约 1250km² 的地区（约相当于 2 个纽约市）提供网络服务，且不受地形影响，网速可以达到 3G 网络的水平。当然，普通手机和笔记本电脑没办法把信号发送到 20km 那么远，要想使用热气球上网，需要在自己家中安装一个专门的天线来收发无线信号。

这一堪称奇思异想的项目，迈出了里程碑一步。2015 年 7 月，谷歌和南亚国家斯里兰卡签署协议，谷歌将用高空气球给斯里兰卡全国提供上网服务。2016 年年初，谷歌气球开始在斯里兰卡进行测试，总共放飞了十几个气球。目前，这个测试项目进展十分顺利，预计最多只需花费一年，就能正式投入运营。整个斯里兰卡岛，从最南端的 Dondra 到最北端的 Point Pedro，每一个村庄都能够使用谷歌气球提供的上网服务。除普通民众外，在地面提供互联网接入服务的公司，也可以利用谷歌气球接入骨干网络，以降低运营成本。

2017 年，谷歌气球项目组发布了一则消息，称谷歌气球引入了借助机器学习和大数据技术的新移动算法，已经可以控制气球移动和停留，让气球集中在网络需要的地方。这是一项突破性的进展，将加速 Google 气球的商用步伐。

5）脸书无人机

Facebook 试图通过激光通信传输无线网络，使全球几十亿用户实现互联网接入。它的第一个大型无人机项目称为"Aquila"（天鹰座，图 4.20）。"天鹰座"翼展长达 140 英尺（约合 43m），宽于波音 737；重约 1000 磅（约合 454kg），是电动汽车质量的 1/3，只用 5000W 的功率便可保持在空中巡航并传输数据。巡航高度是 60000 英尺（约合 18288m），其信号可以覆盖直径约 60 英里（96km）的地面区域。

2016 年 6 月，Facebook 的首款无人机——"天鹰座"在亚利桑那州尤马实验场首飞，在首飞着陆过程中，该机右侧机翼的外翼段在离地高度 6m 时发生失效，导致飞机以 46km/h 的速度坠毁。Facebook 公司表示已经修改了自动驾驶仪，"天鹰座"的飞行试验预计将很快恢复。

未来将批量生产上千架"天鹰座"无人机，为全球数十亿用户提供 WiFi 网络。

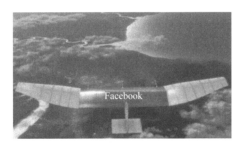

图 4.20　脸书无人机

6）太空互联网

2017 年 5 月，美国太空探索技术公司（SpaceX）宣布将于 2019 年开始发射高速网络卫星，为全球提供 1Gb/s 的高速上网服务（图 4.21）。

图 4.21　SpaceX 太空互联网

按照 SpaceX 的规划，2017 年年底进行卫星上网的技术测试，发射一颗试验卫星，测试过程会延续到 2018 年年初。试验卫星可以验证是否能为地球提供网络连接，顺利的话会在 2019 年启动卫星发射，一直到 2024 年，卫星将分批发射，完成后投入商用。届时，4425 颗卫星将在 83 个轨道上运行。所有 4425 个通信卫星采用的都是 Ka 及 Ku 频段的频谱，将供全球居民、商业机构及政府使用，并会有相关的地面设施，包括地面控制设备、闸道基站与终端基站等。

4.4　蓝牙技术

近年来，随着各种短距离无线通信技术的发展，人们提出了一个新的概念，即 WPAN（Wireless Personal Area Network，无线个人区域网或无线个域网）。其核心思想是，用无线信号代替传统的有线电缆，实现个人信息终端的智能化互联，组建个人化的信息网络。蓝牙是大家熟知的无线联网技术，也是目前 WPAN 应用的主流技术之一，其标志如图 4.22 所示。

1998 年 5 月，爱立信、IBM、Intel、Nokia 和东芝五家公司联合成立 T

蓝牙特别利益集团（Bluetoothspeeial Interest Group-BSIG），并制定了近距离无线通信技术标准——蓝牙技术，旨在利用微波取代传统网络中错综复杂的电缆，使家庭或办公场所的移动电话、便携式计算机、打印机、复印机、键盘、耳机及其他手持设备实现无线互联、互通。它的命名借用了一千多年前一位丹麦皇帝哈拉德·布鲁斯（Harald Bluetooth）的名字。蓝牙的工作示意图如图 4.23 所示。

图 4.22 蓝牙标志

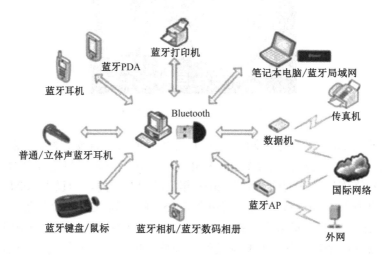

图 4.23 蓝牙工作示意图

蓝牙技术实际上是一种短距离无线电技术，它以低成本的近距离无线连接为基础，为固定和移动设备通信环境建立一个特别连接的短程无线电技术。利用"蓝牙"技术，能够有效地简化掌上电脑、笔记本电脑和移动电话等移动通信终端设备之间的通信，也能够成功地简化以上这些设备与因特网之间的通信，从而使这些现代通信设备与互联网之间的数据传输变得更加迅速高效，为无线通信拓宽道路。它具有无线性、开放性、低功耗等特点。因此，蓝牙技术已经引起了全球通信业界和广泛用户的密切关注，被广泛应用于各种电子设备，包括无线连接手机、便携式计算机、汽车、立体声耳机、MP3播放器等。

蓝牙设备的工作频段选在全球通用的 2.4GHz 的 ISM（工业、科学、医学）频段，用户不必经过申请便可以在 2400～2500MHz 范围内选用适当的蓝牙无线电收发器频段。频道采用 23 个或 79 个，频道间隔均为 1MHz，采用时分双工方式。调制方式为 BT=0.5 的 GFSK，调制指数为 0.28～0.35。蓝牙的无线发射机采用 FM 调制方式，从而能降低设备的复杂性。最大发射功率分为三个等级，即 100mW（20dBm）、2.5mW（4dBm）和 1mW（0dBm），在 4～20dBm 范围内要求采用功率控制，因此，蓝牙设备之间的有效通信距离为 10～100m。

蓝牙的数据传输率为 1Mb/s，采用数据包的形式按时隙传送每时隙0.625μs。蓝牙系统支持实时的同步定向连接和非实时的异步不定向连接，蓝牙技术支持一个异步数据通道或一个并发的同步语音通道或一个同时传送异步数据和同步语音通道。每一个语音通道支持 64KB/s 的同步语音，异步通道支持最大速率为 721KB/s，反向应答速度为 57.6KB/s 的非对称连接，或者是速率为 432.6KB/s 的对称连接。

蓝牙是一种支持点对点、点对多点的无线通信技术，其最基本的网络组成是微微网。蓝牙设备通过短距离的特殊网络即微微网进行连接，该网络在设备进入临近射频时自动生成，单个设备可同时与同网内最多7个设备通信，每个设备又能同时进入若干个微微网，所以，个人的蓝牙设备几乎能建立起无限连接，这使得蓝牙技术完全符合物联网的通信要求。

2010 年，蓝牙技术联盟宣布正式采纳蓝牙 4.0 核心规范。蓝牙 4.0 仍是消费者最常用的标准设备。蓝牙 4.0 是三位一体的蓝牙技术，它将三种规格合而为一，分别是传统蓝牙、低功耗蓝牙和高速蓝牙技术，这三个规格可以组合或单独使用。蓝牙 4.0 拥有低成本、跨厂商互操作性、3ms 低延迟、100m 以上超长距离通信、AES-128 加密等特点，以低耗能技术为核心，大大拓展了蓝牙技术的市场潜力。低耗能蓝牙技术为以纽扣电池供电的小型无线产品及传感器提供了网络连接方案，进一步开拓了蓝牙在医疗保健、运动与健身、保安及家庭娱乐等领域的应用。近几年，市场上新出现的智能手环、智能手表、智能眼镜等设备都是通过蓝牙完成与智能手机的配对来实现数据的传输。

苹果在 2013 年 9 月发布的 iOS 7 上配备的新功能 iBeacon 就是低功耗蓝

牙技术的应用。通过使用低功耗蓝牙技术，iBeacon 基站可以创建一个信号区域，当设备进入该区域时，相应的应用程序便会提示用户是否需要接入这个信号网络。通过能够放置在任何物体中的小型无线传感器和低功耗蓝牙技术，用户便能使用 iPhone 传输数据。现在，iBeacon 可以在室内对用户进行精确定位，实现室内导航，并向用户发送促销信息、产品信息等对用户有帮助的内容。2014 年 6 月，美国航空公司宣布将在 2015 年 1 月 1 日以前在所有支持该航空公司的飞机场采用该技术，为用户在不熟悉机场的情况下提供室内导航与各种服务。

蓝牙 4.2 发布于 2014 年 12 月 2 日，是蓝牙技术联盟（Bluetooth SIG）公布的蓝牙最新核心技术标准。蓝牙 4.2 标准不仅改善了数据传输速度和隐私保护程度，还接入了该设备将可直接通过 IPv6 和 6LoWPAN 接入互联网。首先是速度方面变得更加快速。蓝牙 4.2 标准通过蓝牙智能（Bluetooth Smart）数据包的容量提高，其可容纳的数据量相当于此前的 10 倍左右，两部蓝牙设备之间的数据传输速度提高了 2.5 倍（理论最高数据传输速率为 60Mb/s）。其次，隐私保护程度的加强也获得众多用户的好评。蓝牙 4.1 及其之前的版本在隐私安全上存在一定的隐患——连接一次之后便无须再确认便自动连接，容易造成隐私泄露。而在新的蓝牙 4.2 标准下，蓝牙信号想要连接或者追踪用户设备必须经过用户许可，否则蓝牙信号将无法连接和追踪用户设备。当然，最令人期待的还是新版本通过 IPv6 和 6LoWPAN 接入互联网的功能。6LoWPAN 亦即基于 IPv6 协议的低功耗无线个人局域网技术，这一技术允许多个蓝牙设备通过一个终端接入互联网或局域网，为物联网，尤其是低功耗智能设备联网大开方便之门。

2016 年 6 月，蓝牙技术联盟（SIG）在华盛顿正式发布了第五代蓝牙技术（简称蓝牙 5.0），不仅速度提升 2 倍、距离提高 4 倍，还优化 IoT 物联网底层功能。性能方面，蓝牙 5.0 标准传输速度是之前 4.2LE 版本的 2 倍，有效距离则是上一版本的 4 倍，即蓝牙发射和接收设备之间的理论有效工作距离增至 300m。另外，蓝牙 5.0 还允许无须配对接收信标的数据，如广告、Beacon、位置信息等，传输率提高了 8 倍。同时蓝牙 5.0 标准还针对 IoT 物联网进行底层优化，更快更省电，力求以更低的功耗和更高的性能为智能家居服务。

4.5 ZigBee 技术

在蓝牙技术的使用过程中,人们发现蓝牙技术尽管有许多优点,但仍存在一些缺陷。对工业、家庭自动化控制和工业遥测遥控领域而言,蓝牙技术太复杂、功耗大、距离近、组网规模太小等。而工业自动化,对无线数据通信的需求越来越强烈,而且,对于工业现场,这种无线传输必须是高可靠的,并能抵抗工业现场的各种电磁干扰。因此,经过人们长期努力,ZigBee 协议在 2003 年通过,于 2004 年正式问世。主要短距离无线通信技术对比见表 4.1。

表 4.1 主要短距离无线通信技术对比

名称	通信距离/m	功耗	网络接入规模	安全性	成本
ZigBee	100～500	低	<65000 个	高	低
蓝牙	10～50	中	点对点	高	低
低功耗 WiFi	50～100	低	<20 个	高	高

ZigBee 是一个由最多 6.5 万个无线数传模块组成的无线数传网络平台,每一个 ZigBee 网络数传模块类似移动网络的一个基站,在整个网络范围内,它们之间可以进行相互通信;每个网络节点间的距离可以从标准的 75m 到扩展后的几百米,甚至几千米;另外,整个 ZigBee 网络还可以与现有的其他各种网络连接。不同的是,ZigBee 网络主要是为自动化控制数据传输而建立,而移动通信网主要是为语音通信而建立;每个 ZigBee 网络节点不仅本身可以与监控对象,如传感器连接直接进行数据采集和监控,还可以自动中转别的网络节点传过来的数据资料,如图 4.24 所示。

ZigBee 技术是一种近距离、低复杂度、低功耗、低速率、低成本的双向无线通信技术,通信协议由 IEEE802.15.4 规范与 ZigBee 联盟共同制定。ZigBee 技术适用于通信距离短而且对数据传输速率要求不是很高、对功耗低要求的电子设备间的通信。它可以在 3 个不同的频段内进行通信,包括全球流行的 2.4GHz 频段、欧洲国家使用的 868MHz 频段和美国使用的 915 MHz 频段。它具有通信距离短、自身功耗低、成本低、自组网能力、数据传输可靠、网络容量大、复杂度低等特点。

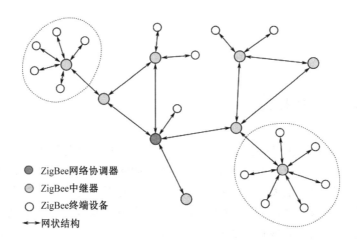

图 4.24　ZigBee 技术

　　目前，ZigBee 技术主要应用在工业、家庭自动化、遥测遥控、汽车自动化、农业自动化和医疗护理等领域。

　　（1）家庭和楼宇网络，如空调系统的温度控制、照明的自动控制、窗帘的自动控制、煤气计量控制、家用电器的远程控制等。

　　（2）工业控制，如各种监控器、传感器的自动化控制。

　　（3）商业，如智慧型标签等。

　　（4）公共场所，如烟雾探测器等。

　　（5）农业控制，如收集各种土壤信息和气候信息。

　　（6）医疗，如老人与行动不便者的紧急呼叫器和医疗传感器等。

　　例如，北京地铁 9 号线隧道施工过程中的考勤定位系统采用的就是 ZigBee 技术，它取代传统的 RFID 考勤系统实现了无漏读、方向判断准确、定位轨迹准确和可查询，提高了隧道安全施工的管理水平。在某些高档的老年公寓中，基于 ZigBee 网络的无线定位技术可在疗养院或老年社区内实现全区实时定位及求助功能。由于每个老人都随身携一个移动报警器，遇到险情时，可以及时地按下求助按钮，不但使老人在户外活动时的安全监控及救援问题得到解决，而且使用简单方便，可靠性高。

　　未来，ZigBee 技术的应用范围将逐步扩大，在智慧城市的发展中占有其位置。

4.6　近场通信

　　电子设备之间可以利用无线网络进行数据交换，但在某些情况下，如朋友之间离得很近或近距离移动支付，出于便利性或安全性考虑，并不需要接入无线网络，这时就需要使用近场通信技术。

4.6.1　NFC

　　近距离无线通信（Near Field Communication，NFC）技术是一种短距离的高频无线通信技术，允许电子设备之间进行非接触式点对点数据传输，在10cm 内交换数据。

　　NFC 技术由免接触式射频识别技术演变而来，由飞利浦半导体（现恩智浦半导体）、诺基亚和索尼共同研制开发。利用 NFC 技术可以在移动设备、消费类电子产品、个人计算机和智能控件工具间进行近距离无线通信。

　　现在的 NFC 技术可以在 13.56MHz 频率运行于 20cm 距离内，其传输速度有 106Kb/s、212Kb/s 或 424Kb/s 三种。目前近场通信已成为 ISO/IEC IS 18092 国际标准、EMCA-340 标准与 ETSI TS 102 190 标准。

　　NFC 技术具有成本低廉、方便易用和更富直观性等特点，NFC 通过一个芯片、一根天线和一些软件组合，能够实现各种设备在几厘米范围内的通信，费用仅为 2～3 欧元，这让它在某些领域显得更具潜力。

　　目前，NFC 技术已被很多手机厂商应用，如图 4.25 所示，NFC 技术在手机上应用可以实现非接触验证（如门禁管理、车票和门票等，用户将储存着票证或门控密码的设备靠近读卡器即可）、非接触式移动支付（用户将设备靠近嵌有 NFC 模块的 POS 机可进行支付）、非接触连接（把两个 NFC 设备相连接，进行点对点数据传输）等功能。

图 4.25 近场通信的应用领域

（图片来源：四川新闻网）

2015 年 6 月，平安银行推出了令人耳目一新的光子支付，光子支付是近场支付的一种，是通过一束光来实现授权、识别及信息传递的支付技术，可以绑定 99 张银行卡在一个"光 ID"上，未来可将会员卡、购物卡等包含在内。它能克服电磁捕获及干扰，每次发射的光都动态变化。光子支付并不需要连接网络，在现场实际操作中，用户打开手机闪光灯，对着 POS 机上的光子支付感应器照一下，其他环节与刷卡支付无异。

4.6.2 RFID

RFID（Rradio Frequency Identification）技术起源于英国，在第二次世界大战中用于辨别敌我飞机身份，20 世纪 60 年代开始商用。随着物联网在农业、图书馆、物流等领域开始应用之后，作为一种简单而廉价的信息识别技术，RFID 受到越来越多的应用。

RFID 技术又称无线射频识别技术，是一种通信技术，可通过无线电信号识别特定目标并读写相关数据，而无须识别系统与特定目标之间建立机械或光学接触。射频识别系统最重要的优点是非接触识别，它能穿透雪、雾、冰、涂料、尘垢及条形码无法使用的恶劣环境阅读标签，并且阅读速度极快，大多数情况下不到 100ms。RFID 标签芯片体积很小，厚度不超过 0.35mm，最小表面积可达 3mm²，既可以印制在纸张、塑料、木材、玻璃、纺织品等包装材料上，也可以直接制作到标签包装表面，通过自动贴标机将其贴于商品上。

RFID 技术的基本工作原理（图 4.26）：读写器通过发射天线发送一定频率的射频信号，当射频标签进入发射天线工作区域时产生感应电流，射频标签获得能量被激活；射频标签将自身编码等信息通过标签内置发送天线发送出去；系统接收天线接收到从射频标签发送来的载波信号，经天线调节器传送到读写器；读写器对接收的信号进行解调和解码，然后送到后台主系统进行相关处理；主系统根据逻辑运算判断该标签的合法性，针对不同的设定做出相应的处理和控制，发出指令信号控制执行机构动作。

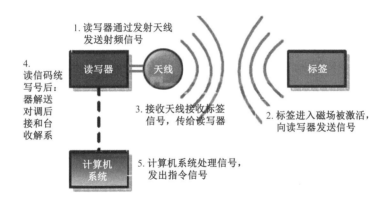

图 4.26　RFID 工作原理

RFID 技术目前广泛应用于物流和供应管理、生产制造和装配、航空行李处理、邮件/快运包裹处理、文档追踪/图书馆管理、动物身份标识、运动计时、门禁控制/电子门票、道路自动收费、一卡通、仓储中塑料托盘、周转筐中等。

在中国上海市的规模化养猪场，种猪在出生或入场后不久就被固定一个 RFID 耳标，从此这只种猪将被上海市生猪安全生产监测平台的数据网络所跟踪，随时掌握该种猪的重要属性，如接种疫苗、体重、病史、谱系等。在猪场内部，工作人员采用手持设备读取 RFID 标签，并记录各项生产操作，然后通过无线通信网络将数据回寄给宿主主机。与此同时，手持设备将显示种猪的编号、饲养记录或其他相关信息，并在专家系统指导下提供一些必要的操作建议。

在剑南春集团公司东方红生产线，每一个酒盒都贴上了一张 RFID 电子标签，与盒外的条形码相对应，生成了唯一的标识，让每瓶酒都有了自己的"身份证"；全程记录下每一瓶剑南春酒的生产、存储、流通、销售的每一个环节，实现"从生产线到餐桌"的全过程追溯；只需把剑南春酒放在查询机前感应一下，酒的规格、生产日期、生产线、物流渠道等信息就会在几秒钟内显现出来，消费者能立刻判别剑南春酒的真伪与质量。

4.7 LiFi 技术

在 WiFi 时代，网络成为无数人生活里大部分时间的占有者，不过，如今一个新的技术正在向 WiFi 发起革命性的冲击，它就是可见光无线通信技术 LiFi（图 4.27）。

图 4.27 LiFi 示意图

可见光无线通信，也称可见光通信（Visible Light Communication，VLC），又称光保真技术（Light Fidelity，LiFi），由英国爱丁堡大学电子通信学院移动通信系主席、德国物理学家 HaraldHass（哈拉尔德•哈斯，图 4.28）教授和他的科研团队发明。在 LiFi 领域，上海复旦大学也已研发出相关的技术，并在 2013 年亮相上海工博会。

图 4.28 HaraldHass

相对于 WiFi 使用的是电磁频谱中的无线电波，LiFi 使用的是光学频谱（如灯泡发出的光）进行数据传输的全新无线传输技术，它通过调节 LED 光输出的数据进行编码，利用快速的光脉冲无线传输信息。其原理如图 4.29 所示。

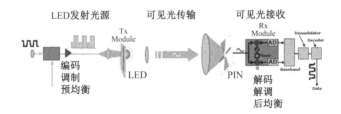

图 4.29 LiFi 原理

LiFi 是运用已铺设好的设备（无处不在的 LED 灯），通过在灯泡上植入一个微小的芯片形成类似于 AP（WiFi 热点）的设备，使终端随时能接入网络。该技术通过改变房间照明光线的闪烁频率进行数据传输，只要在室内开启电灯，无须 WiFi 也便可接入互联网。理论上，LiFi 的最高数据传输率可达 3Tb/s，而 WiFi 的最高速率只有 7Gb/s。

2015 年 11 月，爱沙尼亚的一项实验证明，在实验室理想条件下的测试结果是，LIFI 最高传输速度可达 224Gb/s。这样的下载速度相当于当前 WiFi 技术的 100 倍，意味着下载一部高清电影也不过是几秒钟的事情。

2015 年 12 月，据 CCTV 微博报道，近日，解放军信息工程大学在可见光通信研究领域取得突破，成功通过可见光实现两台计算机的实时信息传输。只要借助一个 LED 灯，计算机就能瞬间连接互联网，网速可达 50Gb/s，相当于 0.2s 就能下载一部高清视频。

LiFi 在理论传输速率、安全、零电磁辐射等方面都比 WiFi 有优势，但它容易被阻挡，在光源覆盖不到的地方，无法接收到无线网络信号。因此可以预计，未来 LiFi 将很难全面替代 WiFi，LiFi 将与 WiFi 互补，以便打造出更美好的无线新生活。

LiFi 大规模产业化的路径和 WiFi、蓝牙一样，需要从研发到制定产业标准再到全球推广的过程。未来如果能合力形成联盟，制定具体的产业标准，有领头的巨头企业，LiFi 才有可能产业化。有调研机构预计，2018 年全球可见光通信市场的规模将达 60 亿美元，未来更将达到万亿的规模。而可见光通信也将与 WiFi、蜂窝网络（3G、4G 甚至 5G）等通信技术交互融合，在物联网、智慧城市（家庭）、航空、航海、地铁、高铁、室内导航和井下作业等领域带来创新应用和价值体验。

4.8 无源 WiFi

作为当下无线通信研究热点之一，IoT（Internet of Things，万物互联），旨在构建一个让世界万物无障碍自由互连的无线网络。为了抢占这一潜力巨大的市场，众多公司和研究机构围绕 IoT 技术展开了激烈的比拼，其中的佼佼者有 Sigfox、LoRa 和 3GPP。然而 WiFi 技术却因为高功耗而在 IoT 领域一直难有作为。就在大家为 WiFi 的未来担忧的时候，新兴的无源 WiFi 技术作为 WiFi 家族的代表加入了 IoT 战场。

2016 年 3 月，美国华盛顿大学的一个由计算机科学家和电子工程师组成的研究团队研发出一种新型的 WiFi 技术"Passive WiFi"（无源 WiFi）。研究人员通过试验证明，无源 WiFi 系统传输 WiFi 信号所使用的电量比传统无线通信平台（如低能耗蓝牙、ZigBee 等）的耗电量小万分之一。研究人员于 3 月在第十三届 USENIX 网络系统设计与实现专题研讨会上报告了研究成果的具体内容。这一研究成果也被《麻省理工科技评论》评为"2016 十大突破技术"之一。

　　"无源 WiFi"，顾名思义，就是该设备能利用极其微弱的电能实现传统 WiFi 设备的传输功能，耗电量仅是传统设备的万分之一。作为团队的负责人，希亚姆·格拉科塔表示："我们想知道能否几乎不用任何电能就可以实现 WiFi 信号的传输，这就是无源 WiFi 的开发理念。我们实现了 WiFi 传输，而且用电量要比现有最好的 WiFi 设备的耗电量小万分之一。"无源 WiFi 首次实现 WiFi 信号传输速率高达 11Mb/s。这一速率虽然比现有最大的 WiFi 速率要小，但是比蓝牙传输速度高 11 倍。

　　据研究人员介绍，Passive WiFi 的工作分为三步（图 4.30）：首先，需要在墙上安装一个简易设备，用以将模拟波发送到 Passive WiFi 的传感器。电量大部分耗费在该过程中，而传感器几乎不耗费电量。其次，传感器接收模拟波，进行数字转换，生成 WiFi 数据包。最后，设备能以 11Mb/s 的速度（快于蓝牙，但慢于部分家庭宽带）向手机或路由器传送网络数据。

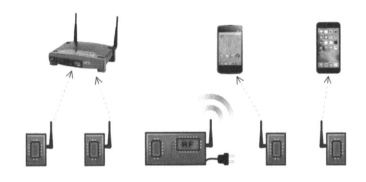

图 4.30　无源 WiFi 工作原理

　　无源 WiFi 的工作原理与 RFID 芯片类似，其可以被动地吸收附近发射源的无线电波能量，利用电磁后向反射通信技术，在加入新数据的情况下反射信号。一组传感器只需要利用一个数字转换器简单地反射和吸收信号，就可以实现利用极低的能耗产生 WiFi 数据包。在实验中，无源 WiFi 与一部智能手机之间的通信距离可达 100 英尺（约合 30m），信号传输速率为 11Mb/s。由于传感器所产生的都是真正的 WiFi 数据包，因此其可以与任何 WiFi 设备进行通信。

　　无源 WiFi 设备最广阔的应用前景在于物联网领域，如各种传感器等。这种技术可以让所有的家居设备和可穿戴传感器通过 WiFi 连接起来，而无须担心电量的损耗，且不受环境的限制。

4.9 LPWAN

物联网需要通过通信技术将人与物、物与物进行连接。在智能家居、工业数据采集等局域网通信场景一般采用短距离通信技术，但广范围、远距离的连接则需要远距离通信技术。LPWAN（Low-Power Wide-Area Network，低功耗长距离广域网）技术正是为满足物联网需求应运而生的远距离无线通信技术。

4.9.1 背景

当前，无线网络连接方式按传输距离可分为两类：一类是短距离通信技术，即局域连接方式，主要为 WiFi、蓝牙、ZigBee 等，这也是智能家居、穿戴设备、智能硬件等终端采用的流行网络技术；另一类是广域网通信技术，更多是借助电信运营商提供的移动蜂窝通信技术，如 GPRS、3G、4G 等。然而，仍有大量设备需求是现有网络技术无法满足的，如智能抄表等。

当初设计移动蜂窝通信技术主要是用于人与人的通信。根据权威的分析报告，当前全球真正承载在移动蜂窝网络上的物与物的连接仅占连接总数的6%。如此低的比例，主要原因在于当前移动蜂窝网络的承载能力不足以支撑物与物的连接。物联网中的很多终端若采用现有运营商蜂窝网络联网，则会出现以下问题：

（1）信号覆盖：大部分设备布局在人口稀少、环境复杂的区域，存在运营商网络覆盖或信号强度不足的问题，无法保障数据稳定传输。

（2）功耗问题：很多设备没有持续电力供应的条件，主要通过电池供电方式，若采用运营商网络则需频繁更换电池，在一些恶劣环境下也不具备更换条件。

（3）经济性问题：此类设备仅需传输极少量的传感器数据，且传输频率不高，而当前运营商网络是为高带宽而设计的，采用这一网络不仅占用网络、码号资源，而且会产生不少包月流量费用。

在这种背景下，LPWAN 应运而生，它解决了上述三个问题，其特点包括：传输距离在复杂的城市环境中达到 3km 以上，空旷地域高达 15km 以上，穿透性较强，很多恶劣环境下也有信号；支持窄带数据传输，网络通信成本极低；由于低数据传输速率，基于 LPWAN 设备功耗极低，一块普通电池便可支撑几年甚至十几年。

4.9.2　概念

LPWAN 是一种远程无线网络通信技术，用于物联中的通信，如电池供电的传感器或以能量收集为电源的设备等。

LPWAN 可分为两类：一类是工作于未授权频谱的 LoRa、SigFox 等技术；另一类是工作于授权频谱下，3GPP 支持的 2G/3G/4G 蜂窝通信技术，如 EC-GSM、LTE Cat-m（eMTC）、NB-IoT 等。

据分析，到 2020 年，物联网需求最多的将是低速率、广覆盖、低功耗网络，约占到整个物联网市场 60%。可以说 NB-IoT 是为低速率、广覆盖、低功耗网络量身打造的标准，可以覆盖环境状态检测、智能停车、远程抄表等业务。除了 NB-IoT 之外，还有 LoRa 、Sigfex 等技术在局部应用。小于 1Mb/s 的中等速率的物联网应用约占市场总量的 30%，包括 EMTC 在内的技术都在这个范畴中，更适用于智能穿戴设备、车辆管理、电子广告屏等。高于 10Mb/s 速率的物联网应用约占市场总量的 10%，主要是用于工业控制、车联网、视频监控等，工业控制同时还要求网络要时延低，目前 5G 设定的 1ms 时延能够满足要求。2020 年全球 M2M 分布如图 4.31 所示。

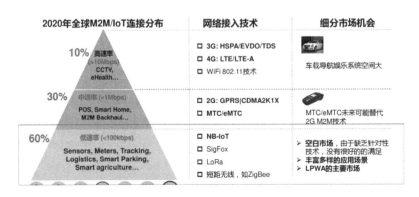

图 4.31　全球 M2M 分布

4.9.3 LoRa

LoRa 是目前应用最为广泛的 LPWAN 网络技术之一，源于升特公司（Semech）。

LoRa 的诞生比 NB-IoT 要早，2013 年 8 月，Semtech 公司向业界发布了一种新型的基于 1GHz 以下的超长距低功耗数据传输技术（Long Range，LoRa）的芯片。其接收灵敏度达到了惊人的-148dBm，与业界其他先进水平的 sub-GHz 芯片相比，最高的接收灵敏度改善了 20dB 以上，确保了网络连接可靠性。

它使用线性调频扩频调制技术，既保持了与 FSK（频移键控）调制相同的低功耗特性，又明显地增加了通信距离，同时提高了网络效率并消除了干扰，即不同扩频序列的终端即使使用相同的频率同时发送也不会相互干扰，因此在此基础上研发的集中器/网关（Concentrator/Gateway）能够并行接收并处理多个节点的数据，大大扩展了系统容量。

LoRa 作为一种无线技术，基于 Sub-GHz 的频段使其更易以较低功耗远距离通信，可以使用电池供电或者其他能量收集的方式供电。较低的数据速率也延长了电池寿命、增加了网络的容量。LoRa 信号对建筑的穿透力也很强。LoRa 的这些技术特点更适合于低成本大规模的物联网部署。

LoRa 主要在全球免费频段运行（非授权频段），包括 433MHz、868MHz、915MHz 等。LoRa 网络主要由终端（内置 LoRa 模块）、网关（或称基站）、服务器和云四部分组成（图 4.32），应用数据可双向传输。

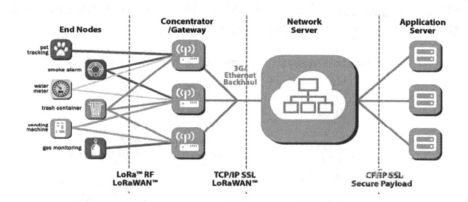

图 4.32　LoRa 组成

在城市里，一般无线距离范围为 1~2km，郊区或空旷地区，无线距离会更远些。网络部署拓扑布局可以根据具体应用和场景设计部署方案。LoRa适合于通信频次低，数据量不大应用。对于一个网关可以连接的节点或终端设备的数量，Semtech 官方的解释如下：一个 SX1301 有 8 个通道，使用LoRaWAN 协议每天可以接收约 150 万包数据，如果用户应用每小时发送一个包，那么一个 SX1301 网关可以处理约 62500 个终端设备。

值得一提的是，LoRa 非常适合大规模部署，如在智慧城市中的市政设施检测或者无线抄表等应用领域。LoRa 目前方案实施的成本也比 NB-IoT 要低。而且 LoRa 技术发展比 NB-IoT 早，产业链也相对成熟。

目前，LoRa 网络已经在世界多地进行试点或部署。据 LoRa 联盟年初的数据是有 9 个国家开始建网，56 个国家开始进行试点；最新公布的数据表明，已经有 17 个国家公开宣布建网计划，120 多个城市地区有正在运行的 LoRa网络，如美国、法国、德国、澳大利亚、印度等国家，荷兰、瑞士、韩国、日本等更是部署或计划部署覆盖全国的 LoRa 网络。

2015 年 11 月，法国电信运营商 Orange 首次向外界公开了 LoRa 部署方案，设定的目标是在 2016 年上半年在法国的波尔多、里昂、马赛、蒙彼利埃、尼斯、巴黎、斯特拉斯堡等 17 座城市部署 LoRa 物联网络。2016 年 9月 20 日，Orange 宣布已经超额完成了基于 LoRa 技术的物联网部署目标，部署 LoRa 物联网络的城市数量已经达到 18 座，覆盖其下属的 1300 个城镇。到 2017 年 1 月底，Orange 计划将该网络覆盖了 120 座城市的约 2600 个城镇。

2016 年 6 月，韩国电信公司（SK 电讯）宣布，公司完成了全国范围内基于 LoRa 技术的广域网部署。

2016 年 9 月 13 日，日本移动运营商软银（Softbank）宣布，计划 2016财年期间在日本推出一张基于 LoRaWAN 的物联网网络。

2016 年 10 月，全球最大的有线电视运营商 Comcast（康卡斯特）宣布部署物联网专用网络，所选择的技术方案为 LoRaWAN，且在 30 个月内要实现全美国的覆盖。至此，继 Orange、SK、TATA、软银等主流运营商之后，宣布部署 LoRa 网络阵营又新增一家巨头，LoRa 的商用范围进一步拓展。

4.9.4 Sigfox

除了 LoRa，Sigfox 也是低功耗广域网（LPWAN）的代表技术之一。

Sigfox 成立于法国，截至 2016 年年底，该技术已经覆盖了美国 20%的人口，Sigfox 网络在美国已经覆盖了 100 多个城市。Sigfox 的技术路线与 LoRa 类似，但是由于 Sigfox 的模块可以从多个供应商处获得，因此批量生产后硬件成本下降不是问题。

SigFox 与 LoRa 之间最大的区别是 LoRa 可以部署属于自己的私有网络，而 Sigfox 需要支付一定运营商服务费。因此，在一些特殊行业，如石油、运输等，客户未必会愿意为此买单。Sigfox 未来存在很大的不确定性和风险，LoRa 的方式则不一样。

4.9.5 NB-IoT

2014 年 5 月，华为公司与沃达丰公司共同向 GERAN（GSM/EDGE 无线接入网络）提出窄带技术 NB M2M；2015 年 5 月，融合高通公司所提出的 NB OFDMA 方案形成了 NB CIoT；2015 年 9 月，NB-LTE 与 NB-CIoT 进一步融合形成 NB-IoT。NB-IoT 标准于 3GPP R13 形成初稿，并于 2016 年 6 月在韩国釜山 3GPP 会议上冻结。NB-IoT 的发展过程如图 4.33 所示。

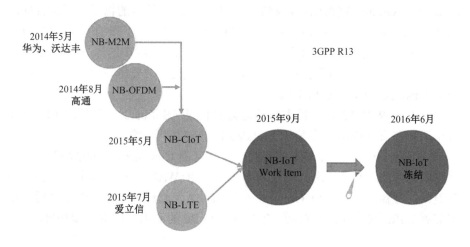

图 4.33　NB-IoT 发展

NB-IoT（Narrow Band Internet of Things，窄带蜂窝物联网），具有大容量、广覆盖、低成本、低功耗等优点，比现有的 LTE 网络提高 20dB 增益，电池寿命长达 10 年以上，极大地满足了当前物联网的海量接入需求。同时，NB-IoT 可直接部署于现有的运营商网络，覆盖和维护上相比其他技术会有很大的优势。

　　NB-IoT 构建于蜂窝网络，只消耗约 180kHz 的频段，可直接部署于 GSM 网络、UMTS 网络或 LTE 网络，以降低部署成本、实现平滑升级。NB-IoT 的网络部署包含芯片、模组或终端，NB-IoT 基站、NB-IoT 核心网、IoT 连接管理平台等部分。图 4.34 所示为 NB-IoT 的网络架构。

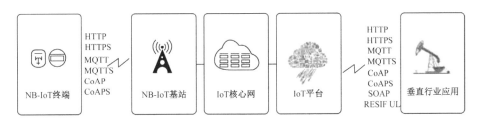

图 4.34　NB-IoT 的网络架构

　　（1）终端侧应用包含客户对业务芯片、模组或终端的选择等。在部署时需要根据客户的业务属性开展入网测试，确定终端的适用性范围。

　　（2）基站侧仅仅是个通道，采用 2G/3G/4G/5G 网络，针对 NB-IoT 可以在现有 LTE 完成复用、升级或新建。基站侧可以充分利用现网的 LTE 站点资源和设备资源，共站点、共天馈、共射频、共 CPRI（公共无线电接口）、共传输、共主控、共 O&M（运行和维护管理），以达到快速部署 NB-IoT、节省建网成本的目的。对于在现有基站频率部署区域外不能共享现有站点资源的热点区域，部署时需要进行升级或新建 NB-IoT 基站。

　　（3）核心网部署具体涉及的网元有接入物联网业务的 MME（移动管理实体）、S-GW（服务网关）以及物联网专网 P-GW（PDN 网关），需要根据标准进行开发，并通过现网升级改造的方式支持 NB-IoT 相关核心网特性，以满足 NB-IoT 业务接入。

　　（4）连接管理平台，面向客户，需满足 M2M 业务新型商业模式的需要；面向通信运营商，需实现全局性掌握 M2M 连接网络行为和业务发展状况，以及辅助业务管控、辅助网络规划、业务规划和套餐制定等能力。

　　NB-IoT 作为 LPWAN 的一种重要技术，具备突出的应用优势。目前全球运营商已经意识到物联网市场的巨大潜力，并且开始积极开展业务演示和测试。从全球试点应用经验看，目前 NB-IoT 垂直行业应用主要聚焦于典型的几种。

（1）交通行业：包括车载信息服务（防盗、导航、远程诊断、信息娱乐等）、车载 Wi-Fi、车载定位监控、车载视频监控、电动自行车防盗应用。

（2）物流行业：包括货物跟踪管理、物流车辆调度等应用。

（3）健康医疗：以可穿戴应用为主，包括关爱定位（老人手表、儿童手表、宠物定位）、无线血压计等应用。

（4）零售行业：包括金融 POS 机、电子广告牌、自动售货机、移动货柜等应用。

（5）抄表：包括电表、燃气表、水表等远程抄表应用。

（6）公共设施：包括市政设施监控、气象与环境监测、城市灯光管理。

（7）智能家居：包括家庭安防、家居自动控制等应用。

（8）智慧农业：包括种植、养殖业相关的数据采集和监控应用。

（9）工业制造：包括智能工厂、智能产品（如工程机械）后服务等应用。

（10）企业能耗管理：包括企业、园区、楼宇的能源管理、能耗监控等。

（11）企业安防：包括企业安防监控、电梯监控等。

NB-IoT 得到了众多通信企业的支持，如爱立信、诺基亚、华为和中兴等电信设备供应商，AT&T、中国移动和中国联通等大型电信运营商，高通等芯片解决方案供应商。

NB-IoT 的芯片厂家主要有华为海思、高通、英特尔、RDA、简约纳、MTK、TI、SEQUANS、MARVELL、NODRIC、中兴微等。NB-IoT 芯片商主要来自 GSM/LTE Modem 公司，也有类似 Wi-Fi/BT 的 MCU 公司。未来，更多的 NB-IoT 芯片厂商会介入。

全球大多数运营商使用 900MHz 频段来部署 NB-IoT，有些运营商部署在 800MHz 频段，包括中国电信、韩国、瑞典、捷克等。

中国联通部署在 900MHz、1800MHz 频段，用于 NB-IoT 和 VoLTE。在 900 MHz 采用 DSSS 动态频谱解决方案，在 1800MHz 连续覆盖区域，部署 5MHz 带宽的 LTE，在没有 1800MHz 连续覆盖的区域，带宽自动缩窄到 3MHz，但中心频点保持不变，两侧空出的频谱，自动部署 14 个 GSM 频点。

中国移动为了建设 NB-IoT 物联网，正在积极申请 FDD 牌照，不过截至 2017 年 9 月，还没获得。

中国电信 800MHz 频段，即 875～880MHz，频率只有 5MHz，也只能用于 NB-IoT 和 VoLTE。

表 4.2 所列为运营商 NB-IoT 频谱部署。

表 4.2　运营商 NB-IoT 频谱部署

运营商	上行频率/MHz	下行频率/MHz	频宽/MHz
中国联通	909～915	954～960	6
	1745～1765	1840～1860	20
中国移动	890～900	934～944	10
	1725～1735	1820～1830	10
中国电信	825～840	870～885	15
中广移动	700	?	?

目前，中国联通已在上海、北京、广州、深圳等 10 余座城市开通了窄带物联网试点。其中，上海联通作为联通集团窄带物联网领域的先锋，已经建成 800 个站点的全国最大规模试商用网络，是中国第一家实现全域覆盖的省级运营商。

2017 年，中国移动在杭州、上海、广州、福州四个城市开展 NB IoT 及 eMTC 的规模试验，后续将在多个重点城市开展商用，2018 年将实现全网规模商用。

中国电信于 2017 年 6 月部署完成了基于 800MHz 的 NB-IoT 网络。

华为公司联合六家运营商（中国联通、中国移动、沃达丰、阿联酋电信、西班牙电信、意大利电信）在全球成立六个 NB-IoT 开放实验室，聚焦 NB-IoT 业务创新、行业发展、互操作性测试和产品兼容验证。

中兴通讯联合中国移动在中国移动 5G 联合创新中心实验室完成 NB-IoT 协议的技术验证演示。

4.9.6　eMTC

2016 年 6 月，NB-IoT 冻结标准后，成为运营商切入低功耗、低速率、广覆盖的利器，但对于多种需求的物联网来说，NB-IoT 能够满足的只是一部分，与 NB-IoT 类似的 eMTC 标准，是运营商为低功耗、广覆盖市场准备的第二张牌。

在 2016 世界物联网博览会期间，中国移动宣布与爱立信和高通携手启动国内首个基于 3GPP 标准的 eMTC 端到端商用产品的实验室测试。测试中采用了高通面向物联网（IoT）应用开发的 MDM9206 LTE 调制解调器平台，验证 eMTC 的端到端关键功能。

eMTC 是万物互联技术的一个重要分支，基于 LTE 协议演进而来，为了更加适合物与物之间的通信，也为了更低的成本，对 LTE 协议进行了裁剪和优化。eMTC 基于蜂窝网络进行部署，其用户设备通过支持 1.4MHz 的射频和基带带宽，可以直接接入现有的 LTE 网络。eMTC 支持上下行最大 1Mb/s 的峰值速率，可以支持丰富、创新的物联应用。车联网、智慧医疗、智能家居等物联网应用将产生海量连接，远远超过人与人之间的通信需求，是实现运营商大连接目标的重要战略方向，而 eMTC 是 IoT 领域的新兴技术，将广泛支持低功耗设备在广域的蜂窝网络物联连接。2016 年 3 月，3GPP 正式宣布 eMTC 相关内容已经在 R13 中接纳，标准已正式发布；未来会根据技术、应用场景等发展随着 LTE 协议共同演进。

eMTC 具备 LPWA 基本的四大能力，还具有三大差异化能力：一是速率高，eMTC 支持上下行最大 1Mb/s 的峰值速率，远远超过当前 GPRS、ZigBee 等主流物联技术的速率，eMTC 更高的速率可以支撑更丰富的物联应用，如低速视频、语音等；二是移动性，eMTC 支持连接态的移动性，物联用户可以无缝切换，保障用户体验；三是可定位，基于 TDD 的 eMTC 可以利用基站侧的 PRS 测量，在无须新增 GPS 芯片的情况下就可进行位置定位，低成本的定位技术更有利于 eMTC 在物流跟踪、货物跟踪等场景的普及；四是支持语音，eMTC 从 LTE 协议演进而来，可以支持 VoLTE 语音，未来可被广泛应用到穿戴设备中。

eMTC 可以基于现有 LTE 网络直接升级部署，和现有的 LTE 基站共站址共天馈。低成本、快速部署的优势可以助力运营商快速抢占物联市场先机，拓展商业边界，也可助力第三方垂直行业释放更多行业需求。

4.9.7 未来

2017 年 1 月，知名市场研究公司 AnalysysMason 发布的监测数据揭示了全球 LPWAN 网络部署状况：全球已有 36 个国家和地区进行 LoRa 网络的部署，25 张 NB-IoT 商用网络正在由主流运营商部署，而 Sigfox 已扩展到了 32 个国家和地区。不过，Sigfox 并未引起运营商的兴趣，在其部署的网络中，仅有 3 家是运营商支持的，而 LoRa 也只是部分由主流运营商支持，这些非运营商部署的网络无法形成主流运营商快速、广泛的市场影响。

2017 年 2 月 27 日的世界移动通信大会期间，AT&T、KPN、KDDI、NTT DOCOMO、Orange、Telefonica、Telstra、TELUS 和 Verizon9 家主流运营商宣布支持 LTE-M 的全球部署，强势推进 eMTC。

一项新的研究预测，从 2016 年到 2021 年，低功耗广域物联网（LPWAN）市场份额将增长 89.3%，该部分收入将从 1010 亿美元增长到 24460 亿美元。

技术方面，任何技术都不能完全占领市场，NB-IoT 将会对整个行业的发展起到促进作用，从某种程度上说，NB-IoT 和 LoRa 是属于两个阵营的。因为 NB-IoT 主要依赖于运营商的基础设施，进行协议对接，LoRa 是一个更灵活的自主网络，在任何需要的地方，都可以进行部署。

NB-IoT 主要取决于网络覆盖，但是在很多条件恶劣的地方，运营商的基础设施并没有完全覆盖，这些空白领域，就是 LoRa 的市场。另外，整个物联网领域，碎片化情况非常严重，应用领域各种各样，这就给 LoRa 的发展带来了很多机遇。LoRa 随时可以部署，不限地域，非常灵活。NB-IoT 和 LoRa 一定是共同存在的，互为补充。同时，NB-IoT 也不仅仅只是和 LoRa 竞争，和其他技术也是处于竞争局面。

4.10 引力波

作为自然界中存在的波，引力波以光速传播，不过与声波、光波（电磁波）不同的是，引力波在宇宙中的传播不会受到任何阻挡。电磁场是电磁相互作用的效应，而引力波是引力的效应。电磁波的方程从麦克斯韦理论得到，引力波的方程从广义相对论得到。

1915 年，爱因斯坦发表了广义相对论理论，指出时空不是绝对的，即时空的几何并不像狭义相对论那样是既定的。1916 年，爱因斯坦在广义相对论的基础上预言了时空的"涟漪"——引力波的存在。时间和空间会在质量面前弯曲，时空在伸展和压缩的过程中，会产生振动传播开来，这些振动就是引力波。有质量的物质加速，改变了时空的扭曲，引力波随之产生。宇宙中的突变性事件，如超新星爆发、黑洞合并、大型天体相撞等过程都会产生引力波。

1974 年，美国物理学家约瑟夫·泰勒（Joseph Hooton Taylor, Jr）和拉

塞尔·赫尔斯（Russell Alan Hulse）发现了处于双星系统中的脉冲星，该双星系统公转周期的逐步减少与能量的消失有关，而消失的能量转化成了引力波。这间接证明了引力波的存在。泰勒和赫尔斯也因这项工作荣获 1993 年诺贝尔物理学奖。

1999 年，由美国加州理工和麻省理工合作主导的两个激光干涉引力波观测台（Laser Interferometer Gravitational-Wave Observatory，LIGO）初步建成，2002 年开始运行。

2015 年 9 月 14 日，高新激光干涉引力波天文台（ALIGO）探测到了距离地球 13 亿光年之外的两个黑洞在合并过程中放射出的引力波（一个质量为 36 太阳质量的黑洞与一个 29 太阳质量的黑洞的碰撞，然后并合为一个 62 太阳质量的黑洞，失去的 3 太阳质量转化为引力波的能量），这是人类第一次发现引力波存在的直接证据。

2017 年 10 月 3 日，美国麻省理工学院教授雷纳·韦斯（Rainer Weiss）、加州理工学院教授巴里·巴里什（BarryC. Barish）和基普·索恩（Kip Stephen Thorne）凭借对引力波探测器 LIGO 的决定性贡献及其对引力波的观察获得 2017 年诺贝尔物理学奖（图 4.35）。

图 4.35　雷纳·韦斯、基普·索恩和巴里·巴里什

第 **5** 章

——CHAPTER5——

云计算

桌面互联网时代，对信息的分析计算处理都是由设备自身的中央处理器来完成的。进入移动互联网时代，设备的小型化、移动化成为大势所趋。越来越小的设备制约了单个设备计算能力的进一步提升。同时，在物联网等应用领域，单个传感器所收集到的数据价值较低，需要将所有传感器的数据收集汇总后统一分析才具应用价值。因此，需要一种新的计算方式来适应移动生产生活的需要，而这种新的计算方式就是云计算。

云计算是信息技术发展和服务模式创新的集中体现，是信息化发展的重大变革和必然趋势，是信息时代国际竞争的制高点和经济发展新动能的助燃剂。云计算引发了软件开发部署模式的创新，成为承载各类应用的关键基础设施，并为大数据、物联网、人工智能等新兴领域的发展提供基础支撑。

5.1 云计算概念

云计算是一种基于互联网的计算方式，通过这种方式，共享的软/硬件资源和信息可以按需求提供给计算机和其他设备。

1959 年 6 月，Christopher Strachey 发表虚拟化论文，虚拟化是今天云计算基础架构的基石。

1983 年，太阳电脑（Sun Microsystems）提出"网络是电脑（The Network is the Computer）"，用于描述分布式计算技术带来的新世界，今天的云计算正在将这一理念变成现实。

2005 年，Amazon 宣布 Amazon Web Services 云计算平台。

2006 年 8 月，Google 首席执行官埃里克·施密特在搜索引擎大会上首次提出"云计算"的概念。

云计算是继 20 世纪 80 年代大型计算机到"客户端—服务器"的大转变

之后的又一巨变。用户不再需要了解"云"中基础设施的细节，不必具有相应的专业知识，也无须直接进行控制。云计算描述了一种基于互联网的新的IT 服务增加、使用和交付模式，通常涉及通过互联网来提供动态易扩展而且经常是虚拟化的资源。云计算如图 5.1 所示。

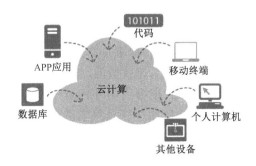

图 5.1 云计算

云计算是互联网发展带来的一种新型计算和服务模式，它通过分布式计算和虚拟化技术建设数据中心或超级计算机，以租赁或免费方式向技术开发者或企业客户提供数据存储、分析以及科学计算等服务。广义上讲，云计算是指厂商通过建立网络服务集群，向多种客户提供硬件租赁、数据存储、计算分析和在线服务等不同类型的服务。

云计算"变废为宝"。理论上，云计算可以在资源不增加的情况下，充分利用资源，将原本利用率只有 20%、30% 的服务器，充分利用到 70%、80%！云计算能够让 IT 设施在成本相当的情况下速度更快、效率更高。

云计算的"云"就是存在于互联网的服务器集群上的服务器资源，包括硬件资源（如服务器、存储器和处理器等）和软件资源（如应用软件、集成开发环境等）。本地终端只需要通过互联网发送一条请求信息，"云端"就会有成千上万的计算机提供需要的资源，并把结果反馈给发送请求的终端。每个提供云计算服务的公司，其服务器资源分布在相对集中的世界上少数几个地方，对资源基本采用集中式的存放管理，而资源的分配调度采用分布式和虚拟化技术。云计算强调终端功能的弱化，通过功能强大的"云端"给需要各种服务的终端提供支持。如同用电用水一样，用户可以随时随地获取计算、存储等信息服务。

云计算从硬件结构上看是一种多对一的结构，而从服务的角度或从功能的角度看是一对多的。例如，要设计一个供应链管理系统，技术人员可以先从市面上得到免费的云服务器主机，将应用程序放置在主机上，使用系统所提供的数据库，这样一来，硬件成本大幅降低。并且将应用程序放置在云上，可以随时随地在任何终端设备上连接互联网，并访问数据（因为基于公开的标准协议）。

在"软件即服务（SaaS）"的服务模式当中，用户能够访问服务软件及数据，服务提供者维护基础设施及平台以维持服务正常运作。SaaS 常被称为"随选软件"，并且通常是基于使用时长来收费的，有时也会有采用订阅制的服务。

推广者认为，SaaS 使得企业能够借由外包硬件、软件维护及支持服务来降低 IT 营运费用。另外，由于应用程序是集中供应的，更新可以实时发布，无需用户手动更新或安装新的软件。SaaS 的缺陷在于用户的数据是存放在服务提供者的服务器之上的，使得服务提供者有能力对这些数据进行未经授权的访问。

用户通过浏览器、桌面应用程序或移动应用程序来访问云的服务。推广者认为，云计算使得企业能够更迅速地部署应用程序，降低管理的复杂度及维护成本，并允许 IT 资源的迅速重新分配以适应企业需求的快速改变。

云计算依赖资源的共享以达成规模经济，类似基础设施（如电力网）。服务提供者集成大量的资源供多个用户使用，用户可以轻易地请求（租借）更多资源，并随时调整使用量，将不需要的资源释放回整个架构，因此用户不需要因为短暂尖峰的需求就购买大量的资源，仅需提升租借量，需求降低时便退租。服务提供者得以将目前无人租用的资源重新租给其他用户，甚至依照整体的需求量调整租金。

5.2　云计算价值

云计算将彻底打破传统 IT 的经营模式和商业模式。如图 5.2 所示为云计算的发展及商业价值。

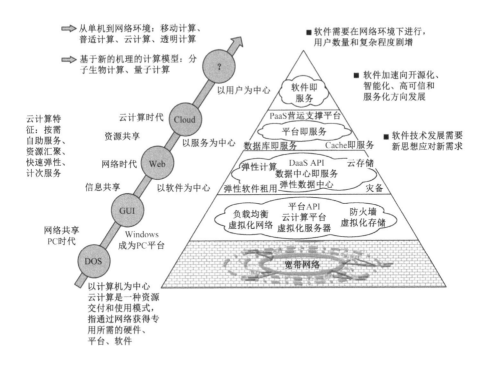

图 5.2 云计算的发展及商业价值

人们已经对传统的企业 IT 运作模式习以为常：企业购买计算机及所用软件，组成局域网，相互间沟通，并可访问互联网；购买服务器，托管于 IDC，提供各种信息服务。

云计算时代，有专门的云计算服务商，它们构筑庞大的计算机群组，建立自己的 IDC，建立标准化的数据模型和商业模型，任何企业若需要 IT 服务资源，包括基础设施资源、平台资源和软件资源，无须购买套装软件，无须购买昂贵的服务器，而只需要通过价格低廉的硬件客户端或者其他手持式智能终端，就可以按需取用各种 IT 资源，并按使用量缴费。

以前的 IT 架构，每家企业"各扫门前雪"，各自根据需求建立自己的 IT 系统，自己服务于自己，而云计算则将计算变成一种公共资源，随着互联网上海量数据的增长，采用云计算可以高效且低成本地存储和处理数据。

也因此，云计算成为科学研究不可或缺的加速器。

对企业而言，云计算将极大地降低企业 IT 建设和维护成本，并将因此影响互联网的应用模式和产品开发方向。

有了云计算，信息消费模式发生巨变。以前存储于 PC、手机上的数据，都将悉数被吸引到云上去，提供超乎用户想象的计算能力，个人和企业无需学习客户端软件的操作，只需要根据云计算服务商提供的简洁界面（大量基于 Web）和窗口，访问一下站点就可以得到服务。同时，网络化的应用软件能按需定制，收费灵活，并杜绝盗版。

对于那些需要大量建设数据中心的工业企业，通过接受云计算服务，可以免去高昂的建设成本，并降低在大部分时间内因服务器资源利用率低而造成的巨大浪费。节省了计算资源，就相当于节省了场地、机架、空调、散热设备等，更低碳环保，因此，云计算也称为"绿色计算"。

在政府领域，云计算的特殊优势也得到了极大的关注。借助云计算，政府可以构建独立、安全的国家级公众信息服务网络。日本、美国、英国等政府都已开始这项工作的部署。

对于中国来说，云计算是一场新的科技革命，既是机遇，也是挑战。它将深刻改变 IT 及信息产业的格局，同时改变我们的生活。无论是从经济效益还是从社会效益来说，云计算都具有重大的历史意义。

5.3　云计算服务形式

美国国家标准与技术研究院（NIST）将云计算分为三类（表 5.1）。

表 5.1　云计算结构

应用 SaaS		云计算
平台 PaaS		
基础设施 IaaS		
虚拟化		
服务器	数据存储	

1. SaaS

软件即服务，用户无需安装软件，通过标准客户端（浏览器）即可使用软件服务，如 Google Docs。

SaaS 是云计算的最上层，云计算中的 SssS（层）是基于平台上的具体应用，是距离用户最近的那一层。例如多备份就是让用户可以通过一个简单应用直接在云端进行数据的管理和保护，同时，用户还可以依据多备份实现多个云之间的数据互通。例如，用户如果想把阿里云的数据备份到百度云，需要做的就是先把阿里云的数据从云端拿下来然后再上传到百度云。如果使用多备份，就可以省去将数据下载到本地的这一步骤。这里的 SssS 甚至可以定义为一种软件，所以才会有"软件即服务"的说法。

2. IaaS

基础设施即服务，用户无需购买硬件，而是租赁云计算提供商的基础设施，部署自己的 OS，进行自己的计算，这里的用户一般是商业机构而不是终端消费者。IaaS 最有名的提供商是亚马逊的 AWS。

所谓云存储，就是将网络中大量各种不同类型的存储设备通过应用软件结合起来协同工作，共同对外提供数据存储和业务访问功能的一个系统，说得直白一点就是按需分配。当然，在具体的实现过程中绝对不会像说的那么简单。这种 IaaS 是云的制造者。IaaS（Infrastructure as a Service）指基础设施即服务，消费者通过互联网可以从完善的计算机基础设施获得服务。基于互联网的服务（如存储和数据库）是 IaaS 的一部分。互联网上其他类型的服务包括平台即服务（Platform as a Service，PaaS）和软件即服务（Software as a Service，SaaS）。PaaS 提供了用户可以访问的完整或部分的应用程序开发，SaaS 则提供了完整的可直接使用的应用程序，如通过互联网管理企业资源。

3. PaaS

与 IaaS 类似，只是用户不再控制 OS，而是利用云计算提供商提供的 OS 和开发环境进行开发。

所谓 PaaS，实际上是指将软件研发的平台作为一种服务提供给用户。用户或者企业基于 PaaS 平台可以快速地开发自己所需要的应用和产品。同时，PaaS 平台开发的应用能更好地搭建基于 SOA 架构的企业应用。PaaS 作为一个完整的开发服务，提供了从开发工具、中间件到数据库软件等开发者构建应用程序所需的所有开发平台的功能。Azure 就是一个具体的 PaaS。Azure 服务平台包括以下主要组件：Windows Azure；Microsoft SQL 数据库服务、Microsoft .Net 服务；用于分享、储存和同步文件的 Live 服务；针对商业的 Microsoft SharePoint 和 Microsoft Dynamics CRM 服务等。

SaaS、PaaS、IaaS 是云计算的三层结构，但是三者之间并没有也不需要非常明确的划分。云计算的根本目的是解决问题，SaaS、PaaS、IaaS 都试图解决同一个商业问题——用尽可能少甚至为零的资本支出，获得功能、扩展能力、服务和商业价值。当某种云计算的模式获得成功后，这三者之间的界限就会进一步模糊。成功的 SaaS 或 IaaS 服务可以很容易地延伸到平台领域（PaaS）。

5.4 云计算应用

目前，在全球云计算市场上，亚马逊 AWS、微软 Azure 和阿里云已经组成了 TOP3 阵营，其后是 IBM 云、谷歌云。其中，对阿里云来说，还将受益于中国云计算市场的高速增长。未来几年内，中国云计算市场将保持每年超过 100%的增长速度。

1. 亚马逊云

云计算（Cloud Computing）这个名词来自 Google，而最早的云计算产品来自 Amazon。有意思的是，Google 在 2006 年正式提出云计算这个名词的时候，Amazon 的云计算产品 AWS（Amazon Web Service）已经正式运作了将近 4 年。因此，有人认为，Google 对云计算的最大贡献是为它起了个好名字，Amazon 才是云计算的真正开拓者。

在开展云计算服务之前，亚马逊（Amazon.com）是美国最大的基于 B2C 的电子商务公司。为了满足旺季的销售需要，Amazon 不得不购买很多服务器以应对超常的客户访问量。但是旺季过去之后，这些服务器就处于闲置状态而得不到充分的利用。为了让这些服务器能够得到充分的利用，Amazon 开始尝试将这些物理服务器虚拟成虚拟服务器，并以在线交易的形式租给愿意花钱购买虚拟服务器的客户，这就是 Amazon 的云计算平台弹性计算云 EC2（Elastic Compute Cloud）。

Amazon 将自己的弹性计算云建立在公司内部的大规模集群计算的平台上，而用户可以通过弹性计算云的网络界面去操作在云计算平台上运行的各个实例（Instance）。用户使用实例的付费方式由用户的使用状况决定，即用户只需为自己所使用的计算平台实例付费，运行结束后计费也随之结束。这里所说的实例，即是由用户控制的完整的虚拟机运行实例。通过这种方式，用户不必自己建立云计算平台，从而节省设备与维护费用。

　　图 5.3 为 EC2 系统的使用模式。从图中可以看出，弹性计算云用户使用客户端通过 SOAP over HTTPS 与 Amazon 弹性计算云内部的实例进行交互。这样，弹性计算云平台为用户或者开发人员提供了一个虚拟的集群环境，在用户具有充分灵活性的同时，也减轻了云计算平台拥有者（Amazon 公司）的管理负担。弹性计算云中的每一个实例代表一个运行中的虚拟机。用户对自己的虚拟机具有完整的访问权限，包括针对虚拟机操作系统的管理员权限。虚拟机的收费也是根据虚拟机的能力进行费用计算的，实际上，用户租用的是虚拟的计算能力。

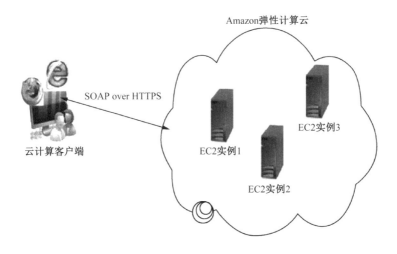

图 5.3　EC2 系统的使用模式

　　总而言之，Amazon 通过提供弹性计算云，满足了小规模软件开发人员对集群系统的需求，减轻了维护负担。其收费方式相对简单明了：用户使用多少资源，只需为这一部分资源付费即可。

　　为了弹性计算云的进一步发展，Amazon 规划了如何在云计算平台基础上帮助用户开发网络化的应用程序。除网络零售业务外，云计算也是 Amazon 公司的核心价值所在。Amazon 将来会在弹性计算云的平台基础上添加更多的网络服务组件模块，为用户构建云计算应用提供方便。

2．微软云

Windows Azure 是微软面向云计算推出的平台即服务（Platform as a

Service）产品。2008 年 10 月 27 日在洛杉矶举行的专业开发者大会上，微软前首席软件架构师 Ray Ozzie 宣布了微软的云计算战略及云计算平台 Windows Azure。经过两年的全球性内部调研、设计、开发和测试，Windows Azure 成为微软的云计算平台并正式公开。2010 年 2 月，微软正式发布 Microsoft Azure 云平台服务，并且开始商业运营。2014 年 4 月，微软将 Windows Azure 更名为 Microsoft Azure，把 Azure 云业务上升到整个公司的战略层面。2015 年年中，微软再次低调地把 Azure 的定位修正为智能云（Intelligent Cloud）并更名为智能云，预示着微软正在摆脱 IaaS 层的竞争，大步迈进提供高端服务的 PaaS 层。

目前，微软在全球建有 24 个数据中心，凸显了微软的全球化计算规模的布局，这个数字还在不断增加中，2015 年 11 月，微软宣布组建英国和德国的数据中心。微软目前在全球的数据中心超过了谷歌与亚马逊的总和，并且是首个在印度建立数据中心的云计算厂商。

3. 阿里云

阿里云最大的优势是稳定性高，作为淘宝和天猫两大电商巨头的云服务提供商，早已经历多次"双十一"的考验。

2009 年，中国万网被阿里巴巴收购之后，中国万网开始运营阿里云，从客户域名注册、网站建设、空间租赁到云主机、云邮箱和私有云，阿里云为中小型企业提供一站式互联网服务。2011 年时，已有超过 30 万家中小型企业使用阿里云，这是国内公有云比较成功的案例。

阿里云作为中国国内的第一大云计算公司，市场份额接近 25%，遥遥领先。目前，阿里云在国内的客户总数为 140 万家，超过亚马逊在全球 100 万家的客户数量，足见中国市场的规模之大，阿里云已经拥有足够的实力在世界舞台与亚马逊云比肩。

4. 谷歌云

Google 的硬件条件优势，即大型的数据中心、搜索引擎的支柱应用，促进了 Google 云计算的迅速发展。Google 的云计算主要是由 MapReduce、Google 文件系统（GFS）、BigTable 组成的，它们是 Google 内部云计算基础平台的三个主要部分。Google 还构建其他云计算组件，包括一个领域的描述语言及分布式锁服务机制等。Sawzall 是一种建立在 MapReduce 基础上的领域语言，专门用于大规模的信息处理；Chubby 是一个高可用、分布式数据锁服务，当有机器失效时，Chubby 使用 Paxos 算法来保证备份。

5.5 雾计算与云计算

"云计算"，是把大量数据放到"云"里去计算或存储，"云"的核心，就是装了大量服务器和存储器的"数据中心"。随着物联网的到来，今后各种家庭电器及大量传感器，包括嵌入在可穿戴设备里的传感器都会联网，从而产生海量数据，而大量数据的发送和接收，可能造成数据中心和终端之间的 I/O（输入输出）瓶颈，传输速率大大下降，甚至造成很大的时延。据高德纳咨询公司（Gartner 的）预计，到 2020 年，物联网服务支出的总量将达到 4818 亿美元，同时，还将有几百万的消费类物联网产品投入使用。这也意味着物联网将要产生的数据是巨大的。

为了解决这一问题，思科在 2014 年 5 月的 Cisco Live 2014 会议上又提出了"雾计算"这一设想（图 5.4），大体的意思是在终端和数据中心之间新增一个"网络边缘层"或称"网络缓冲层"，把一些并不需要或者不需要马上放到"云"的数据在这一层直接处理和存储，这样就可大大减少"云"的压力，提高了效率，也提升了传输速率，降低了时延。

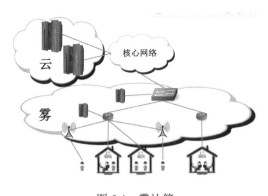

图 5.4　雾计算

2015 年 11 月，安谋国际（ARM）、思科（Cisco）、戴尔（Dell）、英特

尔（Intel）、微软（Microsoft）及普林斯顿大学边缘（Edge）实验室共同宣布成立 OpenFog 联盟，希望通过雾运算（Fog Computing）来抢夺物联网一席之地。

雾计算是指不再拘泥于云端，而是由设备本身或介于设备与网络之间的设备来承担存储和处理物联网生成数据流的任务。它并不由性能强大的服务器组成，而是由性能较弱、更为分散的各类功能计算机组成，渗入电器、工厂、汽车、街灯以及人们物质生活中的所有用品。最初"雾计算"这个名字还是由美国纽约哥伦比亚大学的斯特尔佛教授（Prof. Stolfo）起的，不过他当时的目的是利用"雾"来阻挡黑客入侵。

正如云端由服务器集群组成，"雾端"是由用户身边的设备组成的。用户能让一个设备向另一个设备发送升级数据包，而不用联网。例如，用户的智能设备彼此发送软件更新，而不是通过云端中转，就是让雾直接替代云端来实现设备的软件更新。

随着雾计算概念的发展，雾被进一步扩展到"地面上"。雾节点不再仅限于网络边缘层，还包括拥有宽裕资源的终端设备。

这里举一个应用"雾计算"的"智能交通系统"的例子（图 5.5），除了监控探头作为传感器，还有交通灯作为执行器。雾计算的引入将为这一系统带来更多的可能性。例如，监控过程中，相比上一帧画面，通常只有一部分画面变化，而另一部分不变，非常适于压缩处理。对于需要人为监控的画面，雾节点将视频流直接转发给中心机房；而其他监控视频只需要存储，对实时性要求不高，可以在雾节点处缓存若干帧画面，压缩后再传向中心机房。这样从雾节点到机房的网络带宽拥塞将得到缓解。

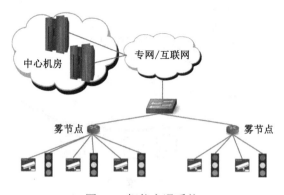

图 5.5　智能交通系统

第**6**章

———CHAPTER6———

大数据

在信息爆炸、互联互通、智慧城市时代，大数据（Big data）以排山倒海之势席卷全球，政府施政、企业掘金，大众要公平与正义，大数据被赋予了新的历史使命。随着移动互联网、物联网、云计算等新一代信息技术的迅猛发展，大数据已经成为社会发展的新要素、产业发展的新引擎和治理现代化的新动力。

2015 年 8 月 31 日，国家层面的大数据战略文件《促进大数据发展行动纲要》发布，这标志着党中央、国务院对于大数据发展和应用的顶层设计正式出台。

2017 年 1 月，工信部发布了《大数据产业发展规划（2016—2020 年）》，进一步明确了促进中国大数据产业发展的主要任务、重大工程和保障措施。

目前，中国互联网、移动互联网用户规模居全球第一，拥有丰富的数据资源和应用市场优势，大数据部分关键技术研发取得突破，涌现出一批互联网创新企业和创新应用，一些地方政府已启动大数据相关工作。

6.1 大数据概念

大数据的历史可以追溯到 1887 年，美国统计学家赫尔曼·霍尔瑞斯（Herman Hollerith），为了统计 1890 年的人口普查数据，根据织布机的原理，利用卡片穿孔发明了一台电动器（霍尔瑞斯制表机）来读取卡片上的洞数，该设备使美国利用一年时间就完成了原本耗时 8 年的人口普查活动，由此在全球范围内引发了数据处理的新纪元。这使赫尔曼·霍尔瑞斯在历史上取得了"现代自动化计算之父"的历史地位，他成立的公司就是著名的 IBM。

随着网络和信息技术的不断普及，人类产生的数据量正在呈指数级增长，约每两年翻一番，相关数据显示，这个速度将持续到 2020 年。资料显示，到 2020 年，全球数据将达到 40ZB，如果把它们全部存入蓝光光盘，这些光盘和 424 艘"尼米兹"号航母质量相当。

　　这些由人类创造的信息背后产生的数据早已经远远超越了目前人力所能
处理的范畴。如何管理和使用这些数据，逐渐成为一个新的领域，于是大数
据的概念应运而生（图 6.1）。

图 6.1　大数据

1．大数据定义

　　研究机构高德纳咨询公司（Gartner）对大数据的定义：大数据是需要新
的处理模式才能具有更强的决策力、洞察发现力和流程优化能力来适应海量、
高增长率和多样化信息资产的。

　　麦肯锡全球研究对大数据的定义：大数据是一种规模大到在获取、存储、
管理、分析方面大大超出传统数据库软件工具能力范围的数据集合，具有海
量的数据规模、快速的数据流转、多样的数据类型和价值密度低四大特征。

　　百度百科对大数据的定义：大数据，指无法在一定时间范围内用常规软
件工具进行捕捉、管理和处理的数据集合，是需要新的处理模式才能具有更
强的决策力、洞察发现力和流程优化能力来适应海量、高增长率和多样化信
息资产的。

　　通俗地讲，大数据是指无法用现有的软件工具提取、存储、搜索、共享、
分析和处理的海量的、复杂的数据集合。从各种各样类型的数据中，快速获
得有价值信息的能力，就是大数据技术。

　　大数据时代，是数据为王的时代，但是，大数据不只是指海量的信息，

更强调的是人类对信息的筛选和处理。大数据的真谛是删除，而删除的真谛是不删除，也就是保留有用的信息。所以，大数据的处理，也就是在海量数据中淘金的过程。

以山西开矿的煤老板为例，开矿的前提是有矿，包括煤矿的储藏量、储藏深度、煤的成色；之后是挖矿，要把这些埋在地下的矿挖出来，需要挖矿工、挖矿机、运输机；之后是加工、洗煤、炼丹等；最后才是转化为价值。

数据行业与之类似，挖掘数据的前提是有数据，需要判断数据的储藏量、储藏深度、数据的成色。在这方面，现在的电子商务公司、搜索引擎、社交网站、金融公司占有海量数据，具有绝对优势。如果有人将这些跨平台的海量数据整合，则价值不可限量。

2. 大数据来源

以往的数据是以模拟形式存在的，或者以数据形式存在的，但是存储在本地，不是公开数据资源，没有开放给互联网用户，如音乐、照片、视频、监控录像等影音资料。

互联网搜索引擎中，用户的搜索行为和提问行为聚集了海量数据，单位存储价格的下降也为存储这些数据提供了经济上的可能。

移动互联网设备的很多传感器收集了大量的用户点击行为数据，已知 iPhone 有 3 个传感器，三星有 6 个传感器。它们每天产生大量的点击数据，这些数据被某些公司所拥有，形成用户大量行为数据。

电子地图如高德地图、百度地图、Google 地图出现后，产生了大量的数据流数据，这些数据不同于传统数据，传统数据代表一个属性或一个度量值，但是这些地图产生的流数据代表着行为或习惯，这些流数据经频率分析后会产生巨大的商业价值。基于地图产生的数据流是一种新型的数据类型，在过去是不存在的。

社交网络中，大量的互联网用户创造出了海量的社交行为数据，这些数据是过去未曾出现的，其揭示了人们的行为特点和生活习惯。2015 年，Facebook 每天产生 100 亿条消息、45 亿次"喜欢"按钮点击和 3.5 亿张新图片。对于许多人而言，这些信息没有任何意义，但借助大数据技术，Facebook 可以了解用户的位置、朋友、喜好等信息。

电商崛起，带来了大量网上交易数据，包含支付数据、查询行为、物流运输、购买喜好、点击顺序、评价行为等，其是信息流和资金流数据。

3．大数据关键技术

1）大数据的存储

如图 6.2 所示，大数据一般来自互联网，是动态的多类型数据。尽管当前的存储器容量在不断增加，但选择什么样的结构来存储大数据以便能更好地存取是一个需要解决的问题。以电子病历数据为例，多家医院产生的电子病历数据是集中存储于某一个医院还是分布式存储于各家医院，这里不仅有管理、隐私和医院利益的问题，也有技术上实现的问题，有待进一步研究。近几年发展起来的云存储或许是一种很好的选择。借助于第三方提供的云存储服务，在保证数据安全和各个医院权益的条件下，各家医院可以将自己的电子病历数据存储到云服务器上，实现数据共享。

图 6.2　大数据来源

2）计算系统的结构和计算模式

传统的单机系统和分布式系统难以处理这些动态实时更新的大数据，于是以集群方式构建的多机系统再加上以互联网相连的云计算平台将成为大数据的有效计算平台。近几年美国 Google、IBM 公司还有中国的曙光、联想等大公司相继推出了用于处理大数据的各种集群式计算机系统，它们可为大数据的处理提供更好的服务。

3）大数据的处理利用

如图 6.3 所示，大数据挖掘通过对数据分类、建立关联以及对各类关系分析，包括典型的因果关系分析，提取数据的特征和属性。当前以机器学习为代表的人工智能方法可为大数据挖掘提供有力的支持。机器学习方法是近几年人工智能领域的热门课题，是让计算机模拟人类的学习过程。机器通过学习获得智能分析能力。

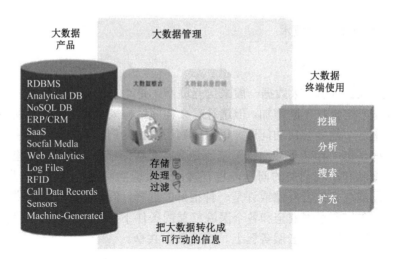

图 6.3　大数据的处理利用

4．大数据特征

2001 年，美国高德纳（Gartner Group）公司的分析师道格拉斯·兰尼（Douglas Laney）在一份报告中提出，大数据必须具备 3V 特征，即 Volume（规模性）、Variety（多样性）和 Velocity（高速性）。

随着大数据技术的不断成熟与应用领域的不断扩大，大数据还具有 Value（价值性）、Veracity（真实性）、Variability（可变性）、Complexity（复杂性）等特点。可以说，大数据时代的来临对人类的数据驾驭能力提出了新的挑战，也为人们获得更为深刻、全面的洞察能力提供了前所未有的空间与潜力。

（1）Volume（规模性），即数据体量巨大。数据的单位，按顺序依次为 bit、Byte、KB、MB、GB、TB、PB、EB、ZB、YB、BB、NB、DB。数据通信中，最小的基本单位是比特（bit），二进制数字通信中的信息是一串"0""1"码，其中 1 个"0"或"1"就是 1bit。比特之后是字节（Byte），1Byte=8bit。从 Byte 到 DB 是按照进率 1024（2 的 10 次方）来计算的：1KB=1024Byte，以此类推。

大数据的起始计量单位至少是 P（1024 个 T）、E（1024 个 P）或 Z（1024 个 E）。截至目前，人类生产的所有印刷材料的数据量是 200PB，而历史上全人类说过的所有的话的数据量大约是 5EB。当前，典型个人计算机硬盘的容量为 TB 量级，而一些大企业的数据量已经接近 EB 量级。

在中国，2010 年新存储的数据为 250PB，2012 年中国的数据存储量达到

364EB。2013 年，淘宝网站每天有几千万笔交易，单日数据产生量超过 50TB（1TB 等于 1024GB），存储量 40PB（1PB 等于 1024TB）。百度公司目前数据总量接近 1000PB，存储网页数量接近 1 万亿页，每天大约要处理 60 亿次搜索请求，几十 PB 数据。

（2）Variety（多样性），即数据类型繁多。这种类型的多样性也让数据被分为结构化数据和非结构化数据。相对于以往便于存储的以文本为主的结构化数据，非结构化数据越来越多，包括网络日志、音频、视频、图片、地理位置信息等，这些多类型的数据对数据的处理能力提出了更高要求。

（3）Value（价值性），即数据价值。Value 应具有两个特性，一个是商业价值高，另一个是价值密度低。价值密度的高低与数据总量的大小成反比。以视频为例，一部 1h 的视频，在连续不间断的监控中，有用数据可能仅有 1s 或 2s。如何通过强大的机器算法更迅速地完成数据的价值"提纯"成为目前大数据背景下亟待解决的难题。

（4）Velocity（高速性），即处理速度快。这是大数据区分于传统数据挖掘的最显著特征。预计到 2020 年，全球数据使用量将达到 40ZB。在如此海量的数据面前，处理数据的效率就是企业的生命。

（5）Veracity（真实性），即数据的质量。这个词由在美国快捷药方公司（Express Scripts）担任首席数据官（Chief Data Officer, CDO）的 Inderpal Bhandar 在波士顿大数据创新高峰会（Big Data Innovation Summit）的演讲中提出，认为大数据分析中应该加入这点做考虑，分析并过滤资料有偏差、伪造、异常的部分，防止这些 dirty data 损害到资料系统的完整性和正确性，进而影响决策。

（6）Variability（可变性），即指数据流不稳定易变化的特征。除了数据速率提升及多样性增加的问题，数据流还有着极不稳定的周期峰值。是否有什么在社会媒体中起了导向作用？每日的、季度的及事件触发性的数据负载高峰会给数据管理造成极大的挑战，这在处理非结构化数据时尤为明显。

（7）Complexity（复杂性）是指随着数据来源多样化、数据流可变性增加，数据处理日益复杂化。如今数据的来源各种各样，这会给跨系统的数据关联、匹配、清洗以及转换造成困难。然而，对数据间的关系、层级以及多数据间的联结点进行关联是十分重要的，否则数据很快就会失控。

5．大数据与云计算

云计算就是硬件资源的虚拟化；大数据就是海量数据的高效处理。

　　云计算相当于计算机和操作系统，将大量的硬件资源虚拟化之后再进行分配使用，简单说就是把计算机中或公司服务器上的硬盘、CPU 都放到网上，统一动态调用，现在最有名的云计算服务商是亚马逊的 AWS。以前要玩最新的大型三维游戏或者渲染大型三维动画，都需要重新买一台更高配置的计算机或更换显卡等；有了云计算之后，只需要一台显示器，并将其连到服务商的云计算平台上，如果只想玩两天新游戏，就单独购买这两天的高配 CPU 和显卡，只付两天的钱，之后再恢复成普通的配置；如果今晚要做大量渲染，只需购买今晚几个小时的高配，第二天早上拿到成片，就可以恢复原来的配置。所有这些计算和渲染工作都在云计算服务商的数据中心统一完成，按小时甚至按分钟计费，而无需再购买计算机和服务器。

　　大数据相当于海量数据的"数据库"，简单地说，就是把所有的数据放到一起分析，找到关联，实现预测。这里的所有数据对应的是之前的抽样调研取得的部分数据。例如，传统的市场调研方法就是去大街上或者网上发问卷，能得到成百上千份结果就很不错了，或者邀请几个典型用户到会议室进行访谈；大数据的做法是收集的所有人的数据进行分析，把每个人都当作独立个体进行分析，而不是找群体特征。大数据的结果更精准、更细致、更个性化。

　　大数据和云计算没有必然联系，应用时，可以用云计算，也可以不用。

　　但是从整体来看，未来的趋势是，云计算作为计算资源的底层，支撑着上层的大数据处理，而大数据的发展趋势是，实时交互式的查询效率和分析能力，动一下鼠标就可以在秒级操作 PB 级别的数据。

6.2　大数据应用

　　今天，大数据似乎成了"万灵药"，从总统竞选到奥斯卡颁奖、从 Web 安全到灾难预测，都能看到大数据的身影，大数据的推广，已经渗透到了公共健康、临床医疗、物联网、社交网站、社会管理、零售业、制造业、汽车保险业、电力行业、博彩业、工业发动机和设备、视频游戏、教育领域、体育领域、电信业等多个行业应用领域。

1．特朗普竞选

　　大数据的核心是利用海量信息进行预测。无论是环境保护、天气预报，还是社会治安、海外反恐，似乎没有大数据做不到的事。人们相信，基于数据和分析做出的决策将更加科学。

2016 年，在美国总统大选中，特朗普团队使用了一家大数据分析公司 Cambridge Analytica（剑桥分析），帮助特朗普团队精准定位了美国选民的喜好并随后投放广告。

该公司目前的模型可以预测美国每一个成年人的性格特质，这基于三项技术：使用 OCEAN 模型的行为科学，大数据研究以及精准广告投放。

（1）首先，该公司从不同的来源购买个人数据，如土地登记数据、汽车数据、购物数据、奖金卡以及俱乐部会员资格等。

（2）随后，将这些数据与共和党的选民名册和在线数据进行汇总比对，并推算出上述人群的心理侧写档案，这些无生命的数字足迹在突然之间，就变成了有恐惧、有需求、有兴趣和有住宅地址的真正的人。已经分析了美国每个成年人的个性，总共 2.2 亿人，对美国每个成年人平均掌握的数据点为 4000～5000 个。

（3）这些数据点与 OCEAN 模型一起，构成了该公司有针对性地对不同个体投放不同广告信息的指导方针。

在特朗普和希拉里第三次总统辩论时（图 6.4），特朗普的团队测试了 17.5 万个不同的广告变体，以便通过 Facebook 找到正确的版本。消息大部分仅在微观细节上有些许不同（标题、颜色、标题、照片或视频），以便以最佳心理方式瞄准接收者。

图 6.4　特朗普和希拉里辩论

基于此种心理侧写大数据分析，特朗普团队只对选民提供他们感兴趣的信息，而剑桥分析则将美国人口细分成 32 种性格特征，并最终仅仅专注于 17 个州。在数据分析的基础上，特朗普团队决定在将最后几周的精力都集中在密歇根和威斯康星州，并顺利赢得了大选。

2.《永无止境》

2011 年好莱坞的一部高智商电影《永无止境》，讲述的是一位落魄的作家库珀，服用了一种可以迅速提升智力的神奇蓝色药物，然后他将这种高智商用于炒股。库珀能在短时间掌握无数公司资料和背景，也就是将世界上已经存在的海量数据（包括公司财报、电视、几十年前的报纸、互联网、小道消息等）挖掘并串联起来，甚至将 Facebook、Twitter 的海量社交数据挖掘得到普通大众对某种股票的感情倾向，通过海量信息的挖掘、分析，一切内幕都不再是内幕，一切趋势都在眼前，结果他在 10 天内就赢得了 200 万美元，神奇的表现让身边的职业投资者目瞪口呆。这部电影堪称展现大数据魔力的教材性电影。

6.3 大数据前景

大数据浪潮汹涌来袭，与互联网的发明一样，这绝不仅是信息技术领域的革命，更是在全球范围启动透明政府、加速企业创新、引领社会变革的利器。

1．面临问题

1）隐私问题

数据的汇集不可避免地加大了用户隐私数据信息泄露的风险，隐私问题无疑是困扰大数据发展的一个非常重要的要素，一些之前看似并不重要的数据信息，在大数据中心，许多这样的信息就很可能轻松了解一个人的近期情况，从而造成了个人隐私泄露问题。而且如今随着大数据的发展，个人隐私越来越难以保护。有可能出现利用数据犯罪的情况，当然关于大数据隐私方面的法律法规并不多，还需要有专门的法规来为大数据的发展扫除障碍。

2）安全问题

随着数据的价值越来越重要，大数据的安全稳定也将逐渐被重视，大数据不断增长，无论对数据存储的物理安全还是对数据的管理方式都要求越来越高，从而对数据的多副本与容灾机制提出更高的要求。同时，数据价值的提升会造成更多敏感性分析数据在移动设备间传递，一些恶意软件甚至具备一定的数据上传和监控功能，能够追踪到用户位置、窃取数据或机密信息，严重威胁个人的信息安全，使安全事故等级升高。

3）信任问题

大数据的最大障碍是让人们真正相信大数据，这包括对别人数据的信任和自我数据被正确使用的信任。例如，近年来工资"被增长"、CPI"被下降"、房价"被降低"、失业率"被减少"，因百姓的切身感受与统计数据之间的差异以及国家和地方之间 GDP 数据严重不符，都导致了市场对统计数据的质疑。构建对大数据的安全信任至关重要，这需要政府机构、企事业单位、个人等多方面共同建设和维护好大数据可信任的安全环境。

2. 未来发展

现代管理学之父德鲁克有言：预测未来最好的方法，就是去创造未来。而"大数据战略"，则是当下领航全球的先机。未来大数据的应用场景主要集中于以下几个方面。

（1）利用大数据实现客户交互改进：电信、零售、旅游、金融服务和汽车等行业将"快速抓取客户信息从而了解客户需求"列为首要任务。

（2）利用大数据实现运营分析优化：制造、能源、公共事业、电信、旅行和运输等行业要时刻关注突发事件、通过监控提升运营效率并预测潜在风险。

（3）利用大数据实现 IT 效率和规模效益：企业需要增强现有数据仓库基础架构，实现大数据传输、低延迟和查询的需求，确保有效利用预测分析和商业智能实现性能和扩展。

（4）利用大数据实现智能安全防范：政府、保险等行业亟待利用大数据技术补充和加强传统的安全解决方案。

虽然大数据还处于初级阶段，但是其商业价值已经显现出来，尤其是大数据在企业商业智能、公共服务和市场营销三个领域拥有巨大的应用潜力和商机。近年来，全球大数据产业不断成熟，各领域大数据应用全面展开，为大数据发展带来强劲动力。

根据中国信息通信研究院发布的《中国大数据发展调查报告》，2016 年中国大数据市场规模为 168.0 亿元，增速达到 45%；预计 2017—2020 年增速保持在 30%以上。其他数据显示，2016 年全球大数据市场规模达到 453亿美元，同比增长 25.8%。大数据逐渐成为全球 IT 支出新的增长点。

物联网

　　万物互联时代，新一代信息技术革命和产业变革席卷而来，物联网是继计算机之间的互联网，人与人之间的移动互联网之后的又一次技术革命，是新一代信息技术的重要组成部分，将让我们的生活更加美好，让万事万物智能化和系统化，对于整个行业来看都是巨大机遇。物联网行业处于生命周期的成长早期，发展空间巨大。

　　中国政府高度重视物联网产业发展，政策持续出台。2010 年 3 月 5 日，物联网首次写入《政府工作报告》。

　　2016 年 12 月 27 日，国务院发布《"十三五"国家信息化规划》，明确提出 10 个物联网发展专项行动计划实施物联网重大应用示范工程，推进物联网应用区域试点。

　　2017 年 1 月，工业和信息化部发布《物联网"十三五"规划》，明确了物联网产业"十三五"的发展目标：完善技术创新体系，构建完善标准体系，推动物联网规模应用，完善公共服务体系，提升安全保障能力等。

7.1　物联网

　　物联网将网络的用户端延伸和扩展到物与物之间，是一种新型的信息传输和交换形态。近年来，物联网为全球经济发展带来强劲推动力。对于运营商而言，如何挖掘这一憧憬 10 年之久的新兴市场成了一大难题。

7.1.1　物联网的含义

　　20 世纪 90 年代后期，随着市场需求和经济、技术的发展，物联网的概念被提出并付诸实践。1999 年，美国 MIT 自动识别技术中心 Ashton 教授在研究射频识别技术 RFID 时最早提出了"物联网"的概念，即 Internet of Things，简称 IOT，也称为 Web of Things。

2005 年 11 月 17 日，在突尼斯信息社会世界峰会（WSIS）上，国际电信联盟（ITU）发布了《ITU 互联网报告 2005：物联网》，指出，无所不在的"物联网"通信时代即将来临，世界上所有的物体从轮胎到牙刷、从房屋到纸巾都可以通过互联网主动进行信息交换。

物联网是通过射频识别（RFID）、红外感应器、全球定位系统、激光扫描器等信息传感设备，按约定的协议，把任何物品与互联网连接起来，进行信息交换和通信，以实现智能化识别、定位、跟踪、监控和管理的一种网络。

互联网并没有考虑到对于任何物品连接的问题，物联网是在互联网基础上延伸和扩展的网络，和互联网的虚拟世界不同，它是对现实物理世界的感知和互联。物联网的核心和基础仍然是互联网，但用户端延伸和扩展到了任何物品之间。物联网主要解决物品与物品（Thing to Thing，T2T），人与物品 （Human to Thing，H2T），人与人（Human to Human，H2H）之间的互联。但是与传统互联网不同的是，H2T 是指人利用通用装置与物品之间的连接，从而使得物品连接更加简化，而 H2H 是指人之间不依赖于 PC 而进行互联。

另外，M2M 也比较常见。M2M 可以解释为人到人（Man to Man），人到机器（Man to Machine）、机器到机器（Machine to Machine）。本质上而言，人与机器，机器与机器的交互，大部分是为了实现人与人之间的信息交互，万维网技术成功的动因是，它通过搜索和链接，提供了人与人之间异步进行信息交互的快捷方式。

7.1.2　物联网的构成

从技术架构上来看，物联网可分为感知、网络和应用三个层次（图 7.1）。

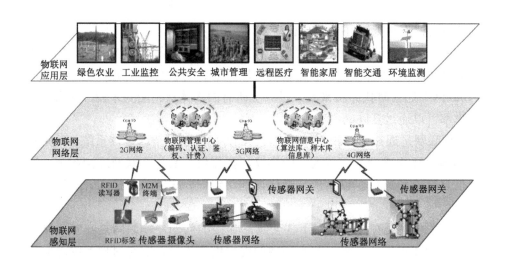

图 7.1　物联网架构

　　底层是感知层，由各种传感器及传感器网关构成，包括二氧化碳浓度传感器、温度传感器、湿度传感器、激光扫描器、二维码标签、RFID 标签和读写器、摄像头、GPS 等信息传感设备。感知层的作用相当于人的眼耳鼻喉和皮肤等神经末梢，它是物联网识别物体、采集信息的来源，其主要功能是识别物体、采集信息。

　　网络层由各种私有网络、互联网、有线和无线通信网、网络管理系统和云计算平台等组成，相当于人的神经中枢和大脑，负责传递和处理感知层获取的信息。

　　最上面是应用层，是物联网和用户（包括人、组织和其他系统）的接口，它与行业需求结合，实现物联网的智能应用。

　　通过这些层面，物联网具有了全面感知、可靠传输、智能处理三大特征。

7.1.3　物联网关键技术

　　在物联网应用中有 4 项关键技术：

　　（1）传感器技术，这也是计算机应用中的关键技术。目前，绝大部分计算机处理的都是数字信号。自从有计算机以来就需要传感器把模拟信号转换成数字信号进行处理。

传感网络技术，使"感知"成为现实。它通过随机分布的集成有传感器、数据处理单元和通信单元的微小节点，测量周边环境中的热、红外、声呐、雷达和地震波信号，从而探测包括温度、湿度、噪声、光强度、压力、土壤成分，移动物体的大小、速度和方向等物质现象。它拓宽了物品信息的自动提取方式及范围，能够全面提取物品的各类特征信息，从而形成一个可以感知现实世界的智能网络。

（2）RFID 标签也是一种传感器技术，RFID 技术是融合了无线射频技术和嵌入式技术于一体的综合技术，RFID 在自动识别、物品物流管理领域有着广阔的应用前景。

RFID 技术是物联网中非常重要的组成部分。RFID 标签中存储着规范而具有互用性的信息，通过无线数据通信网络把它们自动采集到中央信息系统，实现物品（商品）的识别，进而通过开放性的计算机网络实现信息交换和共享，从而实现对物品的"透明"管理。和必须"看见"才能识读的条形码技术不同，RFID 技术的优点在于以无接触的方式实现远距离、多标签甚至在快速移动的状态下自动识别。

（3）嵌入式系统技术是综合了计算机软硬件、传感器技术、集成电路技术、电子应用技术于一体的复杂技术。经过几十年的演变，以嵌入式系统为特征的智能终端产品随处可见；小到人们身边的 MP3，大到卫星系统。嵌入式系统正在改变着人们的生活，推动着工业生产及国防工业的发展。

如果把物联网用人体做一个简单比喻，传感器相当于人的眼睛、鼻子、皮肤等感官，网络就是用来传递信息的神经系统，嵌入式系统则是人的大脑，对接收到信息进行分类处理。这个例子很形象地描述了传感器、嵌入式系统在物联网中的位置与作用。

（4）IPv6 技术。物联网仍然是在互联网的基础上的拓展延伸而产生和进入应用领域的网络系统，物联网网络通信协议以 IP 通信协议为基础，采用TCP/IP 的分层式网络通信协议。从工作原理上看，大部分物联网终端节点通过固定或移动互联网的 IP 数据通道与网络和应用进行信息交互，因此，物联网的发展首先需要为终端节点分配 IP 地址。然而，物联网终端的数量是惊人的，物联网需要的 IP 地址数量无疑也是海量的。

总体上，物联网应用 IPv6 可按照"三步走"策略来实施。首先，承载网支持 IPv6；其次，智能终端、网关逐步应用 IPv6；最后，智能小物体（传感器节点）逐步应用 IPv6。目前，华为的产品，包括骨干和接入路由器、移动网络分组域设备等，已经可以完全满足第一和第二阶段商用部署的要求。华为同时在积极跟踪第三阶段智能小物体应用 IPv6 的要求，包括技术标准和商用产品两大领域。有理由相信，在 IPv6 的积极适配与广泛应用下，物联网产业有望实现真正的大繁荣。

此外，物联网还利用云计算、模糊识别等各种智能计算技术，对海量的跨地域、跨行业、跨部门的数据和信息进行分析处理，提升对物理世界、经济社会各种活动和变化的洞察力，实现智能化的决策和控制。

可以说，物联网是继互联网后的又一次技术革新。

7.1.4 物联网应用

如果物流公司应用了物联网系统的货车，那当装载超重时，汽车会自动提示超载及超载多少；当空间还有剩余时，汽车会提示轻重货物怎样搭配；当司机出现操作失误时，汽车会自动报警，等等。

2005 年 11 月 17 日，国际电信联盟（ITU）发布的报告中对"物联网"时代的应用进行了上述描述。

物联网虽然是一个新兴概念，但并不神秘，它的应用早已出现在人们的日常生活当中了，如北京奥运会上成功实施的视频监控、智能交通、电子标签食品溯源管理等。物联网用途广泛，遍及智能交通、环境保护、政府工作、公共安全、智能家居、智能消防、工业监测、环境监测、老人护理、个人健康、花卉栽培、水系监测、食品溯源、敌情侦察和情报搜集等多个领域。

水文：将物联网深入河底，可以检测水质、水文等信息。2006 年水利部已经开始在水域部署传感器，并将信息集中到中心服务器处理。

会展：如电子门票。持票人只要进入展会或者电影院，门票将自动通告"我来啦，我的票是几排几号"，引领员会将其引入正确的座位，而无需看门票。电影的上座率、会展的参展人员数量也很容易统计。上海世博会就引入了这一技术。

物流和供应管理：包裹传递、集装箱运输，都离不开物流和供应管理。海运公司针对集装箱运输中的各种网络管理系统采用物联网模式，其应用可以包括港口集装箱定位、室内堆场和叉车定位及集装箱运输过程中的温度监控等。

数字图书馆：图书馆浩如烟海的图书，如果都连接到物联网上，检索的速度会大大提高，整个图书馆的管理也将更加方便。任何一本书的借阅情况也将一目了然。

运动计时：无论是人还是汽车，其运动的时间、距离等，都可以通过物联网实时地进入信息系统，实现地图显示、速度测量等实用功能。

道路自动收费：目前的高速路收费系统，已经有大量的自动收费模式。采用物联网以后，收费速度会大幅度提高，收费方式也可能会发生变革。

生产制造和装配：生产制造中的每个零部件，如果都连入物联网，效率会大幅度提高，并且对工件的库存、管理等，以至于对 CIMS、FMS 快速部署起到至关重要的作用。

安防系统：物联网传感器产品在上海浦东国际机场防入侵系统中得到应用。系统铺设了 3 万多个传感节点，覆盖了地面、栅栏和低空探测，可以防止人员的翻越、偷渡、恐怖袭击等攻击性入侵。

物联网时代，一辆汽车进入某小区，就自动"告知"小区内分布在各个地方的保安"我是谁，我进来了，在什么地方，请各方注意"。

据国际数据公司（IDC）预测，到 2020 年，全球物联网连接数将达到 281 亿，收入规模将超过 7 万亿美元；而 Gartner 给出的连接数预计为 268 亿，收入规模达到 3000 亿美元；GSMA 则认为到 2020 年，物联网连接数将超过 300 亿，其中基于蜂窝技术的连接数将达到 10 亿～20 亿。虽然各方预测数有所不同，但物联网给行业所带来的丰厚回报吸引着产业链众多企业纷纷进入。总之，物联网已整装待发，脚步渐行渐近。

7.2　车联网

随着传统车企与互联网公司的进一步合作，车联网已成为仅次于 PC 互联网及移动互联网的全球第三大互联网实体。对传统车企和互联网公司而言，车联网都是值得深耕的领域。

7.2.1　车联网的由来

1956 年，美国通用汽车公司在一个广告片里这样设想未来（图 7.2）：

一家四口其乐融融地乘坐汽车出游，一路上他们依靠导航技术、语音交互技术，实现自动驾驶。不得不佩服外国人的思维，在几十年前就有了车联网的概念。

图 7.2   美国通用汽车广告片

2004 年，中国提出"汽车计算平台"计划，防范汽车工业"空芯化"现象；巴西政府强制所有车辆 2014 年前必须安装类似"汽车身份识别"的系统并联网；欧洲、日本的 ITS（智能交通系统）计划中也都有"车联网"的概念；印度甚至要求所有黄包车都装上 GPS 与 RFID；2011 年年初，中国四部委联合发文，对"两客一危"运营类车辆提出了必须安装智能卫星定位装置并联网的强制性要求……这些都是车联网的雏形。

美国则开创了里程碑，它要求所有移动终端，包括汽车都必须安装安全 ID 芯片，并进一步要求，2012 年所有运营类车辆都必须遵从由移动终端发展的全新规范。

7.2.2　车联网的概念

车联网（Internet of Vehicle，IOV）即"汽车移动物联网技术"，是由车辆位置、速度和路线等信息构成的巨大交互网络。通过 GPS、RFID、传感器、摄像头图像处理等装置，车辆可以完成自身环境和状态信息的采集；通过互联网技术，所有的车辆可以将自身的各种信息传输汇聚到中央处理器；通过计算机技术，这些大量车辆的信息可以被分析和处理，从而计算出不同车辆的最佳路线、及时汇报路况和安排信号灯周期。这些也是通往自动驾驶的必经之路。语音、导航、兴趣点、紧急救援等都不过是车联网功能的一个小角落。

车联网承载了车与车（V2V）、车与路（V2R）、车与网（V2I）、车与人（V2H）等的互联互通，缺少以上的任何一项都不能称为完整的车联网。

V2V 技术，即车车相连，当两辆装有此技术的别克轿车相遇时，互相就能判断出对方所处的位置，位于辅路或次要道路，并且车速较慢的车辆会主动刹车，这样就杜绝了驾驶员视线受阻而看不到两侧来车的情况。

V2I，即汽车与基础设施相连，在试验场里使红绿灯联网，这样即使驾驶员没看到红绿灯，车内的屏幕上也能知道下一个要经过的路口是红灯还是绿灯。如果驾驶员企图闯红灯，车辆会毫不犹豫地自动停车。

7.2.3　车联网的用途

中控屏幕上的信息只是车联网的表象，其核心是利用网络共享车辆和路况信息，完成车辆与外界的交互，以实现出行的智能化，例如，在开进停车场之前就为驾驶员在茫茫车海中找到一个空闲的停车位。

实际上车联网的用途就是智能交通与智能驾驶，从而减少交通事故的发生，并且让行车更聪明。也许有人会说自动刹车的功能不新鲜了，目前在很多车辆上已经实现了，其实这部分车辆依赖的是车上配备的传感器和探头，但探头会受到天气、光线等因素的干扰，而且只能获知前车或最近车辆的状况，但车联网更加稳定可靠，可以获知周边几米范围内车辆的情况，也就是说如果前方有一辆车出事故，用户在很远处就能知道这个事故，这是探头完全不可能检测到的。

7.2.4　车联网的系统架构

车联网是物联网的一种应用，相应体系架构也是一致的，由感知层（设备终端）、网络层（通信网络）及应用层（数据分析云平台）三层体系架构组成（图 7.3）。

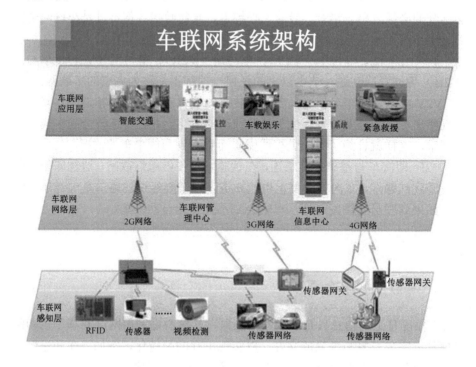

图 7.3　车联网系统结构

车联网感知层包括 RFID、传感器网络等，该层组合成端系统，该系统是汽车的智能传感网，在整个体系的作用是负责收集获取车辆的信息，感知行车状态与驾驶环境，通过汽车总线完成与车辆之间的信息交互，通过无线通信实现与远程 TSP 平台的信息交互；端系统是实现车内通信、车间通信、车网通信的泛在通信终端，同时还让汽车具备寻址和网络可信标识等能力的设备。每个设备终端都需要在网络中被寻址，就需要一个地址，即 IPv6。

车联网网络层，可以实现车与车（V2V）、车与路（V2R）、车与网（V2I）、车与人（V2H）等的互联互通，实现车辆自组网及多种异构网络之间的通信与漫游，在功能和性能上保障网络泛在性。

车联网应用层是整个车联网的核心部分。车联网是一个云架构的车辆运行信息平台，它的生态链包含了 ITS、物流、客货运、危特车辆、汽修汽配、汽车租赁、企事业车辆管理、汽车制造商、4S 店、车管、保险、紧急救援、移动互联网等，是多源海量信息的汇聚，因此需要虚拟化、安全认证、实时交互、海量存储等云计算功能,其应用系统也是围绕车辆的数据汇聚、计算、调度、监控、管理与应用的复合体系。

7.2.5　车联网的发展

车联网的发展最重要的突破点在于打破壁垒，完善车与车、车与人、车与周边环境之间的交流，实现未来整个城市作为主体进行调动。统一协议的普及就是最为重要的部分，其中较为困难的是车与车之间，以及车与道路周边设施（如信号灯）的通信，因为这需要车企之间达成统一协议的共识并且推动政府部门进行相应交通设施的改造更新。

据前瞻产业研究院发布的《中国车联网行业市场前瞻与投资战略规划分析报告》，车联网前景持续向好。到 2020 年，中国车联网市场规模将突破 500 亿元，全球车联网领域市场容量则将达到千亿美元。根据汽车工业协会统计,智能驾驶汽车到 2025 年将会是 2000 亿～19000 亿美元的巨大市场。根据 IHS 数据，至 2035 年，全球无人驾驶汽车销量将达到 1180 万辆；2025—2035 年；年复合增长率将达到 48.35%，届时中国将占据全球市场 24%的份额。

7.3　无人机

目前，无人机正进入一个井喷式发展期，性能优异、技术先进、用途广泛的新型无人机不断被研制出来。随着人工智能和信息技术的发展，现代无人机装备了大量智能芯片，通过人工智能，实现了无人机的自主飞行、自主探测和自主决策。

1. 简介

无人驾驶飞机简称"无人机"，英文缩写为"UAV"，是利用无线电遥控设备和自备的程序控制装置操纵的不载人飞机（图 7.4）。

图 7.4　无人机

　　无人机是由遥控站管理的航空器，按照不同的使用领域，可分为军用、民用两大类。其中，民用又分专业级和消费级，前者集中于政府公共服务的提供，包括警用、气象、消防等，后者则更多的用于航拍、游戏等休闲用途。

2．发展

　　现代战争是推动无人机发展的基本动力。第一次世界大战时期，1914 年，英国的卡德尔和皮切尔两位将军，向英国军事航空学会提出了一项建议并得到支持：研制一种不用人驾驶，而用无线电操纵的小型飞机，使它能够飞到敌方上空，将事先装在小飞机上的炸弹投下去。1917 年 3 月，世界上第一架无人驾驶飞机在英国皇家飞行训练学校进行了第一次飞行试验，试验失败。1927 年，英国研制的"喉"式单翼无人机在英国海军"堡垒"号军舰上成功地进行了试飞，该机载有 113kg 炸弹，以 322km/h 的速度飞行了 480km。第二次世界大战中，无人靶机用于训练防空炮手。之后，无人机经历了由靶机向侦察机、攻击机发展的过程，其中，真正投入作战始于越南战争，主要用于战场侦察。随后，在中东战争、海湾战争、科索沃战争、阿富汗战争、伊拉克战争（第二次海湾战争）等局部战争中，无人机频频出现。

　　2001 年 10 月 17 日，美军出动 RQ－1"掠夺者"无人驾驶飞机对阿富汗进行军事打击。这是美国无人机首次携带武器用于实战。多年来，美国以"打击恐怖嫌疑人"为名，至少在阿富汗、巴基斯坦、也门、伊拉克、索马里、利比亚及叙利亚等国家实施过无人机空袭，并造成大量平民伤亡。

由于无人机的经济性、安全性、易操作性，在很多领域对无人机都有着旺盛的需求，小型无人机可广泛应用于防灾减灾、搜索营救、核辐射探测、交通监管、资源勘探、国土资源监测、边防巡逻、森林防火、气象探测、农作物估产、管道巡检等领域。由于小型无人机具有航空特性，因此在洪水、旱情、地震、森林大火等自然灾害实时监测和评估方面特别具备优势。当前，美国亚马逊公司已经在努力推广无人机送货服务，旧金山的一些医药公司开始使用无人机提供紧急药物配送服务。

市场调研公司 Gartner 的报告显示，2017 年全球无人机市场规模将达到近 300 万架，销售额超过 60 亿美元。

3．问题

民用无人机正越来越多地闯入人们的生活，令人担忧的是，无人机扰航事件的频发，2015 年，全国共发生无人机扰航事件 4 起，2016 年猛增至 23 起，2017 年以来，仅西南地区就已发生 10 多起。

按照《中华人民共和国飞行基本规则》规定，所有飞行必须预先提出申请，经批准后方可实施。从事无人机飞行和业务有 3 个硬性条件：考取民用无人驾驶航空器系统驾驶员的训练和合格证，向军航申请飞行区域，申请民航飞行计划。三者缺一不可，欠缺其一就属"黑飞"。当前中国无人机规模超 2 万架，但全国拿到无人机驾照的人数仅有 10000 人，半数无人机处于"黑飞"状态。

根据《民用机场管理条例》，在机场净空保护区域内，不只是无人机，鸟类、气球等升空物体都禁止放飞，情节严重的，将处 2 万元以上 10 万元以下的罚款，造成严重后果的，需承担刑事责任。

2017 年 6 月 1 日，民航局正式对质量 250g 以上的无人机实施登记注册。同时正在建立无人机登记数据共享和查询制度实现与无人机运行云平台的实时交联。

民用无人机行业起步较早的美国，在两年前就已针对小型无人机推行实名注册制度。2015 年 12 月，美国联邦航空局开始对小型无人机实施实名注册制度，以保证能追踪到不遵守安全飞行规则飞行的小型无人机所有者，从而保障航空安全。2016 年 6 月，美国联邦航空局就质量在 25kg 以下的小型无人机商用飞行又发布监管规定，要求飞行全程都必须保持在操作人员的视线范围内，不得从人头顶上飞过，距机场至少 8km，遇到飞机必须避让。2017年美国联邦航空局又因"国家安全考虑"出台规定，无人机未经许可，不得在 133 个军事设施上空 122m 高度内飞行，而此前无人机飞行高度被要求不得超过 122m，这意味着这些美国军事设施上空禁止无人机飞行，违者将面临民事处罚和刑事指控。

第 **8** 章

——CHAPTER8——

人工智能

人工智能（Artificial Intelligence，AI）是指使用机器代替人类实现认知、识别、分析、决策等功能，其本质是对人的意识与思维的信息过程的模拟。

经过 60 多年的演进，特别是在移动互联网、大数据、超级计算、传感网、脑科学等新理论新技术及经济社会发展强烈需求的共同驱动下，人工智能加速发展，呈现出深度学习、跨界融合、人机协同、群智开放、自主操控等新特征。

与工业时代的蒸汽机和信息时代的互联网一样，人工智能在智慧时代扮演着关键角色，是引领人类社会从信息时代走向智慧时代的基础。我国要赢得新一轮工业革命竞争，必须抢占人工智能高地，这不仅需要战略高度重视，政策有序引导，更需要优秀企业具有开放融合的胸襟和中流击水的勇气，还需要基础研发体系的支撑引领。

8.1 人工智能定义

公元前 384—前 322 年，古希腊哲学家亚里士多德（Aristotle）在其著作《工具论》中提出形式逻辑，英国哲学家弗朗西斯·培根（Francis Bacon）在《新工具》中提出了归纳法，德国哲学家莱布尼茨（Leibnitz）提出了通用符号和推理计算的概念，这些都是人工智能研究的萌芽。

1950 年，计算机科学理论奠基人、英国数学家阿兰·图灵（Alan Turing，图 8.1）在论文 *Computing Machinery and Intelligence*（《计算机器和智能》）中提出了著名的"图灵测试"——如果一台机器能够与人展开对话（通过电传设备），并且会被人误以为它也是人，那么这台机器就具有智能。

图 8.1 阿兰·图灵

被誉为"人工智能之父"之一的马文·明斯基则将其定义为"让机器作本需要人的智能才能够做到的事情的一门科学"。而代表人工智能另一条路线——符号派的司马贺认为，智能是对符号的操作，最原始的符号对应于物理客体。

2016 年，阿里云研究中心、波士顿咨询公司及 Alibaba Innovation Ventures 联合推出的研究报告《人工智能：未来制胜之道》中称，人工智能是研究、开发用于模拟、延伸和扩展人类智能的理论、方法、技术及应用系统的一门新的技术科学。

人工智能的概念最早由约翰·麦卡锡在 1956 年的达特茅斯会议上提出。大会的组织者为当时世界上最杰出的计算机科学家，包括克劳德·艾尔伍德·香农（Claude Elwood Shannon）、约翰·麦卡锡（John McCathy，图 8.2）、马文·明斯基（Marvin Lee Minsky）、纳撒尼尔·罗切斯特（Nathaniel Rochester）。参会者包括赫伯特·西蒙（Herbert Simon）、艾伦·纽厄尔（Allen Newell）、雷·所罗门诺夫（Ray Solomonoff）、奥利弗·塞尔福里奇（Oliver Selfridge）、特雷查德·摩尔（Trechard More）、阿瑟·塞缪尔（Arthur Samuel）。这些人全部是人工智能领域的先驱。这次长达两个月的会议，首次提出了人工智能的术语，确定了很多需要日后解决的核心问题，这些问题包括：自然语言是否可以用于编程？是否可以编写出模拟人类大脑神经元的程序？计算机是否具有经验学习能力？计算机应该如何表达信息？算法中的随机性跟机器的智能化程度是否正相关？

图 8.2　约翰·麦卡锡

在达特矛斯会议上，人工智能的名称和任务得以确定，同时出现了最初的成就和最早的一批研究者，因此这一事件被广泛承认为人工智能诞生的标志。

从那以后，研究者们发展了众多理论和原理，人工智能的概念也随之扩展。人工智能的发展方向大致分成了三个：

（1）以麦卡锡为代表，认为计算机智能化需要通过逻辑推理实现。

（2）以明斯基为代表，认为计算机智能化的前提是需要具备丰富的现实世界知识。

（3）以麦卡洛克、皮茨为代表，认为构建神经元模型可以实现人工智能。

以上三个研究方向仍被当前科学家坚持研究，但其力量对比已经有了明显的变化，神经元模型方向已经异军突起，且产生了大量的成果；逻辑推理方向随着计算机计算能力和算法理论的发展逐渐被功能化；现实世界知识方向随着存储技术的发展，明斯基的"积木世界"明显没有人工神经网络有吸引力。

8.2　人机信息交互

机器的应用极大地提高了人类的生产效率。但进入信息时代，信息大爆炸使得人类被大量无用信息淹没，不利于生产效率的进一步提高。同时，现有的键盘鼠标以及触摸操控束缚了人类的双手，非常不适用于机械维修、生产制造、医疗等领域。因此需要语音识别、体感识别、脑电波操控等新的信息交互方式来提高信息利用率,降低机器对人的束缚,进一步提高生产效率。

8.2.1 语音识别

语音识别技术,也称自动语音识别,是将人类语音中的词汇内容转换为计算机可读的输入技术。

语音识别是一门交叉学科,所涉及的领域包括信号处理、模式识别、概率论和信息论、发声机理和听觉机理以及人工智能等。近 20 年来,语音识别技术取得显著进步,开始从实验室走向市场。

2011 年,苹果在 iPhone 4S 自带的 iOS 5 上集成了 Siri 语音助理,让用户能够甩掉键盘,直接通过语音命令进行操作,推动了语音识别技术在消费电子领域的应用。

除此之外,语音识别技术还在工业、家电、通信、汽车电子、医疗、虚拟现实和家庭服务等各个领域广泛使用。例如,微软尝试将语音识别、即时翻译技术整合到旗下产品 Skype 中,让用户通过 Skype 可以与不同语种的人随意交谈。

国内方面,科大讯飞(Flytek)、搜狗语音助手、百度语音等系统都采用了最新的语音识别技术,市面上其他相关的产品也直接或间接嵌入了类似的技术。其中科大讯飞已占有中文语音技术市场 70%以上的市场份额,其推出的语音助手系统能够准确地实现中文和一些外语(英语、德语等)之间的互译,并且克服了诸如方言、俚语、背景噪声等因素的干扰,并在 2016 年国际语音识别大赛(CHiME)中取得全部指标第一的成绩。

8.2.2 体感识别

体感识别技术是指人们可以直接使用肢体动作,与周边的装置或环境互动,而无须使用任何复杂的控制设备,让人们身临其境地与内容做互动。

依照体感方式与原理的不同,可将体感识别技术分为三大类:惯性感测、光学感测和惯性及光学联合感测。

（1）惯性感测。主要是以惯性传感器为主，利用重力传感器、陀螺仪以及磁传感器等来感测使用者肢体动作的物理参数（分别为加速度、角速度及磁场），再根据这些物理参数来求得使用者在空间中的各种动作。

（2）光学感测。主要是通过光学传感器、激光或摄像头获取人体影像，再将人体影像的肢体动作与显示画面中的内容互动。

（3）惯性及光学联合感测。主要配置包含一个手柄、一个摄像头及红外线传感器。手柄包含重力传感器、陀螺仪以及磁传感器，用来侦测手部三轴向的加速度；摄像头和红外线传感器，用来感应在电视屏幕前方的红外线发射器信号，用来侦测身体在垂直及水平方向的位移，操控空间鼠标。

近年来，随着传感器技术的成熟，以及红外感知、空间建模和生物识别技术的发展，也出现了一些新的体感识别技术。

例如，Leap Motion 是一款体感控制器，如图 8.3 所示，其自身只有一个 U 盘大小，通过 USB 与计算机相连，就可以通过识别用户的手指动作来控制计算机。它拥有 150°的视角，可在传感器上方 25～600mm 的倒四棱锥体空间内跟踪一个人的 10 个手指的动作，精度为 0.01mm，是 Kinect 的 200 倍。Leap Motion 的 CEO Michael Buckwald 表示，通过使用装置，人们可以像在现实世界中一样，用手势控制各种应用和游戏。借助科技，虚拟三维建模应该和在真实世界中铸泥塑一样简单。但就目前传统的输入设备而言，99%的日常动作并不适用，但是 Leap Motion 确实改变了这一切。

再如，MYO 腕带是加拿大 Thalmic Labs 公司推出的一款控制终端设备，如图 8.4 所示，手势控制臂环可以佩戴在任何一条胳膊的肘关节上方，臂环上的感应器可以捕捉到用户手臂肌肉运动时产生的生物电变化，并将其转换成操作命令，通过软件以无线网络的方式传送给电子设备，用来玩计算机游戏、浏览网页、控制音乐播放等娱乐活动，甚至还能操控无人机。

图 8.3　Leap Motion 体感控制器

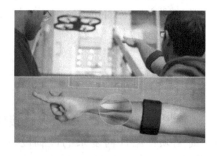

图 8.4　MYO 体感手环

正是因为体感识别技术的不断更新完善，以及人类对新的人机交互方式的追求，体感识别技术也从当初的体感游戏这一单一应用领域向设备控制和立体建模等多领域扩展。已有专家预言，体感技术将来会取代键盘鼠标实现对计算机的直接操控。

Google 曾申请专利，尝试利用体感识别技术为它的 Google Glass 用户提供文字输入功能。如图 8.5 所示，Google 打算利用 Google Glass 的镜框投影一个键盘到用户的手上，然后用户用另一只手向 Google Glass 发出指令。眼镜上的摄像头可以识别用户的手势，以此来确定用户的输入内容。

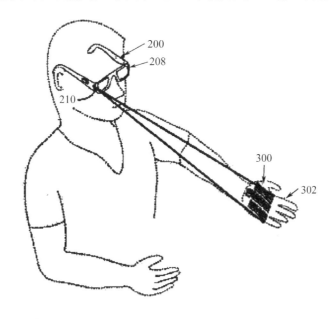

图 8.5　谷歌眼镜文字输入专利

此外，中国台湾亚洲大学的师生为听障人士设计了一款利用体感识别技术的可穿戴式设备 Sign Language Ring（手语戒）。如图 8.6 所示，整套设备由一个手环和多枚戒指组成。听障人士将手环戴在手上，六枚戒指戴在几个主要活动的手指上。听障人士在与普通人进行交流时，普通人说的话可以被手环上的语音识别芯片识别并转换成文字，让听障人士看到；然后听障人士用手比画，手环可以利用手势识别技术识别出手语操作，然后将其转换成语音让普通人听到。虽然该设备目前还处于设计阶段，一旦成功，听障人士就可依靠该设备与普通人正常沟通。

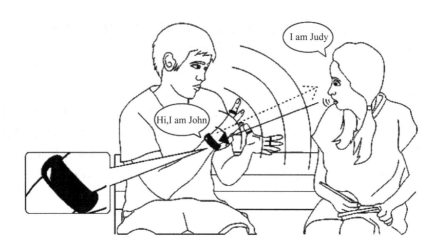

图 8.6　Sign Language Ring 听障人士手环

8.2.3　脑电波操控

　　大脑在活动时，脑皮质细胞群之间形成电位差，从而在大脑皮质的细胞外产生电流，这就是俗称的脑电波。它记录大脑活动时的电波变化，是脑神经细胞的电生理活动在大脑皮层或头皮表面的总体反映。脑电波操控则是利用相关设备监测人类的脑电波，通过识别脑电波的不同变化来实现对外部设备的控制。

　　人类关于脑电波操控的科学研究已经超过半个世纪，虽然还无法达到电影《阿凡达》中的意念远程操控的境界，但已经出现了利用脑电波操控的义肢、轮椅。

　　在 2014 年巴西世界杯的开幕式上，28 岁的巴西瘫痪青年诺平托在脑控外骨骼的帮助下开出世界杯的第一脚球，如图 8.7 所示。这款外骨骼是国际"再次行走计划"的一个研究成果，利用机动化金属支撑结构支撑这名少年的大腿，同时帮助他的大腿弯曲。在设计上，这款外骨骼由植入头皮或脑内的电极探测到的大脑活动控制。这些信号将通过

图 8.7　巴西世界杯开幕式开球

无线方式传输给佩戴者身上的一台计算机，计算机负责将信号转化成具体的动作。当瘫痪少年穿上外骨骼后，计算机将把大脑电信号转换成数字化的行动指令，让外骨骼首先稳住身体，然后引导机械腿在草坪上前后运动。当该少年发现脚和足球接近时，想象着用脚去踢它，300ms 之后，脑信号就会命令外骨骼上的机械脚向前移动，将球踢出。

　　与此同时，三星正在研发用意念控制平板电脑的技术，如果成功，将成为继键盘输入、触控、语音、体感甚至眼球追踪之后人类对智能设备的又一种控制方式，并将使无法使用触控技术的残疾人也能使用电子设备。如图 8.8 所示，测试者利用插满脑电波传感器的帽子，只要专注于平板电脑上的某个应用，该应用就会自动打开，准确率为 80%～95%。

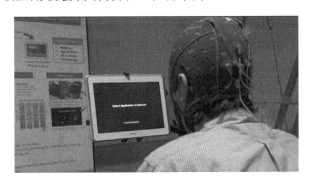

图 8.8　利用脑电波控制平板电脑

　　此外，在欧洲，由瑞典和芬兰的发明家组成的北欧发明与发现协会（NCID）研发出一种名为"No More Woof"的头箍，如图 8.9 所示，该头箍利用脑电图传感、微运算和特殊脑机接口三个科技领域的最新技术，脑电图传感器捕

图 8.9　No More Woof 头箍

获到的狗脑电波信号经 Raspberry Pi 微型计算机系统处理，之后再翻译成人类语言。目前，开发人员已确认潜在的宠物狗用语，如"好极了""别管我""我太累了""你是谁"和"你为什么离开"等。该技术如果成功，不但可以实现人与宠物的交流，还可以造福聋哑人群，让他们通过意念控制发声机器与正常人交流。

8.3 人工智能的实现方式

人工智能在计算机上实现有两种不同的方式。一种是采用传统的编程技术，使系统呈现智能的效果，而不考虑所用方法是否与人或动物机体所用的方法相同。这种方法称为工程学方法，它已在一些领域内作出了成果，如文字识别、计算机下棋等。另一种是模拟法，它的实现方法和人类或生物机体所用的方法相同或相类似。遗传算法和人工神经网络均属后一类型。遗传算法模拟人类或生物的遗传—进化机制，人工神经网络则是模拟人类或动物大脑中神经细胞的活动方式。

8.3.1 机器学习

1959 年，阿瑟·塞缪尔（Arthur Samuel）创造了"机器学习"这一术语，他在论文中谈到了一个程序，该程序可以让计算机学习如何下棋，棋艺可以超越程序开发者。

机器学习（Machine Learning，ML）是人工智能的一个分支，通过算法使得机器能从大量历史数据中学习规律，从而对新的样本做智能识别或对未来做预测。

机器学习大致分为两个发展阶段，浅层学习阶段和非浅层学习阶段，其中后者主要包括深度学习（Deep Learning）、强化学习（Reinforcement Learning）、迁移学习（Transfer Learning）。

1986 年，用于人工神经网络的反向传播算法的发明，给机器学习带来了希望，掀起了基于统计模型的机器学习热潮，这个热潮一直持续到今天。人们发现，利用反向传播算法可以让一个人工神经网络模型从大量训练样本中学习出统计规律，从而对未知事件做预测。这种基于统计的机器学习方法比起过去基于人工规则的系统，在很多方面显示出优越性。这时的人工神经网络（Artificial Neural Network，ANN）就是一种只含有一层隐层节点的浅层模型。

20 世纪 90 年代，各种各样的浅层机器学习模型相继被提出，如 SVM（支持向量机）、Boosting、最大熵方法等。2000 年以来互联网的高速发展，对大数据的智能化分析和预测提出了巨大需求，浅层学习模型在互联网应用上获得了巨大成功。最成功的应用包括搜索广告系统（如 Google 的 AdWords）的广告点击率 CTR 预估、网页搜索排序（如雅虎和微软的搜索引擎）、垃圾邮件过滤系统、基于内容的推荐系统等。

8.3.2 深度学习

深度学习是机器学习研究中的一个新的领域，其动机是建立、模拟人脑进行分析学习的神经网络，模仿人脑的机制来解释数据，如图像、声音和文本。

现有的深度学习模型属于人工神经网络。人工神经网络的原理是受大脑的生理结构即互相交叉相连的神经元启发。但与可以连接一定距离内的任意神经元不同，人工神经网络具有离散的层、连接和数据传播的方向。例如，如果抽取一张图片，并将它剪成许多块后植入到神经网络的第一层，那么第一层独立神经元会将数据传输到第二层，第二层神经元也有自己的使命，一直持续下去，直到最后一层，并生成最终结果。每一个神经元会对输入的信息进行权衡，确定权重，搞清它与所执行任务的关系，如是否正确。最终的结果由所有权重来决定。例如，将停止标志图片切割，让神经元检测，如它的八角形形状、红色、与众不同的字符、交通标志尺寸、手势等。人工神经网络的任务就是给出结论：它到底是不是停止标志。神经网络会给出一个"概率向量"，它依赖于有根据的推测和权重。在该案例中，系统有 86% 的信心确定图片是停止标志，有 7% 的信心确定它是限速标志，有 5% 的信心确定它是一只风筝卡在树上等。然后网络架构会告诉神经网络它的判断是否正确。

人工神经网络是机器浅层学习阶段中的一个重要的算法。神经网络并非一个新兴概念，起源于 20 世纪 50 年代。1951 年，马文·明斯基（Marvin Minsky）和迪恩·爱德蒙（Dean Edmunds）开发了 SNARC（Stochastic Neural Analog Reinforcement Calculator，随机神经网络模拟加固计算器）。SNARC

是第一个人工神经网络，由 3000 个真空管模拟 40 个神经元的运行。

20 世纪 80~90 年代，神经网络算法取得了多项重大突破，但由于种种原因，在 90 年代后期逐渐淡出人们的视线。当初失宠是因为神经网络是非常耗费计算资源的算法。多年后，计算机已经变得足够快，可以运行大规模的神经网络。2006 年，加拿大多伦多大学教授、机器学习领域泰斗 Geoffrey Hinton 和他的学生 Ruslan Salakhutdinov 在学术刊物《科学》上发表了一篇文章，开启了深度学习在学术界和工业界的浪潮。这篇文章有两个主要的信息：一是很多隐层的人工神经网络具有优异的特征学习能力，学习得到的特征对数据有更本质的刻画，从而有利于可视化或分类；二是深度神经网络在训练上的难度，可以通过"逐层初始化"来有效克服，在这篇文章中，逐层初始化是通过无监督学习实现的。

深度学习的作用可以简单用"输入 A，输出 B"来概括，如输入音频文件，输出字幕。这就是语音识别。在人脸识别领域，通过人工将眉、眼、鼻、嘴等脸部关键位置的轮廓及脸部轮廓的特征标注出来，然后把已标注的数据输入机器中。

自 2006 年以来，深度学习技术取得了不少成功，但目前深度学习还基本处于起步阶段。2011 年以来，微软研究院和 Google 的语音识别研究人员先后采用"深层神经网络"技术降低语音识别错误率 20%～30%，是语音识别领域十多年来最大的突破性进展。2012 年，"深层神经网络"技术在图像识别领域取得惊人的效果，在 ImageNet 评测上将错误率从 26% 降低到 15%。在这一年，"深层神经网络"技术还被应用于制药公司的 Druge Activity 预测问题，并获得世界最好成绩。Facebook 则利用深度学习工具来自动鉴别用户上传的照片中的人脸，自动标记出正确的姓名，并将其与用户的好友和家人即时共享。此外，这种工具还能对用户在 Facebook 网站上的日常活动进行分析，然后自动显示出用户想要看到的更多内容。2014 年，Facebook 的 Deep Face 技术在同行评审报告中被高度肯定，其脸部识别率的准确度达到 97%。

在中国，知名互联网企业百度在 2012 年启动深度学习研究工作，2013 年成立百度深度学习研究院。目前，百度的"百度大脑"项目利用计算机技术模拟人脑，已经可以做到 2~3 岁孩子的智力水平。"百度大脑"结构如图 8.10 所示。

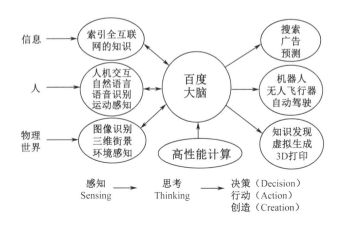

图 8.10　"百度大脑"结构

　　依靠"百度大脑"，百度将其语音技术的相对错误率降低了 25%以上，移动搜索中文语音识别率突破了 90%。目前，百度在语音技术方面走在行业最前沿。2015 年，百度硅谷实验室推出的深度语音学习技术 Deep Speech2 被美国《麻省理工评论》杂志评选为 2016 年全球十大突破性技术，与航天技术、生物技术、纳米技术等并列，而百度是唯一一家入选的中国企业。

　　百度大脑既需要人工智能算法，也需要云计算中心提供硬件支持。百度大脑通过深度学习来模拟人类大脑的神经元，参数规模达到百亿级别，构建了世界上最大规模的深度神经网络。百度在国内拥有十几座云计算中心，为满足人工智能在计算和存储上的高要求，还投入使用了 4 万兆交换机，并在探索 10 万兆交换机。百度还是全球首家将 GPU 用于人工智能和深度学习领域、并规模化商用 ARM 服务器的公司。百度将这些整合在一起，就形成强大的存储计算能力，从而可以进行多样的并行计算，支持生成、配置针对不同应用和场景网络结构，从而为人工智能提供有力的硬件支持。

　　在图像识别方面，百度也一直在利用深度学习技术来提高图像识别的精度。2014 年 9 月，百度云结合百度深度学习研究院提供的人脸识别及检索技术，推出云端图像识别功能。同年 11 月，百度发布了基于模拟神经网络的"智能读图"，可以使用类似人脑思维的方式去识别、搜索图片中的物体和其他内容。目前，百度的图像识别技术，人脸识别率超过了 99.7%。

　　2015 年 4 月，腾讯优图团队与公安部所属的全国公民身份证号码查询服务中心达成合作，大力提升人脸识别的准确率及商业应用可用性，联手传统金融行业解决用户身份核实、反欺诈、远程开户等难题。除了金融、安防、身份识别类严肃应用，腾讯优图的人脸识别技术还可以广泛应用于社交沟通、娱乐等应用场景，为各种装备增添炫酷的技能，提供更为人性化的线上服务。例如，音乐、视频等终端应用平台通过用户脸部表情的细微差别来判定其心情状态，从而将不同风格的音乐、不同调性的电影、节目等推荐给用户；在娱乐游戏、虚拟穿戴与虚拟现实结合，真实场景和虚拟场景更完美叠加，给用户增加真实场景的感觉。

2016 年 4 月，在第四季《我是歌手》六进三两两演唱 PK 环节，阿里人工智能程序小 Ai 准确预测出获胜者张信哲、黄致列、李玟。在最终歌王争霸环节，小 Ai 以 42%的胜率命中总决赛歌王李玟，在三轮比赛中成功预测出结果。小 Ai 主要基于神经网络、社会计算（Social Computing）、情绪感知等原理工作。2016 年 8 月 9 日，阿里云推出人工智能 ET。ET 基于阿里云强大的计算能力，正在多个领域不断进化，目前已具备智能语音交互、图像/视频识别、交通预测、情感分析等技能，并能够在交通、工业生产、健康等领域输出决策，未来还将不断地迭代，提升感知能力和对各行业的适应能力。

2016 年 9 月，谷歌根据人工智能科技推出了新的翻译系统，Google 神经网络机器翻译系统（Google Neural Machine Translation，GNMT），该系统使用当前最先进的训练技术，能够实现迄今机器翻译质量的最大提升，可以比拟人类神经思考，能够与真人翻译相匹敌。

在之前的一项西班牙语译为英语的测试中，设定满分为 6 分，谷歌旧的翻译系统得到 3.6 分，人类普遍得分为 5.1 分，而谷歌的新系统得到了 5 分的好成绩。

2016 年 10 月 26 日，华为诺亚方舟实验室对外公布了他们的最新研究成果——全球网络通信业界首个基于机器学习的网络大脑（Network Mind），可以自动检测、准确预测网络流量的变化，智能地实现网络流量的自动控制。华为 Network Mind 的技术核心是基于在线深度强化学习，利用深度学习的强大抽象表达能力及强化学习的自我适配、自我进化能力，让网络具有基于数据自我学习、自我更新的特性，进而实现网络控制管理的自动化和智能化。Network Mind 可以帮助运营商及企业解决超大规模网络中复杂业务的差异化自适应控制挑战，实现百万级规模网元管理、毫秒级响应时间控制、业务自动适配优化等目标。

2016 年 11 月 16 日，在第三届世界互联网大会上，中国科学院计算技术研究所发布了"寒武纪 1A"深度神经元网络处理器。"寒武纪 1A"深度神经元网络处理器就是在计算机里用虚拟的神经元和虚拟的突触把它们联结在一起，构成这样多层次的人工神经元网络，这些神经元网络具有非常好的效果，如在语音识别和视频识别领域，它的识别精度已经超越了人类。为了使这个深度神经元网络连接更快，设计人员设计了专门的存储结构，以及完全不同于通用 CPU 的指令集，因此它每秒可以处理 160 亿个神经元和超过 2 万亿个突触，其功能非常强大。

随着应用越来越多，这个为人工智能而生的芯片将广泛用于智能玩具、摄像头里边、家用服务机器人及后台云端数据中心。

8.3.3　强化学习

根据美国权威杂志《麻省理工科技评论》（*MIT Technology Review*）发布的 2017 全球十大突破性技术榜单，强化学习（也称增强学习）技术列第一位。

强化学习技术是一种人工智能方法，能使计算机在没有明确指导下像人一样自主学习，可以帮助机器自主通过环境经验磨炼技能，对于推动智能机器人及其他前沿自动化领域的发展将有极大帮助。

按照这种方法，计算机可以通过试错法来解决问题，并将正向结果与行为相关联。这使得计算机可以不通过具体指示或范例去学习，而是自主通过环境经验磨炼技能。这一改变使得自动驾驶汽车及其他自动化领域的进展速度大大加快。

在国际领域，Google、Uber、Mobileye 等科技企业都在着手强化学习技术的研发，其中，Mobileye（MBLY）使用强化学习算法训练驾驶决策系统神经网络的优化升级；Google 旗下 DeepMind 的 AlphaGo，通过自我对局的强化训练迭代更新成为围棋大师，它使用了深度增强学习（Deep Reinforcement Learning，DRL），即深度学习和强化学习的结合。

在国内，科大讯飞已经针对强化学习在多个方向展开了研究和应用，包括人机对话系统、智能客服系统、机器辅助驾驶、机器人控制等方向，都已有了应用研究。

2016 年，阿里将强化学习技术规模化上线，通过持续机器学习和模型优化建立决策引擎，对海量用户行为及百亿级商品特征进行实时分析，帮助每一个用户迅速发现商品，为商家带来投缘的买家，提高人和商品的配对效率，使用户点击率提升 10%～20%。阿里因此成为国际上将该技术率先大规模应用在商业领域的企业之一。

此外，微软亚洲研究院等也都在此领域进行研究。

8.3.4　迁移学习

迁移学习在国际上是公认的继深度学习之后，能为人工智能带来突破的技术。迁移学习，即在源领域已经拥有大量数据，并且在源领域能对数据进行很好的应用建立了模型后，换一个领域也能让它使用，这样既节省了资源，又达到时间和效果的好处。这就很像人的举一反三的学习能力，如学会骑自行车以后又去学骑摩托车，就会觉得很简单，打球、学语言、学物理化学也有很多这样的例子。

迁移学习是深度学习与强化学习的结合体，实现迁移学习的方法有四种：

（1）样本迁移。在数据集里面找到跟目标领域相似的数据，把这个数据放大多倍，通过样本来达到迁移的目的。

（2）特征迁移。观察相似的特征，然后利用这些特征在不同层次进行自动迁移。

（3）模型迁移。利用上千万的图像训练一个图像识别系统，遇到一个新的图像领域，就不用再去找几千万个图像，只需把原来的图像迁移到新的领域即可，所以在新的领域只用几万张图片，同样可以得到很好的效果。

（4）网络迁移。通过关系进行迁移，如社会网络、社交网络之间的迁移。

2016 年 12 月，Google 发布尚处实验阶段的最新科技——基于"迁移学习"的单样本机器学习技术，全球人工智能巨头相继将前沿领域"迁移学习"的探索列为未来技术竞争的关键点。如今，迁移学习已成为机器学习的基础研究领域之一，且具有广泛的实际应用潜力。

8.3.5　知识分享

在人类希望机器人来完成的工作中，例如，在仓库包装物品、帮助卧床病人，或者为前线士兵提供协助，许多工作因为机器人无法识别及处理常见物体而无法完成。

布朗大学、加利福尼亚大学伯克利分校、德国达姆施塔特工业大学等知

名高校的机器人项目，目的是使世界各地的研究型机器人学习如何发现和处理简单的物品，并将数据上传至云端，允许其他机器人分析和使用这些信息。2016 年，布朗大学教授斯蒂芬妮·泰勒斯（Stefanie Tellex）团队已经收集了大约 200 个物品的数据，并且已经开始共享这些数据。她希望能建立一个信息库，让机器人能够很容易地获取它们所需要的全部信息。

　　上面提到的就是知识分享型机器人（图 8.11），它是可以学习任务，并同时将知识传送至云端，以供其他机器人学习的机器人。当机器人执行任务时，它们能下载数据，并寻求其他机器人的帮助，更快地在新环境下工作。

图 8.11　知识分享型机器人

8.4　人工智能的发展

　　自 1956 年至今，人工智能的发展经历了三次浪潮。1956—1976 年是第一次浪潮，这个阶段主要是符号主义、推理、专家系统等领域发展很快。第一次浪潮的高峰在 1970 年，当时由于机器能够自动证明数学原理中的大部分原理，人们认为第一代人工智能机器甚至可以在 5～10 年内达到人类智慧水平。20 年以后，大家当时设计的理想目标很多都没有实现，由此进入第一个低潮期，符号主义和连接主义从此消沉。

　　第二次浪潮是 1976—2006 年，在这个阶段，符号主义没有再起来，但是连接主义起来了并持续多年。后来发现神经元网络可解决单一问题，但无法解决复杂问题，积累一定的数据量，有些结果在一定程度就不再上升。

　　第三次浪潮从 2006 年至今，因为有了互联网奠定的基础，再加上深度学习与大数据的兴起助推人工智能，人工智能处于爆发阶段。

　　当前，人工智能的第三次浪潮，以深度神经网络为基础，结合云计算、大数据和移动互联网，已经在语音合成、语音识别、图像识别、机器翻译、自动客服、口语评测、自动驾驶等人工智能领域取得了突破，跨过了实用门槛，每天都在为全球数以亿计的用户提供服务。

8.4.1 机器人

人工智能发展的目的是，能够有更加有智慧的机器为人类服务。机器人，只是属于人工智能范畴之内的一个分支，因为毕竟不是所有的人工智能都会以机器人的形态表达。

很久之前，人们就已经希望制造一种像人一样的机器，代替他们完成各种工作。西周时期，中国的能工巧匠偃师用动物皮、木头、树脂制出了能歌善舞的伶人；三国时期，蜀国丞相诸葛亮成功地创造出了"木牛流马"，运送军粮，支援前方战争；1738 年，法国天才技师杰克·戴·瓦克逊发明了机器鸭，会"嘎嘎"叫，会游泳和喝水，还会进食和排泄。

不过机器人这个词直到 1920 年才出现，捷克作家卡雷尔·恰佩克（Karel apek）在他的作品 *Rossum's Universal Robots* 中首次使用了"机器人（Robot）"一词，这个词汇来自捷克语"robota（劳役、苦工）"。

为了避免机器人伤害人类，1942 年，美国著名科幻小说家阿西莫夫在作品《我，机器人》中提出了"机器人三定律"，被称为"现代机器人学的基石"。

第零定律：机器人必须保护人类的整体利益不受伤害，其他三条定律都是在这一前提下才能成立（后来新补充）。

第一定律：机器人不得伤害人类个体，或者目睹人类个体将遭受危险而袖手不管。

第二定律：机器人必须服从人给予它的命令，当该命令与第零定律或者第一定律冲突时例外。

第三定律：机器人在不违反第零、第一、第二定律的情况下要尽可能保护自己的生存。

1927 年，科幻电影《大都会》（*Metropolis*）上映。在影片中，一位名叫 Maria 的农村女孩是机器人（图 8.12），她在 2026 年的柏林引起骚乱。这是机器人第一次出现在荧幕上。

图 8.12 第一次出现在荧幕上的机器人 Maria

　　1954 年，美国人乔治·沃尔德（George Devol）制造出第一台可编程的机器人。1958 年，被誉为"机器人之父"的美国人约瑟夫·恩格尔伯格（Joseph F. Engelberger）创建了世界上第一家机器人公司 Unimation，并利用乔治·德沃尔所授权的专利技术于 1959 年生产出第一台工业机器人尤尼梅特（Unimate）。

　　1970 年，第一个拟人机器人 WABOT-1 诞生（图 8.13），它由日本早稻田大学开发，包括肢体控制系统、视觉系统、会话系统。

图 8.13 第一个拟人机器人 WABOT-1

　　目前，机器人在人类生活中的应用已经相当广泛，有替代人类孤身犯险的消防机器人，有任劳任怨、持续做工的工业和农业机器人，有帮助人们打理家务的扫地机器人，有照顾老人、孩童、病人的护理机器人，有保卫国防安全的军用机器人，还有会搞艺术的绘画机器人、作曲机器人、演奏机器人、指挥机器人、写作机器人等。另外，无人机、无人驾驶汽车早已面世并投入使用，科学家们还在加紧研发灵敏度更高、功能性和适应性更好的宇航机器人，以及真正拥有人类思维模式的情感机器人等。

21 世纪以来，机器人技术呈现井喷式发展，类人机器人、机器鱼、机器昆虫等各种仿生机器人不断问世，并在军事领域有了越来越多的应用。比如美军曾在阿富汗战场上试验了一款"大狗"机器人（图 8.14）。美国防部于 2013 年对其进行升级，提升其负重到 200kg、奔跑时速达 12km，具有防弹和静音效果。

图 8.14　美军"大狗"机器人

2015 年 12 月，日本国际机器人展（IREX）带来了大量的工业机器人和大量所谓的"服务类"机器人。"服务类"机器人包括协助人类的机器人（腿部和背部附件非常有力，可以帮助人们提起重物）和主要用于交流的机器人。其中 Actroid DER-2 由日本公司 Kokoro Dreams 打造（图 8.15）。

图 8.15　美女机器人 Actroid-DER2

2016 年 2 月,澳大利亚布里斯班市 Mater Hospital 进行了一次脑部手术,使用了一套名为 ROSA 的手术机器人系统(图 8.16),把癫痫手术的时间缩短了 2/3。

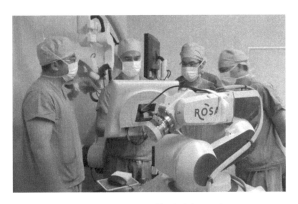

图 8.16　ROSA 的手术机器人

2016 年 3 月,Google 旗下 DeepMind 的 AlphaGo 以 4∶1 战胜著名世界冠军韩籍棋手李世石九段(图 8.17),这是对人工智能很好的科普,可以让越来越多的人关注该技术。

图 8.17　AlphaGo 战胜李世石

2016 年 4 月 15 日,中国科学技术大学正式发布其研制的"特有体验交互机器人"佳佳(图 8.18)。身高 1.65m 的佳佳,初步具备了人机对话理解、面部微表情、口型及躯体动作匹配、大范围动态环境自主定位导航等功能。

图 8.18　中国科学技术大学机器人"佳佳"

　　2017 年 1 月 5 日，基于百度大脑的机器人"小度"（图 8.19）在江苏卫视的《最强大脑》首场"人机大战"中出战人类"最强大脑"。这一次"人机大战"，双方比拼的是人脸识别中的跨年龄识别。经过三轮人脸识别的对决，"小度"以 3:2 战胜中国"脑王"，这是人工智能的又一次胜利。

图 8.19　基于百度大脑的机器人"小度"

8.4.2　展望

　　2016 年年初，AlphaGo 在围棋领域实现了重大突破，引发社会各界对人工智能的极大关注。作为具有巨大社会效益和经济效益的革命性通用技术，人工智能正在迎来新一轮的发展浪潮，有望对人类未来社会发展带来深刻的影响和变革。

2016 年 10 月，《乌镇智库：全球人工智能发展趋势 2016》依据人工智能企业数目对全球城市/地区进行了排名，并列出了全球的 TOP50。

美国在此方面遥遥领先。在 TOP10 的城市/地区排名中，美国共有 4 处上榜，包括西海岸的旧金山/湾区、洛杉矶地区和东海岸的纽约、波士顿地区，其 AI 企业总数达到 1554 家，超过全球 AI 企业总数的 1/4，达到 25.74%。而在 TOP50 中，美国则总共有 17 座城市上榜。

中国方面，TOP10 的排行榜中，中国有北上深三座城市上榜，这三个城市的 AI 企业数目占全球 AI 企业总数的 7.4%，占中国 AI 企业总数的 63.95%。在 TOP50 的排名中，中国有 7 座城市上榜。除北京、上海、深圳外，还有杭州、广州、香港及成都四座城市。

人工智能浪潮已经掀起，并有望成为未来 IT 产业发展的焦点。人工智能市场将继续保持高速增长，到 2020 年，全球人工智能市场规模将达到 183 亿美元。

第 ⑨ 章
——CHAPTER 9——

量子技术

　　量子计算和量子通信是量子技术的两个分支，也是量子信息技术革命带来的矛盾。量子计算的强大计算能力使得现有通信方案的保密性大大降低，以往在有效时间内无法破解的状况得到根本性改变，例如，以前破解密码需要 100 年，现在不到 1 分钟。而量子通信则从理论角度提供了一种完全保密的通信技术方案，用于替代现有通信技术方案，实现更好的保密效果。

　　就技术层面而言，量子计算机技术在量子硬件、编码、软件三大核心领域均已实现突破，但技术可靠度以及布局成本等方面离商业应用仍有较大差距，未来量子计算机的主要瓶颈在于高稳定性物理环境以及多位数量子芯片的研发方面。同量子计算相比，量子通信技术复杂程度相对较低，近年来全球各国在量子通信技术和产业化层面均取得了众多进展。

9.1　量子通信

　　量子通信是指利用量子纠缠效应进行信息传递的一种新型的通信方式。量子通信内涵很广泛，量子隐形传态、量子保密通信、量子密集编码等都属于量子通信范畴，而量子保密通信是目前最接近实用化的量子信息技术。

1．起源

　　1900 年，德国物理学家马克斯·普朗克提出了量子论学说，认为物体在辐射和吸收能量时，能量是不连续的，存在一个最小能量单元，被称为"能量子"。也就是说，能量是一个可数名词。

　　1905 年，德国犹太裔理论物理学家阿尔伯特·爱因斯坦（Albert.Einstein，图 9.1）认为，光也是不连续的，并提出了"光量子"的概念，认为光是由不连续运动的"光量子"组成的，也就是说，光也是一种粒子，就像很小很小的黄豆一样，可以一颗一颗地数出来。同年，爱因斯坦还提出了狭义相对论。

图 9.1　玻尔与爱因斯坦

1913 年，丹麦物理学家玻尔（图 9.1）提出，原子中稳定电子的能量只能取一些分立值，称为"能量量子化"。所以在量子论早期，"量子"的主要含义是分立和非连续。

1925—1927 年，德国物理学家沃纳·海森堡、马克斯·玻恩，奥地利物理学家约旦、埃尔温·薛定谔，英国物理学家保罗·狄拉克等人创立了系统的量子力学，取代了早期量子论。

2．量子纠缠

量子力学中有一种现象，"量子"之间可以具有交互作用，这种交互作用，可以以极快的速度连接，这种连接被称为量子缠结或量子纠缠（Quantum Entanglement）。

1982 年，法国物理学家艾伦·阿斯派克特（Alain Aspect）和他的小组通过实验（阿斯派克特实验）证实了微观粒子"量子纠缠"（Quantum Entanglement）的现象确实存在。量子纠缠证实了任何两种物质之间，不管距离多远，都有可能相互影响，不受四维时空的约束，是非局域的（nonlocal），宇宙在冥冥之中存在深层次的内在联系。根据这一理论，可以将处于量子态的原子所携带的信息转移到一组别的原子，从而实现量子信息的传递，还可以将量子计算机连接起来，构成功能强大的量子互联网，进行机器高强度的数字处理，其计算速度，超过当前任何理论计算速度。

在量子纠缠理论的基础上，1993 年，美国科学家 C.H.Bennett 提出了量子通信的概念。

1997 年，在奥地利留学的中国青年学者潘建伟与荷兰学者波密斯特等人合作，首次实现了未知量子态的远程传输。这是国际上首次在实验上成功地将一个量子态从甲地的光子传送到乙地的光子上。

2000 年 3 月，美国 MIT 和马萨诸塞州林肯空军研究室的专家们提出了更加接近实现量子互联网的设想，他们的设想是生成一对光子，并沿着两条光纤传送，即一个光子传送给甲地的研究人员，另一个传送给乙地的研究人员。

甲乙两地的研究人员都拥有包含超冷却原子的激光俘获器，而原子能吸收光子。

研究人员可以确定原子何时吸收光子而不会干扰它，并在原子吸收缠结的一对光子时，检查甲乙两地研究人员是否能够发现同时吸收的光子。当确定原子确实吸收光子时，原子本身也就变成了缠结的粒子。若原子没有电荷，就不受电场和磁场的影响，这样就容易保护缠结的粒子不受外力影响。

这是互联网发展历史上第一次利用缠结的极其珍贵的网络资源。

3．量子密码通信

1984 年，美国 IBM 公司的 Bennett 和加拿大蒙特利尔大学的 Brassard 共同提出了第一个量子密码通信方案，即著名的 BB84 方案，标志着量子通信领域的诞生。

2004 年，世界上第一个量子密码通信网络在美国剑桥城正式运行。目前，美国正试图建立上千千米的量子通信线路，未来还想建立起总长超过 10000km 的环美国量子通信网络。

在中国，由中国科学院院士、中国科学技术大学副校长潘建伟（图 9.2）及其率领的团队在 2013 年开建的量子通信保密干线——"京沪干线"，已于 2016 年 12 月全线贯通。2015 年 12 月 19 日，由中国科学院牵头，联合中科大、科大国盾量子技术股份有限公司、阿里巴巴（中国）有限公司、中国铁路网络有限公司、中兴通讯股份有限公司、北方信息技术研究所等单位，在京签署战略合作框架协议，"中国量子通信产业联盟"正式成立。

图 9.2　潘建伟

2016 年 8 月 16 日,中国成功发射世界首颗量子科学实验卫星"墨子号",将推动量子通信的发展。在"墨子号"实现天地之间的量子通信之后,陆续会有其他量子卫星与它并肩作战,实现全球化广域的量子保密通信网络。

2017 年 2 月,"京沪干线"与"墨子号"量子星的天地链路已接通,这标志着世界首个天地一体、具备覆盖中国全境能力的广域量子通信网络已初具雏形。

9.2　量子计算

在电子计算机领域,计算能力的发展依据"每 18 个月计算能力翻倍"的摩尔定律。然而,由于传统技术的物理局限性,这一能力终将达到极限。据保守估计,2018 年芯片制造业将步入 7nm 的工艺流程,业内专家则认为,7nm 制程已经是普通硅芯片的极限。事实上,当芯片的制程小于 10nm 之后,量子效应将严重影响芯片的设计和生产,单纯通过减小制程将无法继续提高计算能力。人类需要一种新的方式来进一步提高机器的计算能力,而这种新的计算方式可能就是量子计算。

量子计算的概念最早由 IBM 的科学家 R. Landauer 及 C. Bennett 于 20 世纪 70 年代提出,他们主要探讨的是计算过程中的自由能、信息与可逆性之间的关系。

　　20 世纪 80 年代初期，美国阿尔贡国家实验室的 P. Benioff 首先提出二能阶的量子系统可以用来仿真数字计算。1985 年，牛津大学的 D. Deutsch 提出量子图灵机的概念，量子计算才开始具备了数学的基本形式。

　　1994 年，贝尔实验室的应用数学家 P. Shor 指出，相对于传统电子计算器，利用量子计算可以在更短的时间内将一个很大的整数分解成质因子的乘积。这个结论开启了量子计算的一个新阶段：有别于传统计算法则的量子算法确实有其实用性。自此之后，新的量子算法陆续被提出来，而物理学家接下来所面临的重要的课题之一，就是如何建造一部真正的量子计算机来执行这些量子算法。

　　经典计算机和量子计算机最本质的差异就是对物理系统状态的描述。对经典计算机来说，每个字节的数据都要一步步地处理，每一个步骤都表示机器的一个明确的状态，上一个步骤的输出作为下一个步骤的输入，前后相续，整个计算任务是串行的。而对量子计算机来说，系统的不同状态之间的变换，可以并列存在多个途径，使得系统可以在多条路径上并行处理多个计算，这就使得计算机的计算能力获得了指数级的增强。因此，量子计算机速度远胜传统计算机，一个 40bit 的量子计算机，就能在很短时间内解开 1024 位计算机花上数十年解决的问题。如果要求解一个亿亿亿变量的方程组，用亿亿次的当今第一超级计算机"天河二号"计算，需要 100 年，而使用一台万亿次的量子计算机计算，只需区区 0.01s。

　　目前，世界各地的许多实验室正在为实现量子计算而努力。法国物理学家塞尔日·阿罗什和美国物理学家戴维·维因兰由于"独立发明和发展了测量和操纵单个粒子的同时，又保持其量子性质的方法"而获得 2012 年诺贝尔物理奖。美国更是将量子芯片研究计划命名为"微型曼哈顿计划"，美国国防部 DARPA 负责人泰特在向美国众议院军事委员会做报告时，把半导体量子芯片科技列为未来九大战略研究计划的第二位，并投巨资启动"微型曼哈顿计划"，集中了包括英特尔、IBM 等半导体界巨头以及哈佛大学、普林斯顿大学、桑迪亚国家实验室等著名研究机构，组织各部门跨学科统筹攻关。

　　量子计算机目前所处的阶段，相当于传统计算机刚刚起步的 20 世纪 40 年代。虽然加拿大 D-Wave 系统公司在 2011 年宣布推出世界上第一个商用量子计算机 D-Wave One（图 9.3），但由于其采用的是量子退火算法，并没有利用量子门电路控制量子位来进行计算，因此学界对其是否算真正意义上的量子计算机还存在争议，很多人认为 D-Wave 仅是一个专门量子计算机，只能加速计算优化问题，而不是一个通用量子计算机，可以加速计算各种各样的问题。人们还需要开发新的硬件，以寻找实现真正通用量子计算机的可能性。

图 9.3　D-Wave One 量子计算机

2016 年，美国总统科学技术办公室发布量子信息文件称："预计几十个量子比特、可供早期量子计算机科学研究的系统可望在 5 年内实现。"同年，欧盟发布《量子宣言》，对量子计算机的研制做出了详细部署，计划 5 年内发展出量子计算机新算法；5～10 年 "用大于 100 物理量子比特的、有特定用途量子计算机解决化学和材料科学难题"，并使研制出的通用量子计算机"超过传统计算机的计算能力"。2016 年 5 月，IBM 推出名为 Quantum Experience 的技术，这是一个任何人都可以免费访问的系统，由 5 个量子位构成，该系统让全球的研究员在无量子计算机的情况下，提供平台来实现他们的量子算法。2017 年 11 月，IBM 又宣布 20 量子位的量子计算机问世，并构建了 50 量子比特的量子计算机原理样机。

2017 年，谷歌量子 AI 实验室科学家在英国著名的《自然》杂志上发表文章指出：量子计算领域即将迎来历史性的里程碑，小型的量子计算机会在 5 年内逐渐兴起。

在量子计算机等方面，中国和美国及其他一些发达国家相比还存在差距，研究水平有差距，研究队伍和力量有差距。不过，我国一些产业和研究院校、机构已有所觉醒，并在量子领域奋勇直追，如 2015 年 7 月 30 日，阿里巴巴集团旗下阿里云宣布联合中国科学院成立一个全新的实验室，共同开展在量子信息科学领域研究。

量子计算机是国际研究热点，世界各国的科学家们为之设计了多种技术实现路径，其中，国际学术界在基于光子、超冷原子和超导线路这三种体系的量子计算技术发展上总体较为领先。2017 年 5 月 3 日，中国科学技术大学潘建伟院士在上海宣布，中国科研团队成功构建的光量子计算机（图 9.4），首次演示了超越早期经典计算机的量子计算能力。该团队研制出一种操控 5 个粒子（5 个光量子比特）的光量子计算原型机，在完成"玻色取样"任务时，它的速度不仅比国际同行之前所有类似实验的最高纪录加快至少 24000 倍，同时，通过和经典算法比较，也比人类历史上第一台电子管计算机 ENIAC 和第一台晶体管计算机 TRADIC 的运行速度快 10～100 倍。

图 9.4　潘建伟团队光量子计算机

第 10 章
———CHAPTER10———

区块链

区块链作为分布式数据存储、点对点传输、共识机制、加密算法等技术的集成应用，被认为是继蒸汽机、电力、互联网之后，下一代颠覆性技术。近年来已成为联合国、国际货币基金组织等国际组织以及许多国家政府研究讨论的热点，产业界也纷纷加大投入力度。

目前，区块链的应用已延伸到物联网、智能制造、供应链管理、数字资产交易等多个领域，将为云计算、大数据、移动互联网等新一代信息技术的发展带来新的机遇，有能力引发新一轮的技术创新和产业变革。

10.1 拜占庭将军问题

区块链（Blockchain）的数学原理来源于拜占庭将军问题（Byzantine failures），这是由美国著名计算机科学家莱斯利·兰伯特（Leslie Lamport）提出的"点对点"通信中的基本问题。

拜占庭将军问题起源：

拜占庭位于现在土耳其的伊斯坦布尔，是东罗马帝国的首都。由于当时拜占庭罗马帝国国土辽阔，为了防御敌人，每个军队都分隔很远，将军与将军之间只能靠信差传消息。在战争时期，拜占庭军队内所有将军和副官必须达成一致共识，有赢的机会才决定去攻打敌人的阵营。但是，军队可能有叛徒和敌军间谍，左右将军们的决定，扰乱军队整体的秩序。在达成共识的过程中，有些信息往往并不代表大多数人的意见。这时候，在已知有成员谋反的情况下，其余忠诚的将军在不受叛徒的影响下如何达成一致的协议，就是拜占庭将军问题。

拜占庭将军问题延伸到互联网生活中来，其内涵可概括为：在互联网大背景下，当需要与不熟悉的对手方进行价值交换活动时，人们如何才能防止不会被其中的恶意破坏者欺骗、迷惑从而做出错误的决策。

进一步将拜占庭将军问题延伸到技术领域中来，其内涵可概括为：在缺少可信任的中央节点和可信任的通道的情况下，分布在网络中的各个节点应如何达成共识。

在拜占庭将军问题中，数学家设计了一套算法，让将军们在接到上一位将军的信息之后，加上自己的签名再转给除发给自己信息外的其他将军，这样的信息模块就形成了区块链。

10.2 区块链发展情况

2008 年 9 月，以雷曼兄弟的倒闭为开端，金融危机在美国爆发并向全世界蔓延。为应对危机，各国政府采取量化宽松等措施，救助由于自身过失、陷入危机的大型金融机构。这些措施带来了广泛的质疑，并一度引发了"占领华尔街"运动。

2008 年 11 月，一个自称中本聪（Satoshi Nakamoto）的人在一个隐秘的密码学评论组上贴出了一篇文章《比特币：一种点对点的电子现金系统》（*Bitcoin: A Peer-to-Peer Electronic Cash System*），陈述了他对电子货币（比特币）的构想。2009 年，比特币的首笔交易完成。

2015 年以来，金融巨头们突然开始关注比特币背后的技术，并且把这种技术用在了非货币领域，如股票交易、选举投票等，这种技术就称为区块链（Blockchain），它是一种实时记录全部交易的去中心化公开数据库。

1. 国外

2015 年 9 月，最著名的金融区块链联盟 R3 成立，全球排名靠前的 40 多家金融机构均加入该联盟。

2015 年 12 月 30 日，纳斯达克通过区块链平台完成了首个证券交易。

2016 年 1 月 20 日，区块链财团 R3 CEV 发布了首个分布式账本实验，使用了以太坊和微软 Azure 的区块链即服务（BaaS）。

2016 年 8 月英国《金融时报》报道，全球四大银行（瑞银、德银、桑坦德和纽约梅隆银行）已经联手开发新的电子货币，希望未来能够通过区块链技术来清算交易，并成为全球银行业通用的标准，该方案计划在 2018 年年初进行首次商业应用。

2016 年 9 月，美国众议院终于出台一项非约束性区块链技术相关决议，旨在推动消费者采用金融工具和电商，进而促进经济增长和消费者权益。

2016 年 9 月，新加坡初创公司 Attores 对外公布，该公司将致力于搭建一个执行智能合约的区块链系统，以此改变目前银行服务依旧集中于文书文件的现状。

2017 年，区块链及相关行业加速发展，全球正在跑步进入"区块链经济时代"，更多成熟应用在加速落地。

2．国内

2015 年，国内 On chain 公司推出小蚁系统，用于非上市公司股权登记转让。

2016 年 4 月，沈阳金信商品交易中心联合太一科技推出全球首家基于区块链商品交易中心。

2016 年 7 月 9 日，阳光保险上线国内首个区块链保险卡单 3 元可享受 200 万元航空意外保障项目；腾讯和华为也加入金融区块链联盟。

2016 年 4 月 19 日，中国首个区块链联盟中国分布式总账基础协议联盟（China Ledger 联盟）在北京成立，该联盟由中证机构间报价系统股份有限公司等 11 家机构共同发起。

2016 年 5 月 31 日，金融区块链合作联盟成立，主要聚焦于区块链在金融方面的应用，该联盟集结了包括微众银行、平安银行、安信证券、招银网络、恒生电子、京东金融、腾讯、华为、银链科技、深圳市金融信息服务协会等在内的 31 家企业。

2016 年 10 月，工信部发布《中国区块链技术和应用发展白皮书》，并提出了区块链标准化路线图，这是中国首个来自官方的区块链指导文件。

2017 年 9 月 19 日，中国第一个区块链行业评测标准（可信区块链评测标准）发布，这也是全球第一个投入检测的区块链评测标准。2017 年 11 月，国内首家区块链生态联盟——中国区块链生态联盟在青岛正式揭牌。

10.3　区块链概念

随着智能产品越来越多，智能设备可以感应和通信，让真实数据自由流转，并根据设定的条件自主交易。区块链让所有交易同步、总账本透明安全，个人账户匿名，隐私受保护，可点对点，运作高效。

狭义来讲，区块链是一种按照时间顺序将数据区块以顺序相连的方式组合成的一种链式数据结构，是以密码学方式保证的不可篡改和不可伪造的分布式账本。

广义来讲，区块链技术是利用块链式数据结构来验证与存储数据、利用分布式节点共识算法来生成和更新数据、利用密码学的方式保证数据传输和访问的安全、利用由自动化脚本代码组成的智能合约来编程和操作数据的一种全新的分布式基础架构与计算范式。

区块链，像一个数据库账本，记载所有的交易记录，可以定义成去中心化的、公开透明的交易记录总账本，交易的数据库由所有网络节点共享，被所有用户更新、监督，但是没有用户能够控制、或者修改这些数据。或者可以理解为，区块链是网络上一个个"存储区块"所组成的一根链条，每个区块中包含一定时间内网络全部的信息交流数据。

区块链技术是分散式的，这意味着信息存储在分布于全球各地的计算机上，通过算法将这些数据库"锁"在一块之前将记录汇集在一起，可不断更新来反映股票、销售和账户的变化。

传统数字支付流程如图 10.1 所示，存在一个中心机构 O，所有的节点要参与交易必须通过中心机构 O 来达成交易。这里的中心机构 O 扮演了两个身份：一个是维护者的身份，即维护交易账目且正常达成交易且是真实可靠的；另一个是特权参与者的身份，即发行货币的权利。

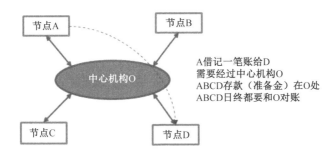

图 10.1　传统交易流程

　　现在有了区块链，在图 10.2 点 A 直接发交易给节点 D，所有节点一起确认并且验证交易的真实性，更新了公共总账以后，所有人再同步最新的总账。这里将维护者的身份下放至每一个参与者手中，并且通过加密算法来保证交易真实可信，不需要对账，只需维护一条总账即可（相当于每个人都可以看到的公共账簿）。

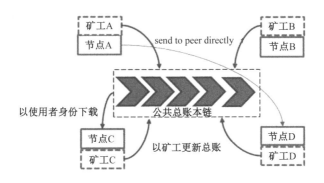

图 10.2　区块链交易流程

　　通俗一点说，区块链技术就是一种全民参与记账的方式。所有系统的背后都有一个数据库，可以把数据库看成一个大账本，谁来记这个账本很重要。目前是谁的系统谁记账，微信的账本就是腾讯在记，淘宝的账本就是阿里在记。但现在区块链系统中，系统中的每个人都可以有机会参与记账。在一定时间段内如果有任何数据变化，系统中每个人都可以来进行记账，系统会评判这段时间内记账最快、最好的人，把他记录的内容写到账本，并将这段时间内账本内容发给系统内所有的其他人进行备份。这样系统中的每个人都了解一本完整的账本。这种方式称为区块链技术，也称为分布式账本。

10.4 区块链分类

根据应用对象的权限不同,区块链目前分为三类,即公有链、专有链(私有链)、联盟链(图 10.3)。

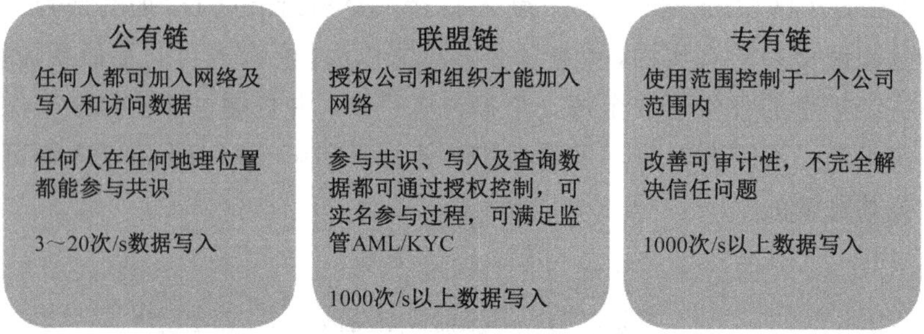

公有链	联盟链	专有链
任何人都可加入网络及写入和访问数据	授权公司和组织才能加入网络	使用范围控制于一个公司范围内
任何人在任何地理位置都能参与共识	参与共识、写入及查询数据都可通过授权控制,可实名参与过程,可满足监管AML/KYC	改善可审计性,不完全解决信任问题
3~20次/s数据写入	1000次/s以上数据写入	1000次/s以上数据写入

图 10.3　区块链分类

(1)公有链是任何节点都是向任何人开放的,每个人都可以参与到这个区块链中参与计算,而且任何人都可以下载获得完整区块链数据(全部账本)。

(2)有些区块链的应用场景下,并不希望这个系统任何人都可以参与,任何人都可以查看所有数据,只有被许可的节点才可以参与并且查看所有数据。这种区块链结构称为专用链或私有链。

(3)联盟链是指参与每个节点的权限都完全对等,大家在不需要完全互信的情况下就可以实现数据的可信交换,R3 组成的银行区块链联盟要构建的就是典型的联盟链。

随着区块链技术的快速发展,不排除以后公有链和私有链的界限会变得比较模糊。因为每个节点都可以有较为复杂的读写权限,也许有部分权限的节点会向所有人开放,而部分记账或者核心权限的节点只能向许可的节点开放,那就不再是纯粹的公有链或者私有链了。

10.5　区块链核心技术

区块链技术大致经历了 3 个发展阶段（图 10.4），区块链主要解决的是交易的信任和安全问题，因此它针对这个问题提出了四个技术创新。

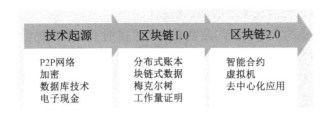

图 10.4　区块链发展阶段

（1）分布式账本，就是交易记账由分布在不同地方的多个节点共同完成，而且每一个节点都记录的是完整的账目，因此它们都可以参与监督交易合法性，同时也可以共同为其做证。不同于传统的中心化记账方案，没有任何一个节点可以单独记录账目，从而避免了单一记账人被控制或者被贿赂而记假账的可能性。另外，由于记账节点足够多，理论上讲除非所有的节点被破坏，否则账目就不会丢失，从而保证了账目数据的安全性。

（2）对称加密和授权技术，存储在区块链上的交易信息是公开的，但是账户身份信息是高度加密的，只有在数据拥有者授权的情况下才能访问到，从而保证了数据的安全和个人的隐私。

（3）共识机制，就是所有记账节点之间怎么达成共识，去认定一个记录的有效性，这既是认定的手段，也是防止篡改的手段。区块链提出了四种不同的共识机制，适用于不同的应用场景，在效率和安全性之间取得平衡。

① Pow 工作量证明，就是"挖矿"，通过与或运算，计算出一个满足规则的随机数，即获得本次记账权，发出本轮需要记录的数据，全网其他节点验证后一起存储。

比特币区块链采用工作量证明机制，即节点间通过计算机运算能力的竞争，来公开决定一段时间内（约 10min）记账权的归属，以此保证各节点记账的一致性；同时，赢得记账权的节点，将会获得一定量（新产生的）比特币，以及其所记录的所有交易的手续费作为奖励。

② Pos 权益证明，即 Pow 的一种升级共识机制；根据每个节点所占代币的比例和时间，等比例地降低"挖矿"难度，从而加快找随机数的速度。

③ DPos 股份授权证明机制，类似于董事会投票，持币者投出一定数量的节点，代理他们进行验证和记账。

④ Pool 验证池，基于传统的分布式一致性技术，加上数据验证机制，是目前行业链大范围在使用的共识机制。

（4）智能合约，智能合约是基于这些可信的不可篡改的数据，可以自动化地执行一些预先定义好的规则和条款。以保险为例，如果说每个人的信息（包括医疗信息和风险发生的信息）都是真实可信的，那就很容易地在一些标准化的保险产品中进行自动化的理赔。

10.6　区块链发展应用

从全球区块链发展形势来看，联合国、国际货币基金组织以及多个国家政府先后发布了有关区块链的系列报告，探索区块链技术及其应用。与此同时，参与区块链技术创新和应用的创业企业也在快速增长，全球范围内的投融资活动仍然十分活跃。

区块链不仅用于比特币，还可以跟其他行业结合，通过"区块链+"，对行业产生重大影响，甚至是颠覆性的变革。目前，区块链的应用已从单一的数字货币应用（如比特币）延伸到经济社会的各个领域，如金融服务、供应链管理、文化娱乐、智能制造、社会公益、教育就业等，其中只有金融服务行业的应用相对成熟，而其他行业的应用均处于探索起步阶段（图 10.5）。

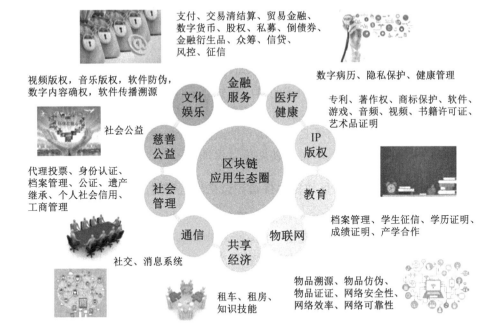

图 10.5　区块链应用领域

区块链+各种行业，让系统产生的信任变得比"中心化中介"产生的信任更加可依赖，这导致"无中介"信任世界的到来，"机器产生的信任"成为驱动这个世界前进的重要方式。这个改变对于人类社会来说，是非常深远的。它跟人工智能和大数据一起成为改变人类生活及工作的重要源泉。

华尔街巨头高盛在 2016 年的报告《区块链，从理论走向实践》中讨论了区块链在以下五个领域的应用：共享经济、供电市场、房地产、证券交易及金融领域。

1．共享经济：为平台构建用户信任

在共享经济领域，区块链可用于存储用户身份。而这可以与用户在这些共享经济平台和其他市场平台上相关的评论以及打分相关联。基于这些信息，人们便能够通过用户编号轻易识别该用户是否能被信任。不同于别的社交网络账号，这个用户身份信息是不能被注销和删除的。这也意味着关于用户身份的所有信息都将被一一记录下来。

2. 供电市场：使建筑通过智能供电系统实现自己发电并进行销售

在供电市场领域，高盛预想了一种基于区块链技术的分发网络使得每幢建筑可以自己发电并使用区块链的识别技术在此网络上向陌生用户进行购买和销售，从而替代原先集中式的供电模式。

通过这个基于区块链技术的网络，所有的交易都将在网络上签收，这也意味着人们能够免于拥有不良记录用户的欺骗行为，因为这些不良记录都会被区块链所记录下来。区块链的使用可以保证陌生人之间的安全交易。

3. 房地产：通过在区块链中保留记录来降低管理成本

在房地产领域，可以将房产信息保留在区块链中，这样买家便可以快速、简单、低成本地核实房主的真实信息。而在现阶段这个过程基本上是由人工完成的。这不仅带来较高的成本也更容易产生失误从而进一步增加成本。而区块链技术的使用则可以显著地减少失误，降低人工成本。

4. 证券交易：减少错误从而降低成本

虽然股权交易有相比较而言较低的交易成本，但是高达 10% 的交易中存在失误，因此需要人工干预来纠正，从而延长了交易的时间。通过在清算与结算过程对区块链技术的使用，尤其是对股权、回购和杠杆贷款而言，高盛预计整个行业能够节约 110 万～120 万美元的成本。

5. 金融领域：促进反洗钱和顾客身份审查

类似于共享经济的例子，在金融领域，高盛也设想了一种模式：身份数据将被存储在区块链中，这样金融机构就能够简单快捷地识别并审核新顾客身份。高盛集团表示，在区块链中存储账户以及交易信息将有助于账户数据的标准化，从而改善数据质量，减少可疑交易的错误识别。

从以上这些实际案例中不难看出，区块链技术不仅能够减少金融交易对高成本中间商的依赖，也提供了许多对记录存储以及分散市场应用领域的机会。

另外，关于区块链何时能成气候，高盛集团预测，在接下来的 2 年中见到早期技术原型，2～5 年后见到有限度的市场应用，而 5～10 年内会有更大范围的市场接受度。

第 11 章

——CHAPTER11——

新能源新材料

经济是促进社会发展不可缺少的动力源泉，而材料与能源不仅为人类的生活提供了最基本的服务，也是支撑工业生产与工业技术的物质基础，而且，新材料与新能源在种类上的扩展和功能上的发掘，为工业经济的持续发展提供了必不可少的支持，从而极大地推动了人类社会的发展。不仅如此，在现代社会的经济生活中，诸多高新技术产品都与新材料、新能源技术的发展密切相关。

新材料与新能源技术已经成为一个国家工业水平与技术能力的一个十分重要的标志。

新材料方面,中国新材料产业总产值已由2010年的0.65万亿元增至2015年的近2万亿元，创新能力稳步增强，应用水平显著提高。但与世界先进水平相比仍有较大差距，发展中还存在创新能力薄弱、装备工艺落后、市场培育不足、支撑体系不健全等突出问题。

11.1 新材料

新材料是指新出现的具有优异性能或特殊功能的材料，或是传统材料改进后性能明显提高或产生新功能的材料。新材料的发现、发明和应用推广与技术革命和产业变革密不可分。加快发展新材料，对推动技术创新、支撑产业升级、建设制造强国具有重要战略意义。

新材料产业作为全世界公认的战略性新兴产业之一，是众多高技术产业发展的基础和先导。以传感器产业为例，除了早期使用的半导体材料、陶瓷材料以外，光导纤维及超导材料的开发为传感器的进一步发展提供了物质基础。例如，根据以硅为基体的许多半导体材料易于微型化、集成化、多功能化、智能化，以及半导体光热探测器具有灵敏度高、精度高、非接触性等特点，发展出红外传感器、激光传感器、光纤传感器等现代传感器；在敏感材料中，陶瓷材料、有机材料发展很快，可采用不同的配方混合原料，在精密调配化学成分的基础上，经过高精度成型烧结，得到对某一种或某几种气体具有识别功能的敏感材料，用于制成新型气体传感器；此外，高分子有机敏感材料可制成热敏、光敏、气敏、湿敏、力敏、离子敏和生物敏等传感器。

而随着科学技术发展，人们将在传统材料的基础上，根据现代科技的研究成果，开发出越来越多的新材料。新材料的使用将为促进生产力的发展发挥巨大的作用。例如，超纯硅、砷化镓研制成功，导致大规模和超大规模集成电路的诞生，使计算机运算速度从每秒几十万次提高到现在的每秒百亿次以上；电池级碳酸锂等储能材料的使用提高了移动终端的续航能力；柔性材料的出现大大降低了电子产品的质量和外形限制，让可穿戴设备成为可能。

近几年，全球新一轮产业变革为材料产业结构调整提供了重要的机会窗口。材料技术领域研发面临新突破，新材料和新物质结构不断涌现，全球新材料技术与产业发展迅猛，新材料技术成为各国竞争的热点之一。一方面，石墨烯、形状记忆合金等前沿材料研究竞相破题；另一方面，新材料与信息、能源、生物等高技术加速融合，产业应用落地加速。新材料产业创新步伐持续加快，国际市场竞争日趋激烈。

目前，国际上在材料领域全面领先的国家仍然是美国，日本在纳米材料、电子信息材料，韩国在显示材料、存储材料，欧洲在结构材料、光学与光电材料、纳米材料，俄罗斯在耐高温材料、宇航材料方面有明显优势。中国在纳米材料、非线性激光晶体、第三代半导体、半导体照明、稀土材料等方面的研究水平和成果与国际先进水平属同一发展阶段，部分处于领先水平。

中国新材料产业总产值已由 2010 年的 0.65 万亿元增至 2015 年的近 2 万亿元，创新能力稳步增强，应用水平显著提高。但与世界先进水平相比仍有较大差距，发展中还存在创新能力薄弱、装备工艺落后、市场培育不足、支撑体系不健全等突出问题。

11.1.1　纳米材料

20 世纪 60 年代，著名的诺贝尔奖得主理查德·费曼（Richard Feynman）

曾预言：如果我们对物体微小规模上的排列加以某种控制的话，我们就能使物体得到大量的异乎寻常的特性，就会看到材料的性能产生丰富的变化。他所指的材料就是现在的纳米材料（Nanometer Material）。

纳米材料，即纳米级结构材料，是指在三维空间中至少有一维处于纳米尺寸（0.1～100nm）或由它们作为基本单元构成的材料，这相当于 10～100 个原子紧密排列在一起的尺度。纳米材料可以分为零维材料、一维材料、二维材料、三维材料。

2011 年 10 月，欧盟委员会通过了对纳米材料的定义，之后进行了解释。根据欧盟委员会的定义，纳米材料是一种由基本颗粒组成的粉状或团块状天然或人工材料，这一基本颗粒的一个或多个三维尺寸为 1～100nm，并且这一基本颗粒的总数量在整个材料的所有颗粒总数中占 50%以上。

纳米材料自问世以来，受到科学界追捧，成为材料科学现今最为活跃的研究领域。纳米材料根据不同尺寸和性质，在电子行业、生物医药、环保、光学等领域都有着开发的巨大潜能。在将纳米材料应用到各行各业的同时，对纳米材料本身的制备方法和性质的研究也是目前国际上非常重视和争相探索的方向。

中国在纳米科技领域的研究起步较早，基本上与国际发展同步。中国已经初步具备开展纳米科技的研究条件，国家重点研究机构及相关高科技技术企业对纳米材料的研究步伐不断加快；在纳米科技领域，中国在部分领域已达到国际先进水平。这些都为实现跨越式发展提供了可能。

11.1.2 二维材料

二维材料是指电子仅可在两个维度的非纳米尺度（1～100nm）上自由运动（平面运动）的材料。

自 2004 年石墨烯首次被制备以来，以石墨烯为代表的二维材料因其独特的电、磁、热、力学等性质，成为学术界研究热点。石墨烯的发现极大地推动了二维材料这一领域的研究，越来越多的二维材料被发现并研究。自然界中存在一种"白石墨"，即六方氮化硼。它有许多和石墨类似的性质，与石墨烯截然不同，六方氮化硼是优良的绝缘体。研究人员发现，将六方氮化硼二维材料作为石墨烯的衬底可大幅提高石墨烯的电子迁移率。除六方氮化硼外，二硫化钼也是二维材料的研究热点之一。与石墨烯和氮化硼都不同，二硫化钼是半导体。因此，用二硫化钼可以做成能关断的场效应晶体管。

除此之外，人们还发现了硼烯、锗烯、硅烯、磷烯、锡烯、锑烯、二硫化钨、二硫化钛、二硒化钼、碲化钼、碲化锑、碲化铋、C3N 等二维材料，这些材料都具备各自特殊的性质。

迄今为止，对二维材料的研究还刚刚起步，实现种种美妙设想还需要不断努力。随着研究的深入，在不远的未来，二维材料很可能会走进我们的生活。

11.1.3　超导材料

超导（全称超导电性）是指某些材料在温度降低到某一临界值（超导临界温度）以下时，电阻突然消失的现象。具备这种特性的材料称为超导体，或超导材料。

1911 年，荷兰物理学家卡末林·昂尼斯（H. Kamerlingh Onnes）发现，水银的电阻率并不像预料的那样随温度降低逐渐减小，而是当温度降到 4.15K（相当于约-200℃）附近时，水银的电阻突然降到零（图 11.1）。其他金属和合金也具有类似特性。该特性称为超导态，昂尼斯因此项发现而获得诺贝尔奖。

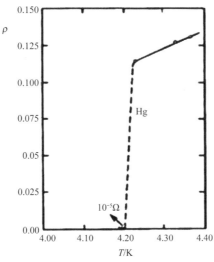

图 11.1　水银的电阻率

1933 年，荷兰的迈斯纳（W. Meissner）和奥森菲尔德（R. Ochsenfeld）共同发现了超导体的另一个极为重要的性质——完全抗磁性，即当超导材料温度降至临界温度之下时，所有的外磁场磁力线将被排出导体体外，无论如何降温，外磁场的施加顺序如何，超导体内部的磁感应强度始终为零。这种完全抗磁性现象称为迈斯纳效应（图 11.2）。

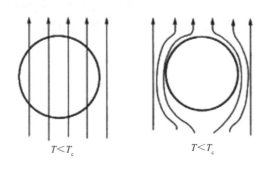

$T<T_c$ $T<T_c$

图 11.2　迈斯纳效应

一个材料被称为超导体的条件是其必须同时具有零电阻和迈斯纳效应这两个独立的物理性质。在发生超导现象前后，材料内部的晶体结构并未发生变化，而材料内部电子的整体比热却发生了跃变。因此，超导现象实际上是材料内部电子的集体行为，用现代物理语言来说，就是宏观量子态。

目前，高温超导材料的用途大致分为三类：大电流应用（强电应用）、电子学应用（弱电应用）和抗磁性应用。大电流应用即超导发电、输电和储能；电子学应用包括超导计算机、超导天线、超导微波器件等；抗磁性主要应用于磁悬浮列车和热核聚变反应堆等。

现已发现有 28 种元素和几千种合金和化合物可以成为超导体，在信息通信、生物医学、航空航天等领域有着巨大应用潜力。

在超导研究领域，目前已经有 10 位科学家获得了 5 次诺贝尔奖。在中国，中国科学院赵忠贤院士因其在高温超导领域的突出贡献获得了 2016 年度国家最高科学技术奖。1987 年 2 月，赵忠贤带领团队在钡—钇—铜—氧中发现了临界温度为 93K 的液氮温区超导体，大大加速了全球高温超导的研究进程；2008 年带领团队合成出绝大多数 50K 以上的铁基超导体，又创造出大块铁基超导体 55K 的世界纪录。

11.1.4　石墨烯

2004 年，英国曼彻斯特大学的两位科学家安德烈·盖姆（AndreGeim）和康斯坦丁·诺沃肖洛夫（图 11.3）从高定向热解石墨中剥离出石墨片，然后将薄片的两面粘在一种特殊的胶带上，撕开胶带，就能把石墨片一分为二。他们不断地这样操作，于是薄片越来越薄，最后，他们得到了仅由一层碳原子构成的薄片，这就是石墨烯（Graphene）。两人也因此获得了 2010 年度诺贝尔物理学奖。

图 11.3　安德烈·盖姆（左）和康斯坦丁·诺沃肖洛夫（右）

石墨烯是一种二维晶体，存在于自然界，只是难以剥离出单层结构，厚 1mm 的石墨大约包含 300 万层石墨烯。人们常见的石墨是由一层层以蜂窝状有序排列的平面碳原子堆叠而形成的，石墨的层间作用力较弱，很容易互相剥离，形成薄薄的石墨片。当把石墨片剥成单层之后，这种只有一个碳原子厚度的单层就是石墨烯。图 11.4 所示为显微镜下的石墨烯"单晶"。

石墨烯的最新发现是人们在防腐蚀方面最有效的方法。常用的聚合物涂层很容易被刮伤，降低了保护性能；而用石墨烯做保护膜，显著延缓了金属的腐蚀速度，更加坚固抗损伤。石墨烯不仅是电子产业的新星，应用于传统工业的前途也不可限量。其应用方向为海洋防腐、金属防腐、重防腐等领域。石墨烯具有良好的导热、导电性能。利用石墨烯研制生产的柔性石墨烯散热薄膜能帮助现有笔记本电脑、智能手机、LED 显示屏等，石墨烯能有助于大大提升散热性能。

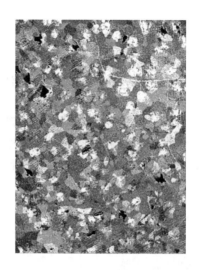

图 11.4　显微镜下的石墨烯"单晶"

作为"21 世纪最具发展潜力"的神奇材料,石墨烯在清洁能源、海水淡化、可穿戴技术、生物医学、电子信息等领域将带来革命性变化,未来 10 年内,有望形成千亿产业规模,拉动万亿产业链。

目前,石墨烯产业已经被国家纳入战略布局。新材料领域细分为前沿新材料、关键战略材料和先进基础材料三大方向,而石墨烯材料就是前沿新材料的四大重点之一。此外,"十三五"新能源汽车重点专项,也将石墨烯等新材料列为重点发展领域。2015 年 11 月 30 日,工信部、发改委、科技部联合发文《关于加快石墨烯产业创新发展的若干意见》,推动石墨烯产业创新,提出到 2018 年实现石墨烯材料稳定生产,在部分工业产品和民生消费品上的产业化应用;到 2020 年,形成完善的石墨烯产业体系,实现石墨烯材料标准化、系列化和低成本化,形成若干家具有核心竞争力的石墨烯企业。

11.1.5　黑磷

黑磷是黑色有金属光泽的晶体,它是用白磷在很高压强和较高温度下转化而形成的,比获取石墨烯的成本和难度要低得多。

　　将白磷在高压下，或在常压用汞作催化剂，和以小量黑磷作为晶种的情况下，在 493～643K 下加热 8 天，即可得到钢灰色的同素异形体——黑磷。图 11.5 所示为磷的几种结构。

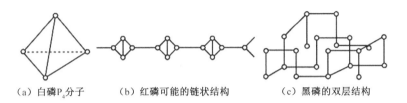

　　（a）白磷P₄分子　　　（b）红磷可能的链状结构　　　（c）黑磷的双层结构

图 11.5　磷的几种结构

　　在石墨烯发现之后，在研究人员观察到黑磷是由层状堆积的时候，很自然地联想到了石墨与石墨烯，并尝试将单层黑磷剥离出来。研究者最开始采用的和石墨烯类似的机械剥离的办法，成功得到了单层的黑磷，即磷烯（Phosphorene）。

　　磷烯又称黑磷烯或二维黑磷，是一种从黑磷剥离出来的有序磷原子构成的、单原子层的、有直接带隙的二维半导体材料。磷烯在场效应晶体管、光电子器件、自旋电子学、气体传感器及太阳能电池等方面有着的广阔的应用前景。

　　单层的黑磷被分离出来后，研究人员发现黑磷具有比石墨烯更强的潜力，原因就在于黑磷中有能隙存在。黑磷超越石墨烯的最大优点就在于拥有能隙，使其更容易进行光探测；而且其能隙可通过在硅基板上堆叠的黑磷层数来做调节，使其能吸收可见光范围及通信用红外线范围的波长。此外因为黑磷是一种直接能隙（Direct-band）半导体，也能将电子信号转成光。

　　与石墨烯类似，黑磷具有诸多优异特性，故被称为比肩石墨烯的"梦幻材料"。黑磷的研究和应用才刚开始，其非线性光学特性被国内外多家单位证实并应用于超快激光的产生中。可以预见不久的将来，它将成为"第二个石墨烯"。

11.1.6　富勒烯

　　富勒烯（Fullerene）是单质碳被发现的第三种同素异形体。任何由碳一种元素组成，以球状、椭圆状或管状结构存在的物质，都可以称为富勒烯。

图 11.6　C60 富勒烯的晶体状态

富勒烯是美国莱斯大学（Rice University）的三位科学家 Smalley、Kurl 和 Kroto 在 1985 年研究宇宙星云的构成时意外发现的。当他们在实验室模拟了宇宙星云的高真空、高能量环境，利用高能量激光溅射放置在真空室环境中的石墨时，意外发现了碳的第三种同素异形体——由 60 个碳原子组成的原子簇 C60（图 11.7）。C60 是单纯由碳原子结合形成的稳定分子，它具有 60 个顶点和 32 个面，其中 12 个为正五边形，20 个为正六边形。其相对分子质量约为 720。

图 11.7　C60 富勒烯结构

富勒烯的主要发现者受建筑学家巴克敏斯特·富勒设计的加拿大蒙特利尔世界博览会球形圆顶薄壳建筑的启发，认为 C60 可能具有类似球体的结构，因此将其命名为巴克明斯特·富勒烯（Buckminster Fullerene），简称富勒烯（Fullerene），这是世界科技史上里程碑的发现，这三位发现者（图 11.8）获得了 1996 年诺贝尔化学奖。

图 11.8 富勒烯的主要发现者 Smalley、Kurl 和 Kroto

自从 1985 年发现富勒烯之后，不断有新结构的富勒烯被预言或发现，富勒烯家族除了 C60，还有 C20、C28、C32、C70、C78、C82、C84、C90、C96 等，其中 C60 和 C70 最为常见，最小的富勒烯是 C20，有正十二面体的构造。

富勒烯的特性：①硬度比钻石硬；②韧度（延展性）比钢强 100 倍；③能导电，导电性比铜强，质量只有铜的 1/6；④它的成分是碳，所以可从废弃物中提炼。

富勒烯应用于多个行业领域（图 11.9）。富勒烯在生物及医用材料领域，可用以控制甚至杀死癌细胞，其衍生物可用于防治艾滋病。在工业领域，富勒烯也有润滑油的作用。

富勒烯的广泛应用

化妆品；磁体；消毒剂；纺织物

自由基捕捉

医药
纳米器件
造影剂

内嵌分子

光吸收

滤光片
荧光显示
量子点

TNT检测
沙林检测
生物检测

高效吸附

超导
半导体

超导体
场发射
纳米器件

2次电池
太阳能电池
武器级激光
催化剂

电子受体

完美结构

润滑剂
复合材料
超硬材料
量子特性

DNA亲和

DNA剪裁；基因运载；分子药物

图 11.9 富勒烯应用

富勒烯结构中最为特殊的性质是其碳笼内部为空腔结构，因此可以在其内部空腔内嵌某些特殊物种（原子、离子或原子簇），由此而形成的富勒烯称为内嵌富勒烯（图 11.10）。

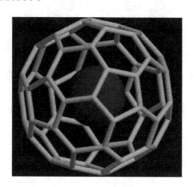

图 11.10 内嵌富勒烯

2015 年 12 月，英国《每日电讯报》网站报道，牛津大学的科研人员正在打造一种名为内嵌富勒烯的材料，并以 2.2 万英镑（约合人民币 20.4 万元）的价格销售出了第一批质量为 200μg 的产品。这个质量仅相当于一根头发的 1/3、一片雪花的 1/15，售价却如此之高，堪称"世界上最昂贵的材料"。

内嵌富勒烯作为一种超级材料，在原子钟、精密定位、能源、化工、医疗、美容、基础材料、超导体、蓄电池材料等领域各个方面都有非常广阔的前景，其有望掀起新一轮的科技革命，改变未来的世界。

11.1.7 硅光子

硅材料不仅是集成电路最普及的材料，还具备优异的光学性能，可兼容光通信现有的技术与器件，为厘米至千千米级的光通信提供高集成度的解决方案。

硅光子技术，是以硅和硅基衬底材料（如 SiGe/Si、SOI 等）作为光学介质，通过集成电路工艺制造相应的光子器件和光电器件（包括硅基发光器件、调制器、探测器、光波导器件等），并利用这些器件对光子进行激发、处理、操纵，以实现其在光通信、光互联、光计算等领域中的实际应用。

　　硅光子技术结合了集成电路技术的超大规模、超高精度制造的特性和光子技术超高速率、超低功耗的优势，是应对摩尔定律失效的颠覆性技术。

　　硅光子系统的信息传输过程如图 11.11 所示，光源发光并经过滤波，需要传输的电信号通过光调制器加载到光上，通过改变光载波的特征参数形成光信号，经过传输介质光纤（光波导）到达光探测器，将光信号转换为电信号输出。

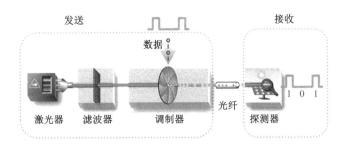

图 11.11　硅光子系统的信息传输过程

　　硅光子技术的发展已经持续多年。2008 年以后，以 Luxtera、Intel 和 IBM 为代表的公司不断推出商用级硅光子集成产品。2012 年之后，Kotura 公司、美国 Alcatel-Lucent、Acacia 公司、日本的 Fujikura 公司相继都有相关报道，不断推动硅光子集成技术的发展。如今，这项技术备受 Facebook 与微软（Microsoft）等大型网络公司看好，并且开始积极推动。

　　硅光子目前还面临很多技术瓶颈，但在整个产业界的努力下，问题正在被突破，业界对硅光子大规模商用也抱有极大的信心，有业内人士预计广泛应用需要 7～10 年的时间。根据美国市场研究公司 Grand View Research 最新报告显示，2025 年全球硅光子技术市场将达到 9.183 亿美元。

11.1.8　孤立原子

　　2017 年 3 月，根据国外相关媒体报道，一组来自 IBM 的研发团队日前通过"孤立原子"（Solitary Atom）的方式成功创造出了全世界最小的磁体。具体的思路是，现有的数据存储技术及硬盘在存储数据时，大多需通过磁头磁化磁层上的介质，每存储 1bit 数据大约需要 10 万粒原子，而 IBM 通过"孤立原子"的方式，使数据存储的硬盘体积缩小了千分之一。这一突破可以在未来为人类带来令人兴奋的全新数据存储系统。

这一研究团队使用了获得诺贝尔奖的"扫描穿隧式显微镜"（Scanning Tunneling Microscopes，STM）并配合"钬原子"（Holmium）来创造、监控这一磁体。然后，他们又使用电流来完成读写数据的操作。此技术能极大缩减存储介质体积，意味着人们能将 3500 万首歌曲大小的文件存储在一个信用卡大小的硬盘中。

11.1.9　时间晶体

固态物质分为晶体、非晶体和准晶体，其中晶体内部结构中的质点（原子、离子、分子、原子团）有规则地在三维空间呈周期性重复排列，组成一定形式的晶格，外形上表现为一定形状的几何多面体，如食盐呈立方体、冰呈六角棱柱体、明矾呈八面体等。

根据爱因斯坦的相对论，世界是四维的，除了三维的空间之外，还有一个维度就是时间。常规晶体都是三维空间上的，是不是也存在着在时间上结晶的晶体呢？

2012 年，诺贝尔物理学奖得主、理论物理学家弗兰克·维尔泽克（Frank Wilczek）首次提出了时间晶体理论（图 11.12），从理论上阐述了一种处于基态（能量最低的状态）的可做周期运动的系统。因其空间周期性，可设想其为处于暂稳状态的晶体。这种时间晶体破坏了时间平移对称，因此旋转时的能量比静止时还要低，能在不消耗能量的前提下以固定模式运动。

时间晶体是一种四维晶体，在时空中拥有一种周期性结构。它可以随着时间改变，但是会持续回到它开始时的相同形态，就如同钟表的移动指针周期性地回到它的原始位置。有研究人员用果冻来形象解释时间晶体，与果冻受到反复拍打后出现的周期性晃动类似，时间晶体在受到冲击后原子结构也会在时间维度上周期性重现。也有研究人员用海绵来帮助人们理解时间晶体的概念，当人们每次用同样力量捏海绵时，海绵会周期性呈现相同的形状，时间晶体内量子系统具有类似运动。

图 11.12　《自然》杂志封面的"时间晶体"示意

　　国外媒体报道，2016 年年底，以哈佛大学和马里兰大学为首的两个科研团队，声称已经制造出时间晶体。其中，马里兰大学科研团队将 10 个带电镱离子排成一条直线，再用一束激光轰击离子创造一个磁场，用另一束激光反转原子的自旋方向，一遍一遍地重复该过程，最终让原子进入在时间上重复的反转模式，从而制造出时间晶体。而哈佛大学的科研团队以金刚石和其中 100 万个随机分布的氮—空位为实验平台，制备出一种离散型时间晶体。因实验样本大，这一方法暗示时间晶体在自然界中存在的可能性比想象的要高很多。

　　时间晶体为我们敞开了非均衡态物质的大门，未来或能用于研制超级安全的量子计算机，掀开量子计算的新篇章。

11.1.10　神经形态芯片

　　人脑有几十亿个神经元、几千亿个突触，可以同步处理视觉、音频等信号，神经形态芯片在芯片中模拟人脑同步处理多种数据的能力。根据图像、声音或其他信号的变化，神经元可以改变与其他神经元之间的联系。所以说，这些神经形态芯片模拟的是人脑的神经网络，可以实现人脑的部分功能。它们实现了人工智能领域需要几十年才能完成的任务，让机器可以像人一样理解世界、与世界互动。

　　神经形态芯片（Neuromorphics Chips，图 11.13）的概念并不新鲜，从 20 世纪 80 年代就已开始设计。但是当时的设计需要把特定算法直接植入到芯片当中，这意味着需要一块芯片来识别动作，用另一块芯片来检测声音，还没有芯片能够像人类大脑皮层一样扮演通用处理器的角色。

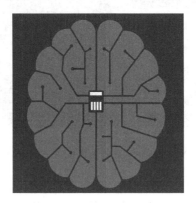

图 11.13　神经形态芯片

　　今天的计算机使用的都是冯·诺依曼结构，在一个中央处理器和记忆芯片之间以线性计算序列来回传输数据。这种方式在处理数字和执行精确撰写的程序时非常好用，但在处理图片或声音并理解它们的意义时效果不佳。有件事很说明问题：2012 年，谷歌展示了它的人工智能软件在未被告知猫是什么东西的情况下可以识别视频中的猫，而完成这个任务用到了 1.6 万台处理器。

　　要继续改善这类处理器的性能，生产商得在其中配备更多更快的晶体管、硅存储缓存和数据通路，但所有这些组件产生的热量限制了芯片的运作速度，尤其在电力有限的移动设备中。这可能会阻碍人们开发出有效处理图片、声音和其他感官信息的设备，以及将其应用于面部识别、机器人，或者交通设备航运等任务中。

　　对于攻克这类物理挑战，没有什么企业的兴趣赶得上高通，下面是高通公司的一次演示：哈巴狗一般大小、名叫"先锋"的机器人慢慢向前翻滚着，逐渐靠近地毯上的玩具"美国队长"，它们对峙着站立的地方是一间儿童卧室，无线芯片制造商高通在一辆房车中搭建了这个空间。"先锋"的动作停顿了下来，好像在评估周遭环境，然后，它用自己身前像雪铲一样的工具把美国队长揽入怀中，转个身，把它向三个矮矮的玩具箱推去。高级工程师章艾乌（Ilwoo Chang）抬起两只手臂，指向应该投放"美国队长"的那个箱子。"先锋"的摄像头看到了这个动作，乖乖地照做了。然后它又翻滚着折返，发现了另一个动作片人物"蜘蛛侠"。这次它直线向蜘蛛侠靠拢，完全无视附近摆放着的一个围棋盘，在无人指挥的情况下，把"蜘蛛侠"运送到同一个箱子里。

从这次演示可以窥见计算的未来。机器人完成的这些任务过去通常需要强大的、经过专门编程的计算机完成，耗费的电力也多得多。而"先锋"只是配备了一个智能手机芯片和专门的软件，就能识别从前机器人无法识别的物体，根据它们与相关物体的相似程度来做分类，再把它们传送到房间中正确的位置。这一切并不是源于繁复的编程，而只是因为人向它演示过一次它该往哪里走。机器人可以做到这些，是因为它模仿了人脑的运作，尽管这种模仿非常有限。

神经形态芯片被设计专门用于模仿人类大脑，尝试在硅片中模仿人脑以大规模的平行方式处理信息：几十亿个神经元和千万亿个突触对视觉和声音刺激物这类感官输入做出反应。作为对图像、声音等内容的反应，这些神经元也会改变它们相互间连接的方式，这个过程称为学习。神经形态芯片纳入了受人脑启发的"神经网路"模式，因此能做同样的事。

这是为何高通的机器人（虽然它还只是运行模拟神经形态芯片的软件而已）能在没见过"蜘蛛侠"的情况下，把它放到投放"美国队长"的同样地点。即使神经形态芯片远不如人脑，在处理感官数据和从中学习这个方面，它们也比现有的计算机速度快得多。

2014 年下半年，高通会开始对外透露如何把这项技术镶嵌进各种电子设备使用的硅片中。这些"神经形态"芯片（如此命名是因为它们是以生物脑为基础来构造的）会被设计成能够处理图片、声音等感官数据，并以未经特殊编程的方式来应对这些数据中发生的变化。高通承诺，会加速几十年来断断续续发展的人工智能，并使得机器能以和人类相似的方式来理解这个世界并与之互动。医疗传感器和设备将长期追踪个人的生命体征并对治疗做出反馈，学会调整剂量，甚至尽早地捕捉到问题。

高通研发的这种芯片已经在 2015 年 3 月问世，这个名为 Zeroth 的项目将成为神经形态计算首个大规模的商业平台（图 11.14）。

图 11.14　高通 Zeroth

除高通这个项目外，美国大学院校和企业实验室也在开展充满前景的努力，例如，IBM 研究院和 HRL 实验室各自都在美国国防高等研究计划署的一个耗资 1 亿美元的项目下开发了神经形态芯片。类似地，欧洲的人脑项目正在神经形态项目上花费约 1 亿欧元，其中包括海德堡大学和曼彻斯特大学的项目。另外，德国的一个团队近来报告称，他们使用的一个神经形态芯片和软件模仿了昆虫的气味处理系统，能根据植物的花朵来识别植物所属的种类。

IBM 2014 年发布的仿人脑芯片 TrueNorth 拥有 100 万个神经元，大小像一枚邮票，能力相当于一台集成了"神经突触"的超级计算机，然而功耗却只有 70mW，用手机的电池就够它运行一个星期了。2014 年，美国空军研究实验室与 IBM 签下价值 55 万美元的合同，成为第一个付款使用 TrueNorth 芯片的客户。TrueNorth 芯片可以从雷达航空图像中识别军事、民用车辆用很高的精准度完成工作，跟普通高性能计算机一样，但是能耗不到高性能计算机的 1/20。

2016 年，美国普林斯顿大学的科研团队研制出了全球首枚硅光子神经形态芯片，并证明其能以超快速度计算。

11.1.11　形状记忆合金

形状记忆合金（Shape Memory Alloys，SMA），是一种在加热升温后能完全消除其在较低的温度下发生的变形，恢复其变形前原始形状的合金材料，即拥有"记忆"效应的合金。

记忆合金是合金中的一个新发现，是一种原子排列很有规则、体积变为小于 0.5%的马氏体相变合金。这种合金在外力作用下会产生变形,把外力去掉后,在一定的温度条件下能恢复原来的形状。由于它具有 100 万次以上的恢复功能,因此称为"记忆合金"。

记忆是一种特别有用的特性,因为它允许物体在不同的柔软程度、弹性状态下进行切换。在这种特殊的情况下,即使室温也可以"冻结"这些材料,使之呈现出不同的形状,而一个稍高的温度又可以使这些材料瞬间"弹"回坚实的状态。

形状记忆合金由于具有许多优异的性能,因而广泛应用于航空航天、机械电子、生物医疗、桥梁建筑、汽车工业及日常生活等多个领域。迄今为止,业界已发现了十几种形状记忆合金材料,其中在工业上有实用价值的有 Ni-Ti 合金、Cu 基合金、Fe 类合金等。2016 年 7 月,日本东北大学一个研究小组发明了一种超轻形状记忆镁钪合金,密度为此前常见的镍钛诺记忆合金的70%,有望应用于航天等领域。

11.1.12　液态金属

液态金属指的是一种不定型金属,可看作由正离子流体和自由电子气组成的混合物。

液态金属是一种有黏性的流体,具不稳定性,可通过充型过程形成各种铸件。在液态金属与水体交界面上的双电层效应,可以令室温液态金属具有在不同形态和运动模式之间转换的普适变形能力。例如,浸没于水中的液态金属对象可在低电压作用下呈现出大尺度变形;一块很大的金属液膜可在数秒内即收缩为单颗金属液球。

图 11.15 所示为《终结者 2》中的液态金属机器人。

细胞吞噬外界颗粒的"胞吞效应",是生物界普遍存在的一种行为。2017 年 4 月,据央视报道,中国科学院理化技术研究所与清华大学联合小组发现,液态金属也会做出这样的"行为",除此之外,它们甚至还会"呼吸获能"。研究发现,溶液环境中的液态金属液滴,在受到电场或化学物质的作用时,会产生类

图 11.15　《终结者 2》中的液态金属机器人

似于细胞吞噬外界颗粒的胞吞效应，能高效地将周围的颗粒吞入体内。这一发现也开辟了一条构筑高性能纳米金属流体材料的新途径。

液态金属具有自主形态变化等多种特性，在电场磁场作用下还能表现出很多神奇变化，能广泛应用于 3D 打印、柔性智能机器、血管机器人等领域，类生物学行为的新发现将进一步开拓液态金属研究的新领域。

11.1.13　光子计算机

根据冯·诺依曼瓶颈，如果处理器从内存中提取信息的速度达到了某个极限，那就意味着，再开发速度更快的基于电子计算机系统的处理器已经没有意义。我们需要对系统进行彻底的重新思考，未来，具有超高的运算速度的光子计算机或将打破电路元器件的限制。

光子计算机又称光学计算机、光学电脑、光脑，是一种由光信号进行数字运算、逻辑操作、信息存储和处理的新型计算机，以光子作为传递信息的载体，光互连代替导线互连，以光硬件代替电子硬件，以光运算代替电运算，利用激光来传送信号，并由光导纤维与各种光学元件等构成集成光路，从而进行数据运算、传输和存储。在光子计算机中，不同波长、频率、偏振态及相位的光代表不同的数据，这远胜于电子计算机中通过电子"0""1"状态变化进行的二进制运算，可以对复杂度高、计算量大的任务实现快速的并行处理。

目前，光子计算机尚未成熟，不少技术难题仍待攻克，但随着材料科学的突破和加工技术（尤其是微纳米加工技术）的完善，随着现代光学与计算机技术、微电子技术相结合，光子计算机的发展前景愈发光明。

11.2　新能源

能源是人类赖以生存和促进文明发展的重要资源之一。古时候人类已经学会利用自然火并保存火种不灭，后来学会了人工取火。火的利用，使人们结束了茹毛饮血、以采摘野果为主的生活。现代化工业的发展及壮大和现代化生活方式的普及对能源的需求与日俱增，同时，新的电子设备的使用以及为了处理各种网络需求而建立的服务器机房的出现进一步加剧了能源的需求。在煤炭、石油和天然气等化石能源不可持续的情况下，需要更多地应用太阳能、风能、氢能、核能等清洁能源来满足能源需求的缺口。

过去的十几年里，美国利用新技术成功实现大规模开采页岩气，开启能源领域的页岩气革命，不仅改变了本国的能源结构和能源战略，也影响了世界能源、经济和政治格局。2017 年 5 月 18 日，中国天然气水合物（可燃冰，图 11.16）试采取得成功，中国终于在能源领域开启了可燃冰革命。

图 11.16　可燃冰

11.2.1　能源互联网

信息通信技术作为能源互联网载体，在互联网概念引导下，能源基础设施领域将产生深刻变革。能源互联网采用分布式能源收集系统，充分收集分散的可再生能源，再通过存储技术将间歇式能源进行存储，利用互联网和智能终端技术，建设能量和信息能够双向流动的智能能源网络，实现能源在全网络内的分配、交换和共享。分布式能源如图 11.17 所示。类似于信息互联网的局域网和广域网架构，能源互联网以互联网理念构建新型信息能源"广域网"，其中包括大电网的"主干网"和微网的"局域网"，双向按需传输及动态平衡使用。

能源互联网通过储能技术、能源收集技术及智能控制技术将有效解决可再生能源供应不持续、品质不稳定和难以接入电力主干网等问题，让可再生能源逐步成为主要能源，以减少污染物排放。能源互联网一旦实现，人类将获得充足的能源供应，信息技术、智能控制技术、能源收集技术、储能技术、动力技术等相关技术也将飞速发展，新能源、动力设备、智能产品、生产设备、新材料等领域将不断取得新进展。

图 11.17　分布式能源示意图

能源互联网是大趋势，美国、欧洲都在大力发展，中国也大大加快了智慧能源的步伐。2015 年 9 月 26 日，中国在联合国发展峰会上倡议"探讨构建全球能源互联网，推动以清洁和绿色方式满足全球电力需求"。2016 年 3 月，全球能源互联网发展合作组织成立。2017 年 5 月，习近平主席在"一带一路高峰论坛"的主旨演讲中讲道，要抓住新一轮能源结构调整和能源技术变革趋势，建设全球能源互联网，实现绿色低碳发展。

全球能源互联网实质是"智能电网+特高压电网+清洁能源"，是清洁能源在全球范围大规模开发、输送、使用的基础平台。其中，1000kV 及以上交流电和±800kV 及以上直流电构成的特高压电网，能实现数千千米的电力输送和跨国、跨洲电网互联，是构建全球能源互联网的关键。

根据国家电网公司规划，以"一带一路"国家能源互联、互通为突破，经过洲内跨国联网、跨洲联网和全球互联三个阶段，到 2050 年将建成由跨国跨洲特高压骨干网架和各国各电压等级智能电网的全球能源互联网。

11.2.2　Wysips 晶体技术

2011 年，在美国无线通信展会上，法国制造商 SunPartner Group 展示了一种新技术 Wysips 技术，全称为 Wysips 晶体技术，可将人造光线和阳光转变成为电能为手机持续充电。

光电技术能够将阳光照射转换成为电能，制造商将光电材料薄层放置在一个微透镜网络上，从而形成超薄透明的薄层（图 11.18）。该技术也可适用于其他屏幕和窗户。制造商认为，能够将任何物体表面作为能量来源。

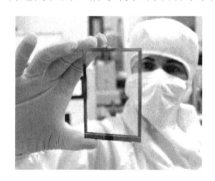

图 11.18　可用太阳能充电的透明屏幕

依据行业标准，Wysips 晶体成分 90%是透明的，因此光电材料薄层不会影响手机屏幕的对比度、可视性、视角或亮度。目前，在阳光照射下该设计原型每平方厘米可转换 2.5mW 电能，手机暴露在阳光下 10min 获得的电能可实现 2～4min 的手机通话。

11.2.3　太阳能热光伏电池

随着全球能源和环境危机日益加重，太阳能作为一种清洁和可持续利用的能源，被认为在应对全球能源和环境问题方面具有巨大的潜在价值。2017 年《麻省理工科技评论》全球十大突破性技术榜单发布，其中提到了一项能源技术——Hot Solar Cells（太阳能热光伏电池，图 11.19）。它实现了一种可以让太阳能电池效率翻倍的技术突破。它的意义是，可能会催生出在日落后依然可以工作的廉价太阳能发电技术。

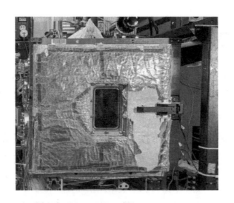

图 11.19　太阳能热光伏电池

这种全新类型的太阳能设备，利用工程创新和最新的材料科学进步来捕获更多的太阳能。该技术的秘诀在于先将太阳光变成热能，然后将其重新变成光，而且聚集在太阳能电池可以使用的光谱范围内。

11.2.4　硅基太阳能电池

市场上的太阳能电池板，通常是用晶体硅材料制成的，这种晶体硅太阳能电池从 20 世纪 70 年代开始研制至今。

硅基太阳能电池理论上的转换效率极限为 29.4%，但在日常实践中，实际转换效率都只在 20%附近徘徊。2016 年 9 月，日本 Kaneka 太阳能公司研发出了一款薄层硅制成的太阳能电池（图 11.20），这款电池采用了非硅（a-Si）、晶硅、改良异质结技术、CVD 技术、光学管理与电极技术等方式，将转换效率由 25.6%提升至 26.3%。

图 11.20　薄硅太阳能电池

2016 年 11 月，德国 Fraunhofer 太阳能系统研究所（ISE）与奥地利公司 EV Group（EVG）合作，成功以硅晶太阳能电池为基础，加上拥有两个电极的多接合太阳能电池技术，让太阳能电池的转换效率一举冲高到 30.2%。

2017 年 3 月，奥地利半导体生产设备制造商 EV Group 与德国太阳能研究机构 Fraunhofer ISE 共同宣布，已经取得了硅类多节太阳能电池 31.3% 的效率。

2017 年 7 月，美国科学家设计和构建了具有五个半导体结的新太阳能电池原型——三个砷化镓（GaAs）结，两个锑化镓（GaSb）结。这两种重叠类型的光伏电池捕获太阳光谱的不同部分，可以 44.5% 的转换效率将阳光变为电能，从而有可能成为世界上最有效的太阳能电池。

11.2.5　分子太阳热能

由于太阳能只能在白天及晴朗的天气才行发挥效用，因此，来自瑞典哥德堡查尔姆斯理工大学的科学家们研发出了一种液态能源储存媒介，称为分子太阳热能（MOST），可让太阳能变成一种可靠、24h 都能使用的能源。

在这一系统下，把一种名为降冰片二烯的烃暴露在光下面之后能够生成四环庚烷，随后通过改变四环庚烷的温度或将其暴露在一种特定的催化剂下就能得到热能。目前，这套系统能将 1.1% 的太阳光直接转化成化合物。另外，这种全新的液态储存系统还可以用造价更便宜的碳元素物质取代原先使用的钌金属和稀有金属。此外，MOST 还在经过 140 多次储存之后并未出现任何的退化现象。

11.2.6　钛矿太阳能电池

钙钛矿太阳能电池（Perovskite Solar Cells），是利用钙钛矿型的有机金属卤化物半导体作为吸光材料的太阳能电池，易于生产且有更大灵活性，甚至可以喷涂在物体表面上，因此对可再生能源的未来具有重大潜力。

2009 年，日本研究人员首次将人造钙钛矿制成了太阳能电池。他们选用的钙钛矿型材料是一种含有卤素和铅元素的钙钛矿型卤铅化合物，通过优化钙钛矿的成分并对电池结构中的其他功能层进行改进，使其效率突破了 10%。

　　2016 年 10 月，美国斯坦福大学与英国牛津大学的研究人员宣布，利用涂布技术制作的串联型钙钛矿太阳能电池实现了 20.3%的高转换效率，并且该电池具备高耐久性。预计以后的转换效率能超过 30%。

　　2016 年 11 月，俄罗斯和美国组成的国际研究小组研发出钙钛矿太阳能电池的制造技术。在新研究中，科学家们制造出串联设备原型，把光伏电池与碳纳米管连接为一体。多层串联设备把钙钛矿电池与传统的硅基太阳能电池结合在一起，令整个太阳可见光谱都能转化为电能。这种太阳能转化为电能的新机制使电池效率提高 15%。

　　2017 年 4 月，据报道，澳大利亚研究人员通过将钙钛矿与硅太阳能电池机械结合，将太阳光转化为电能，实现了 26%的效率，这一突破可以降低太阳能发电的成本。

11.2.7　用太阳能制氢

　　氢气具有无污染、可再生、能量密度高、方便储存和运输的特点，被视为最理想的清洁能源之一。尽管氢是宇宙中最丰富的元素，但自然氢的存在十分稀少。因此，科学界一直在探索利用更干净的原料来人工制氢。

　　太阳能制氢，是人类探索太阳能利用的美好愿景，近年来学术界和产业界进行了大量的努力和探索。目前，科学家对太阳能制氢的研究主要集中在如下几种技术：热化学法制氢、光电化学分解法制氢、光催化法制氢、人工光合作用制氢和生物制氢。其中，利用太阳光照射裂解水产生氢气能源的光电化学方法，由于其原理简单、过程环保且氢气燃料能量密度高而备受瞩目，而这种技术的关键是高效、低成本、长寿命光催化材料的合成。

　　2017 年 3 月 24 日，据英国《每日邮报》报道，德国科学家们搭建了一堵由 149 盏短弧氙气灯组成的巨大的"人造太阳"（图 11.21），该设备看起来很像一个巨大的蜂巢，称为"融光"（Synlight），旨在模仿太阳产生光能以制造环境友好的氢能源。这堵近 14m 高、16m 宽的"灯墙"，灯光投射到 20cm×20cm 的聚焦平面上时产生的辐射强度是太阳光照射同等面积的 1 万倍，温度最高可达 3000℃，是高炉温度的 2～3 倍，功率达 350kW。这个"人造太阳"可以制造出水蒸气，而水可以被分解成氢气和氧气。

图 11.21 德国科学家搭建的"人造太阳"

11.2.8 核聚变

核能（也称核电）自 20 世纪 50 年代问世以来，以其清洁、高效等因素得到世界主要经济体的青睐，核能包括裂变能和聚变能两种主要形式。

裂变能是重金属元素的原子通过裂变而释放的巨大能量，已经实现商用化。因为裂变需要的铀等重金属元素在地球上含量稀少，而且常规裂变反应堆会产生长寿命放射性较强的核废料，这些因素限制了裂变能的发展。

聚变能是两个较轻的原子核聚合为一个较重的原子核，并释放出能量的过程。核聚变反应主要借助氢的同位素氘与氚。氘可以直接从海水中提炼，并且地球中储量极大，每升海水中含有 0.03g 氘；氚在自然界中不存在，但靠中子同锂作用可以产生，而海水中也含有大量锂。核聚变不会产生核裂变所出现的长期和高水平的核辐射，不产生核废料，基本不污染环境。

太阳的原理就是核聚变反应，人类实现最早的核聚变反应是氢弹。但是，氢弹爆炸是无法控制的，把氢弹产生的巨大能量用于社会生产生活就是可控核聚变。可控核聚变俗称"人造太阳"，是当代世界最前沿的科技领域。可控核聚变发生的条件极为苛刻，需要将反应堆维持在上亿度高温，注入的氘和氚的布朗运动才会超级剧烈，氘和氚的原子核才会碰撞在一起发生核聚变，产生一个氦核和一个中子，同时放出巨大的能量。

不过人类还不具备耐上亿度高温的材料，因此科学家一直在寻找一种可以约束超高温等离子体的可靠装置。1968 年，苏联科学家阿尔齐莫维奇发布了托卡马克磁约束方案，利用通过强大电流所产生的强大磁场，把超高温等离子体约束在很小范围内，这是人类第一次利用磁场约束住了超高温等离子体。

20 世纪 80 年代中期，美国、法国等国家发起国际热核聚变实验堆（ITER）计划，旨在建立世界上第一个受控热核聚变实验反应堆，为人类输送巨大的清洁能量。

ITER 计划是当前世界上规模最大的国际科技合作项目。中国是研究托卡马克装置最早的国家之一，在可控核聚变技术方面处于世界领先地位，2006 年加入 ITER 计划。2007 年，中国建成启动的核聚变实验装置东方超环（EAST）是世界上唯一一台全超导托卡马克装置。2017 年 7 月，EAST 在全球首次实现了 5000 万摄氏度等离子体持续 101.2s 的长时间放电，创造了人类可控核聚变研究的新高度。

未来，如果可控核聚变商用，人类将拥有取之不尽、用之不竭的清洁能源。

第 12 章
——CHAPTER12——

生物信息技术

生物技术是以生命科学为基础，利用生物（或生物组织、细胞及其他组成部分）的特性和功能，设计、构建具有预期性能的新物质或新品系，以及与工程原理相结合，加工生产产品或提供服务的综合性技术。

信息技术和生物技术都是高新技术，二者在新经济中并非此消彼长的关系，而是相辅相成。21 世纪是生命科学高速发展的时代，生物信息技术对人类的影响之大将不可预料。

12.1　生物特征识别

互联网诞生以来，网络安全就是一个必须时刻注意的问题。进入移动互联网时代，BYOD、移动支付的日渐普及为网络安全提出了更高的要求。通过计算机与光学、声学、生物传感器和生物统计学原理等高科技手段密切结合，生物特征识别技术可以利用人体固有的生理特性和行为特征来进行个人身份的鉴定，从而提供更安全的网络服务。

在目前的研究与应用领域中，生物特征识别主要关系计算机视觉、图像处理与模式识别、计算机听觉、语音处理、多传感器技术、虚拟现实、计算机图形学、可视化技术、计算机辅助设计和智能机器人感知系统等其他相关的研究。已被用于生物识别的生物特征有手形、指纹、脸形、虹膜、视网膜、脉搏和耳廓等，行为特征有签字、声音及按键力度等。

随着生物识别技术的应用日渐成熟，其技术应用越来越多地被采用。苹果在其手机 iPhone 5s 的 Home 键中集成了指纹扫描传感器，让指纹识别技术在民用领域得到应用。

新形态的指纹辨识功能采用超声波技术，捕捉指纹细节并判断为真人手指或模型。相较于传统电容式传感器，超声波技术在潮湿的条件下，也能辨识三维指纹图像；而相较于密码辨识功能，指纹辨识器也提供了快速且谨慎的解锁和认证交易方式，具体提升便利性及安全性。

现阶段生物识别技术更多的是广泛应用于政府、军队、银行、社会福利保障、电子商务、医疗和安全防务等商业领域。

美国得克萨斯州联合银行的营业部已经使用"虹膜识别系统"来完成客户身份验证。以后当一位储户走进银行，他既不需要带银行卡，也不需要记密码就可以直接提款，当他在提款机上提款时，一台摄像机对该用户的眼睛扫描，然后迅速而准确地完成用户身份鉴定，办理完业务。

在安防领域，近两年随着中国平安城市、智慧城市项目的深入发展，城市监控的高清化进一步得到普及，摄像机特别是高清摄像机数量激增，使得人脸识别在数据采集上的阻碍大大减小。现在在火车站、机场等人流集聚区域，公安机关已经开始利用高清摄像机和人脸识别技术在人群中筛选犯罪分子。此外，便携式指纹识别仪的利用也大大提高了巡逻民警检查和筛选疑犯的效率和准确性。

12.2　生物识别支付

近年来，各种创新的移动支付技术层出不穷，从声波支付到指纹识别、刷脸支付和静脉支付，移动支付正与生物识别技术深度融合。

1．指纹支付

指纹支付也不是新名词，它是采用已成熟的指纹系统进行消费认证，通过指纹识别即可完成消费支付。

2．声波支付

2013 年 1 月 17 日，支付宝发布的"支付宝钱包"增加了声波支付等功能。用户打开手机支付宝钱包，会看到一个"当面付"的功能，点击"付"就可以给别人付钱，此时手机会发出"啾啾啾"的声音，这时只要把手机扬声器放在对方的感应区上，就可以完成付款。

其实"咻咻咻"只是作为音效而存在，真正起作用的是一段超声波，也就是说基本上人耳是无法感知的，因为它的频段特别高，超出了耳朵的识别范围。

当想要收款时只需点击"收"，这时支付宝会自动给你生成一个二维码并在下方有一个声波感应区，设置好收款金额后，对方只要把手机的扬声器放在感应区上，就可以完成收款。

当然"当面付"的支付场景不局限于手机上，在地铁、商场、售货机等设备上也可以完成支付。消费者在收银台付款时，选择声波支付时，将手机扬声器对准指定感应区，大约 3s 即可完成支付，随后还会收到支付宝发来的付款成功短信。

3. 虹膜支付

虹膜（图 12.1）作为人眼结构的一部分，它位于黑色瞳孔和白色巩膜之间，其包含有很多相互交错的类似于斑点、细丝、冠状、条纹、隐窝等的细节特征，这些特征可唯一地标识一个人的身份，而其验证能力仅次于 DNA 序列。虹膜在人出生 18～20 个月后就会定型且终身不变，位于身体内部，不易受损。识别是非接触式，不会留下任何痕迹，伪造一个虹膜出来几乎是不可能的，就连手术移植也做不到。这样一来，每个人在使用智能手机进行购物的时候，就可以获得更大的系统安全性。

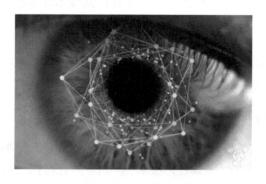

图 12.1　虹膜

由于虹膜识别的应用范围属于高精尖但是涉及人数很少，所以未能拥有大量的虹膜信息库。而中国这方面数据的积累工作起步较晚，还未进入大规模商业化应用中。

4．静脉支付

手掌静脉位于皮肤以下 3mm 的深处，属于人体内部信息，手掌的静脉较粗，数量多，可以实现高精度的识别，准确度远高于指纹、掌纹及指静脉识别方式。图 12.2 所示为瑞典顾客在扫描手掌静脉支付餐费。

图 12.2　瑞典顾客在扫描手掌静脉支付餐费

"掌静脉"识别技术的原理是运用血色素吸光特性取得掌静脉近红外线影像。简而言之，就是对手掌的"血管"拍照，然后转换成独特的编码。

5．刷脸支付

人脸识别技术就是针对面部器官的不同的位置距离进行计算的一个数学公式，即对输入的人脸图像或者视频流，首先判断其是否存在人脸，如果存在人脸，则进一步给出每个脸的位置、大小和各个主要面部器官的位置信息，并依据这些信息，提取每个人脸中所蕴含的身份特征，并将其与已知的人脸数据库进行对比，从而实现身份识别功能。

人脸识别技术如今已经可以十分精确，应用领域也十分广泛，包括安防监控领域、金融领域安全支付、交通领域无人车系统、教育领域等。

目前，科技巨头纷纷布局脸部识别，例如，苹果公司先后收购 Polar Rose、Prime Sense、Perceptio、Faceshift、Emotient、Turi、Realface 等脸部识别相关技术公司，未来的 iPhone 8 或将具备面部识别功能；谷歌先后收购脸部识别系统公司 PittPatt 和 Viewdle 等；在汽车领域，本田在 2017 年 CES 上推出具有情感引擎的无人车，英伟达推出的 Co-Pilot 系统中也运用脸部识别技术。而包括 Face++、Visionics、MirOS 在内的初创企业也在人脸识别方面具备先进技术。

　　在中国，人脸识别系统现在应用于授权支付、设备访问及罪犯追踪。作为全世界首批上线人脸识别技术的国家，中国对于监控及隐私方面的政策对此有很大的推动。

　　进行人脸识别时，可以向全国公民身份证号码查询服务中心提出申请，将采集的照片与该部门的权威照片库后进行比对。也就是说，用户在进行人脸识别时，只需要打开手机或电脑的摄像头，对着自己的正脸进行拍摄即可。

12.3　生物计算机

　　计算机的性能是由元件与元件之间电流启闭的开关速度决定的。科学家发现，蛋白质有开关特性，用蛋白质分子作元件制成的集成电路，称为生物芯片。使用生物芯片的计算机称为生物计算机，或称为蛋白质计算机，也称仿生计算机。

　　1983 年，美国提出了生物计算机的概念，其主要原材料是生物工程技术产生的蛋白质分子，并以此作为生物芯片取代半导体晶体管芯片，利用有机化合物存储数据的一种计算机。因为生物计算机的运作和大脑及神经元网络结构的信息处理非常类似，所以成为近 30 多年的热门学科之一。

　　与传统计算机相比，生物计算机具有体积小、存储量大、不易发生故障、能耗低的特点。用蛋白质制造的计算机芯片，在 $1mm^2$ 面积上可容纳几亿个电路。因为它的一个存储点只有一个分子大小，所以存储容量可达到普通计算机的 10 亿倍。蛋白质构成的集成电路大小只相当于硅片集成电路的十万分之一，而且运转速度更快，只有 10～11s，大大超过人脑的思维速度；生物计算机元件的密度比大脑神经元的密度高 100 万倍，传递信息速度也比人脑思维速度快 100 万倍。此外，生物计算机芯片本身还具有并行处理的功能。

　　目前，生物芯片仍处于研制阶段，但在生物元件，特别是在生物传感器的研制方面已取得不少实际成果。2013 年 5 月，以色列理工学院（Technion-Israel Institute of Technology）的科学家成功研制出新的生物计算机传感器。2016 年 3 月，有加拿大科研团队声称研制出了一个超级生物计算机模型，能够利用与大型超级电子计算机同样的并行运算方式快速、准确地处理信息，但整体尺寸却小得多，能耗也更低，无须降温处理，不仅更节能，可持续性也更强。

12.4　DNA 计算机

遗传物质 DNA（脱氧核糖核酸）分子是一条双螺旋"长链"，链上布满了"珍珠"（核苷酸）。科学家研究发现，DNA 分子通过这些"珍珠"的不同排列，能够表达出生物体各种细胞拥有的大量基因物质。数学家、生物学家、化学家和计算机专家从中得到启迪，开始合作研制 DNA 计算机。

DNA 计算机是一种生物形式的计算机。它利用 DNA 能够编码信息的特点，先合成具有特定序列的 DNA 分子，使它们代表要求解的问题，然后通过与生物酶（在此相当于加、减、乘、除运算）的相互作用，使它们相互反应，形成各种组合，最后过滤掉非正确的组合而得到的编码分子序列就是正确答案。

与传统的电子计算机相比，DNA 计算机有着很多优点：①体积小，可同时容纳 1 万亿个此类计算机于一支试管中；②存储量大，$1m^3$ 的 DNA 溶液可以存储 1 万亿亿的二进制数据，$1cm^3$ 空间的 DNA 可储存的资料量超过 1 兆片 CD 容量；③运算速度快，其运算速度可以达到每秒 10 亿次，十几个小时的 DNA 计算，相当于所有计算机问世以来的总运算量；④能耗非常低，仅相当于普通计算机的十亿分之一，如果放置在活体细胞内，能耗还会更低；⑤效率高，普通计算机采用的都是以顺序执行指令的方式运算，而 DNA 具有独特的数据结构，数以亿计的 DNA 计算机可以同时从不同角度处理一个问题，工作一次可以进行 10 亿次运算，即并行的方式工作，大大提高了效率。

1994 年，美国科学家艾德曼（Adleman）首次提出 DNA 计算机的概念，他用一支装有特殊 DNA 的试管，解决了著名的"推销员问题"：有 n 个城市，一个推销员要从其中某一个城市出发，唯一走遍所有城市，再回到他出发的城市，求最短的路线。这个问题在当时即使用最快的半导体来推算，也需要至少两年的时间，但是艾德曼用 DNA 计算只用了 7 天时间，令人叹为观止，从此开辟了 DNA 计算机研究的新纪元。

2001 年 11 月，以色列科学家成功研制成世界第一台 DNA 计算机，它的输出、输入和软硬件全由在活性有机体中储存和处理编码信息的 DNA 分子组成。该计算机不过一滴水大小，比较原始，也没有任何相关应用产生，但这是未来 DNA 计算机的雏形。次年，研究人员又作了改进，吉尼斯世界纪录将其称为"最小的生物计算设备"。

2002 年 2 月，日本奥林巴斯（Olympus）公司宣布与东京大学联合开发出了全球第一台能够真正投入商业应用的 DNA 计算机。

2015 年，中国科学院上海应用物理研究所与丹麦奥胡斯大学合作，在基于 DNA 纳米结构的数学运算方面取得新进展，建立了基于组合学原理的 DNA 计算器原型。

2016 年 9 月，据外媒报道，微软公司对外宣布，将研制出小型 DNA 计算机，并让这些计算机进入人体，在 10 年之内解决癌症问题。

DNA 计算机已经成为当前世界许多国家科研人员研究的热点之一，而且取得了突破性进展，但离实用的 DNA 计算机市场化可能还有一段距离。未来的 DNA 计算机在研究逻辑、破译密码、基因编程、疑难病症防治及航空航天等领域应用的独特优势，是现在的电子计算机望尘莫及的，其应用前景十分乐观。

12.5 DNA 互联网

自基因测序技术被发明以来，建设人类基因组数据库一直是各国基因组研究中心的核心内容之一，人类基因组数据库的宗旨是为从事人类基因组研究的科学家和医护人员提供人类基因组信息。

想象一下，有人不幸患了癌症，医生可在该人的肿瘤上排序进行 DNA 测试，获知每个肿瘤都是由特定变异引起的，此时如果医生可以查看其他人（具有相同肿瘤的特殊突变）的经验，及这些人员服用的药物和他们存活的时间，医生可能就会知道怎样治疗。

可是，目前基因测序在很大程度上与伟大的信息分享工具互联网脱离，虽然已有超过 20 万人获得了他们的基因组序列。

在这种背景下，应运而生了 DNA 互联网（Internet of DNA），它是一项由非营利性组织全球基因组学与健康联盟（GlobalAlliance for Genomics & Health，GA4GH）研发并推广的基因数据共享技术，被评为 2015 年 MIT 科技评论十大突破技术之一。

GA4GH 成立于 2013 年，主要进行病人临床和基因数据的可靠、自愿和安全共享，为癌症研究建立一个共同框架，包含 40 多个国家的超过 400 个机构，其中既有科学家、临床医生，也有病人和 IT 及生命科学领域的公司企业。

DNA 互联网指的是数百万个基因组的全球网络，其被 MIT 科技评论评为 2015 年度十大突破技术之一。通过互联网交换基因组序列，特别是那些罕见遗传病患者的序列，将帮助医生和患者寻找到其他的患者，并提出治疗方案。

在技术上，测试人的 DNA 信息目前已经非常成熟，成本也在逐年下降。全球数百万的基因组网络将可能成为医学领域的下一个伟大进步。但是这究竟能否实现，主要看人们是否愿意分享自己的 DNA 数据。DNA 互联网带来的好处很多，例如，对于癌症患者，未来医生可以根据其 DNA 测序结果了解是哪种突变引起了癌症的发生，然后在 DNA 互联网上搜索拥有相同突变的患者，并根据他们的用药记录做出更好的治疗决策。

12.6　DNA Fountain 编码技术

遗传物质 DNA（脱氧核糖核酸）包含生命体的遗传信息，它编码生物中的一切。与大多数现有的数据存储器不同，DNA 不会随着时间的推移而发生降解，而且它非常紧凑。例如，仅 4g DNA 就能够保存人类每年产生的所有数据信息。

2017 年 3 月，根据国外相关媒体报道，来自哥伦比亚大学的基因组中心的一对研究人员 Yaniv Erlich 及 DIna Zielinski 宣布成功利用 DNA Fountain 编码技术，将六种档案存储到 72000 条 DNA 链中，并完整无误地读取出来。其中存储的信息包括一个完整的计算机操作系统、一部 1895 年的法国电影、亚马逊礼品卡、一份计算机病毒程序、一份先驱者号探测器上的镀金铝板和信息学家 Claude Shannon 的一份论文，每条 DNA 链的长度为 200 个碱基。

　　DNA Fountain 基于类似 Netflix 等网络影片串流服务而来的技术，它可以将资料进行编码，并切割成极小的单元。就算其中少数单元被遗失或者破坏，剩余的部分也能组合成完整的档案。

　　与当今晶片或磁性存储技术相比，DNA 存储的超高保质期的优势体现得很明显。DNA 存储的有效期理论上可以达到 1000 年，而且 DNA 存储具有低能耗、高密度的特性，历史再久的数据都可以成功读取。

　　目前，这项技术还处于实验阶段，正面临着高成本的门槛，使用这种技术存储和检索仅仅几兆字节的数据就需要几千美元，DNA 存储商业化的实现可能还需要相当长的时间。

参考文献

信息技术涉及内容比较广，在本书的编著过程中，我们参阅了部分互联网公开资料，无法一一列举，在此向资料原作者一并表示敬意和感谢，如有不妥之处，恳请发邮件至 mxh@phei.com.cn 联系我们。

[1] 国务院. 国家信息化发展战略纲要[EB/OL]. http://www.gov.cn/gongbao/content/ 2016/content_5100032.htm.

[2] 国务院. "十三五"国家信息化规划[EB/OL]. http://www.gov.cn/zhengce/content/ 2016-12/27/content_5153411.htm.

[3] 国务院. 新一代人工智能发展规划[EB/OL]. http://www.gov.cn/zhengce/content/ 2017-07/20/content_5211996.htm.

[4] 工信部. 2016 年《虚拟现实产业发展白皮书 5.0》[EB/OL]. http://www.sohu.com/a/ 115039517_466950.

[5] 工信部. 2016 年《中国区块链技术和应用发展白皮书（2016）》http://www.cbdio.com/BigData/2016-10/21/content_5351215.htm.

[6] 工信部.智能硬件产业创新发展专项行动（2016—2018 年）[EB/OL]. http://www. miit.gov.cn/n1146295/n1146592/n3917132/n4062007/c5259057/content.html.

[7] 工信部. 新材料产业发展指南（工信部联规〔2016〕454 号）[EB/OL]. http://www. miit.gov.cn/n1146290/n4388791/c5473607/content.html.

[8] 工信部. 软件和信息技术服务业发展规划（2016—2020 年）[EB/OL]. http://searc hweb. miit.gov.cn/search/search.jsp.

[9] 中国信息通信研究院. 2016 中国智能家居行业调研分析报告[EB/OL]. http:// smarthome.ofweek.com/2016-09/ART-91009-8420-30035233_2.html.

[10] 乌镇智库. 中国区块链产业发展白皮书[EB/OL]. http://www.iyiou.com /p/44558.

[11] 科技部. "十三五"材料领域科技创新专项规划[EB/OL].http://www.most. gov.cn/mostinfo/xinxifenlei/fgzc/gfxwj/gfxwj2017/201704/t20170426_13249 6.htm.

[12] 中国互联网协会. 中国移动互联网发展状况及其安全报告（2017） [EB/OL]. http://www. isc.org.cn/zxzx/xhdt/listinfo-35398.html.

[13] 人民网研究院. 中国移动互联网发展报告（2017）[EB/OL]. （移动互联网 蓝皮书）http://news.cnr.cn/native/gd/20170704/t20170704_523833309. shtml.

[14] 中投顾问. 2016—2020 年中国传感器行业深度调研及投资前景预测报 告 [EB/OL]. https://wenku.baidu.com/view/bd398a38e009581b6ad9eb54. html

[15] 陈惟杉. 习近平为经济全球化注入新动力[EB/OL]. http://www.ceweekly. cn/2017/ 0206/179103.shtml.

[16] 万鹏, 谢磊. 新一轮产业革命正在孕育之中[EB/OL]. http://theory.people. com.cn/ n1/2017/0215/c410789-29081875.html.

[17] 王峰. 运营商开源策略研究[EB/OL]. http://www.sohu.com/a/ 130474903_ 673855.

[18] 魏永明. 开源软件及国内发展现状[EB/OL]. http://www.oschina.net/ news/33260/ china-opensource-status.

[19] 白鼠窝. 这 7 个开源技术，支撑起整个互联网时代[EB/OL]. http://www. tmtpost. com/194306.html.

[20] 杨强. 深度学习是富人的游戏我要颠覆它[EB/OL]. http://www.sohu. com/a/ 110264529_430311.

[21] 海中天. AI、机器学习和深度学习的区别到底是什么[EB/OL]. http:// www.sohu. com/a/115633367_115978.

[22] 吉利. 沸腾物联网下的冷思考：打破壁垒与抢占时间窗口同等重要 [EB/OL]. http://www.cctime.com/html/2017-4-14/1279989.htm.

[23] 郑毅刚. 智能硬件光环加身 5000 亿元市场待破局[EB/OL]. http:// m.zol.com.cn/ article/ 6062056.html.

[24] 李培楠, 万劲波. 把人工智能上升为国家战略[EB/OL]. http://www.bast. net.cn/art/ 2017/7/20/art_16690_361257.html.

[25] 我国软件行业发展机遇与发展前景分析[EB/OL]. http://www.chinairn. com/news/ 20131223/134850688.html.

[26] 曾宪钊. 网络科学（第 4 卷）[M]. 北京：电子工业出版社，2016.

[27] 麻省理工科技评论. 《科技之巅》[M]. 北京：人民邮电出版社，2017.

[28] 张平，陶运铮. 5G 关键技术评述 http://www.sohu.com/a/120137501_465915

[29] 杨漾，熊晓宇. 德国造世界上最大 "人造太阳"：探索太阳能制氢 [EB/OL]. http:// tech.163.com/17/0327/08/CGH60N0500097U81.html

[30] 孙晓倩. 活字印刷——人类文明的播种机[EB/OL].http://news.xinhuanet.com/science/2015-10/28/c_134757954.htm

[31] 互动百科. 中国互联网史[EB/OL]. http://www.baike.com/wiki/%E4%B8%AD%E5%9B%BD%E4%BA%92%E8%81%94%E7%BD%91%E5%8F%B2

[32] 百度百科. 雕版印刷[EB/OL]. https://baike.baidu.com/item/%E9%9B%95%E7%89%88%E5%8D%B0%E5%88%B7/2342160

[33] 第一财经. 数据公司政治杀伤力：大数据助特朗普打败希拉里[EB/OL]. http:// www.sohu.com/a/125752823_114986

[34] 张慧. 双光子上转换太阳能电池的理论效率达 63%[EB/OL]. http://news.163.com/ 17/0421/10/CIHO6OTK000187VE.html

[35] 杨漾.德国造世界上最大 "人造太阳"：探索太阳能制氢新途径[EB/OL]. http:// www.thepaper.cn/newsDetail_forward_1648458

[36] 子月.物联网技术之争：LoRa 不惧 NB-IoT 挑战，两者各有千秋[EB/OL]. http:// www.c114.net/m2m/2485/a970657.html

[37] 金超敏. eMTC[EB/OL]. http://www.srrc.org.cn/NewsShow16599.aspx

[38] 陈博、甘志辉. NB-IoT 网络商业价值及组网方案研究 [EB/OL]. http://www.iot- online.com/IC/commnet/2016/081130580.html

[39] 赵小飞.补齐物联网通信层重大短板，低功耗蜂窝网络号角吹响[EB/OL]. http:// www.iot101.com/editor/2015-10-23/1734.html

[40] 邬贺铨：大数据时代的机遇与挑战[EB/OL]. http://theory.people.com.cn/n/2013/ 0216/c40531-20495578.html

[41] 徐漪清. 高盛区块链报告:区块链在 5 个现实领域的应用[EB/OL]. http://www. weiyangx.com/183206.html

[42] 吕廷杰，李易，周军. 移动的力量[M]. 北京：电子工业出版社，2014.

反侵权盗版声明

电子工业出版社依法对本作品享有专有出版权。任何未经权利人书面许可，复制、销售或通过信息网络传播本作品的行为；歪曲、篡改、剽窃本作品的行为，均违反《中华人民共和国著作权法》，其行为人应承担相应的民事责任和行政责任，构成犯罪的，将被依法追究刑事责任。

为了维护市场秩序，保护权利人的合法权益，我社将依法查处和打击侵权盗版的单位和个人。欢迎社会各界人士积极举报侵权盗版行为，本社将奖励举报有功人员，并保证举报人的信息不被泄露。

举报电话：（010）88254396；（010）88258888

传　　真：（010）88254397

E-mail：　dbqq@phei.com.cn

通信地址：北京市万寿路 173 信箱

　　　　　电子工业出版社总编办公室

邮　　编：100036